《印象商埠》系列丛书之一

# 经天纬地

政协济南市市中区委员会 编

中国文史出版社

**图书在版编目（CIP）数据**

经天纬地 / 政协济南市市中区委员会编. -- 北京 ：中国
文史出版社, 2017.12
（《印象商埠》系列丛书）
ISBN 978-7-5034-9915-9

Ⅰ. ①经... Ⅱ. ①政... Ⅲ. ①商业史－济南
Ⅳ. ①F729

中国版本图书馆 CIP 数据核字（2017）第 321293 号


责任编辑：徐玉霞
装帧设计：徐　晴

出版发行：中国文史出版社
网　　　址：www.chinawenshi.net
社　　　址：北京市西城区太平桥大街 23 号　　邮编：100811
电　　　话：010-66173572　　66168268　　66192736（发行部）
传　　　真：010-66192703
印　　　装：济南华源印务有限公司
经　　　销：全国新华书店
开　　　本：16 开
印　　　张：18.75
字　　　数：258 千字
版　　　次：2017 年 12 月北京第 1 版
印　　　次：2017 年 12 月第 1 次印刷
定　　　价：58.00 元

# 《经天纬地》编审委员会

主 　　任：王其广

副 主 任：孙振华　陈淑平　刘秀才　管延勇
　　　　　刘　健　徐　琳

委 　　员：（按姓名笔画排序）
　　　　　马兴园　马金霞　包化亭　宁旭明　杜文建
　　　　　李　伟　邹　斌　张庆贺　陈　忠　聂　卉
　　　　　梁　川　翟素香　潘　盼

主 　　审：孙振华

副 主 审：徐　琳　宁旭明


主 　　编：孙振华

执行主编：张继平

副 主 编：宁旭明　王福全

编 　　辑：（按姓名笔画排序）
　　　　　李　瑜　杨　洁　杨曰银　钊雅宁　张　磊
　　　　　张雷鸣　赵婷婷　高　丽　郭天维

# 序

## 王其广

　　客至济南，多对济南的经纬路为何与地理经纬线相反存有不解，却不知，这正是济南人的智慧。

　　"火车来，商埠开。"1904 年，济南自开商埠，在"数千年未有之大变局"的时代背景下，千年古城的济南翻开全新一页，那时的济南，开放、包容、敢为人先。以经纬为名，长者为"经"，短者为"纬"，既符合商埠区东西长，南北短的特点，又彰显了济南地区纺织业之发达。

　　那时的济南商埠，建筑东西合璧，商业物阜民丰，人才彬彬济济。自此，经纬交错、状若棋盘，天地之间、光华璀璨。济南，也借商埠之势，提升了在山东省的经济地位和影响力，确立了作为山东省政治、文化和经济中心地位。这样看来，商埠可当得起济南的魂。

　　而今，济南发展迅速，高楼林立，人如潮涌，但似乎，少了一抹济南的特色。幸运的是，现今的济南，多措并举，努力把老商埠区打造成为兼具中西文化特点的特色街区，真正重现老商埠的荣光。

　　古人云，"治天下者以史为鉴，治郡国者以志为鉴"。由此可见，贤者欲倾力一城，必先览史、志。今天，我们致力"品质市中"，昌其所善，兴其所宜，可谓重任在肩。有鉴于此，九届区政协决定以"承百年精神，复商埠荣光"为己任，不揣浅陋，努力以散文的形式，人文的笔触，平实隽永的文字，细说沧桑旧事，描绘旧日风光，希望能够以对济南商埠的旧时记录，让更多的人了解济南、热爱济南，从而使老商埠焕发新风貌，进而推动市中，乃至济南的发展。

商埠是近代济南迎纳文明的最初也是最亮的结晶，其上虽散落点点尘埃，但不能掩盖其光彩，只需轻轻拂去，依然令人目眩神移。

是为序。

2017 年 10 月 17 日

（作者系政协第九届济南市市中区委员会主席）

目 录
CONTENTS

# 1904，济南开埠那一年

张继平

1904 年，是大清国德宗光绪三十年。

在我们试着对历史做横断面考察时，不难发现，这一年是中国社会演变、新陈代谢加剧的一年，也是中国社会内部各民族、各阶级、阶层、集团之间矛盾加剧、各种关系错综复杂的一年。自庚子以后开始推行的新政改革，到 1904 年已取得相当进展，在经济方面的新政举措更是引人注目。这一年立宪运动兴起，不断有人上疏奏请实行立宪、变更政体。中国的近代化事业正由于官民互动而向前推动着。

这一年的中国，新政方兴，风气初开。

## 皇姥姥发丧，新风与旧俗的较量

这年的四月，皇姥姥死了。

皇姥姥是光绪皇帝的岳母、隆裕皇后的生母。咽气那天，仆妇们先替她洗脸、洗手、洗脚，整容化妆，然后穿上寿衣，从寝室里抬到灵床上。灵床前摆一瓷罐米饭，俗谓"倒头饭"，还点着一盏长明灯。

次日卯时，入殓。先把一颗穿有红线的珍珠含入皇姥姥口内，把红线的另一端拴在衣服扣子上，称之为"含殓"。然后用筷子夹着棉花球擦拭她的眼圈，称为"开光"。最后是孝子和亲友向遗体做最后的诀别。

再往后，停灵五七三十五天。发丧那天，先用 32 人杠和小棺罩，把棺

1

材抬出府门和胡同，到了大街上，再换上 64 人杠和大棺罩。抬棺的人分为三班轮换。棺前有两人手执响尺，前后有四人手挥拨旗，指挥抬杠的动作。共用了 200 名杠夫，加上各项执事，超过了 1000 人。启棺后，孝子德福摔丧盆先行，其他孝子贤孙随后，孝眷们则乘车在棺后哭送。车有 100 多辆，还拉着两大车纸钱。

发丧的队伍很长，棺材刚出芳嘉园胡同，前面的大红幡已远远过了北新桥。沿途每个路口，都有亲友设的路祭。灵柩到了路祭棚时，孝子们要跪下受唁。直到下午 4 点多钟，才到达离城 10 多里的西郊墓地。下葬时，先用罗盘定了山向，下棺套椁，孝子捧土撒上。这时，经声四诵，一片号哭。

春风中，葬礼结束，参加葬礼的人突然有种预感：仿佛整个大清王朝也将在这阵阵春风中分崩离析。

皇族规模盛大的葬礼，耗资惊人。

旧式葬礼弊端很多，一是大肆铺张浪费，一是迷信色彩甚浓。此时，在坊间，一场改革丧仪的风气已经悄然兴起。皇姥姥发丧前半年，大名鼎鼎的盛宣怀的父亲去世，盛宣怀仿"西方文明"做法，在《中外日报》上发了一则讣告："盛老大人择于十月初二日辰刻发引回籍安葬，先期于初一日在斜桥公馆家奠。特此布知。"此时，简化整个丧礼的繁文缛节，简单地开个追悼会以寄托哀思的做法也在民间广为流行开来。

一方面是民间的丧礼改革新风骤起，一方面是达官显贵的旧式丧礼越来越铺张，清末新风与旧俗的较量可见一斑。

## 胶济线通车，瓦德西密报德皇

这年的 7 月 12 日，是个大晴天。

没火车的日子，济南一直很寂静。一声长长的惊天动地的火车汽笛声，划破了沉寂的济南上空。这天胶济铁路全线通车。从此，这个城市也开始充满了喧嚣和贲张。

1898 年 3 月，德国借口"巨野教案"，迫使清廷签订条约，取得了胶济铁路的建造权，开始对山东势力范围的扩张。1899 年，胶济铁路在青岛正式动工，单向向西延伸修建。1901 年 4 月 1 日，至胶州一段竣工通车；1902年 6 月 1 日，通至潍县；两年后的 1904 年，全长 440 公里的胶济线全部建成通车。

铁路修筑过程中，所经之处，村庄被毁，农田被践，坟墓被掘，河道被堵。瓦德西在给德皇的密报中也不得不称："筑路之事，漠视坟墓，以致有伤居民信仰情感。""更以欧洲商人时常力谋损害华人，以图自利。"

1904 年，胶济线开通仪式

胶济铁路通车半年前，清廷已经察觉到列强借修铁路之名行扩张之实的野心，这年年初，商部颁布共有 24 条的《重订铁路简明章程》，规定兴办铁路需由商部审批。如系与外商合资，还须报外务部察核审批；在中外合资兴办铁路时，"外股不得超过华股"。规定还鼓励国内商人独资或招华股兴办铁路，华人独资或招华股 50 万两以上者，给予奖励。

就在胶济线通车后两个月，俄国那条横越西伯利亚、连接乌拉山地区与太平洋沿岸的大铁路，经过 13 年的修建，也全部竣工通车，这条铁路全长 7371 公里。

民以食为天，德国人也不例外。胶济铁路通车后，初来乍到的德国人发现在济南竟找不到一家西餐馆。有个叫石泰岩（音译）的家伙灵机一动，瞄准商机，在经一路纬二路路口开了家西餐馆，名字就叫"石泰岩"。

石泰岩开业不久，胶济铁路饭店又宣告开业，它的西餐部以德式大菜为主，可承办大型宴会，光顾者多是德国人和国内军政要人。石泰岩不但经营西餐，而且还兼营宾馆，是吃住一体的综合性饭店。后来，许多来济的文人墨客多选择在此逗留。1934 年春天，著名文人柳亚子偕夫人奉老母北游后转道济南，陪老母亲游览了趵突泉、龙洞、大明湖等名胜，下榻的地方就是石泰岩。柳亚子甚至还专门赋诗一首，赞颂石泰岩，诗云："一树棠梨红正酣，紫丁香发趁春暄。明窗净几堪容我，暂解行滕石泰岩。"

## 自动开埠，周馥干得很出色

1904 年 5 月 1 日，这一天按西历计算是个星期天。星期天是上帝都休息的日子。权重一时的北洋大臣袁世凯、山东巡抚周馥却没工夫理会这一套，他们只记得这一天是大清光绪三十年三月十六日。

许久以来，他们的共同想法是：值此列强环伺、主权尽失之时，尽快自开商埠，以免利权再失。这一天，专门由济南赶到天津行馆的山东巡抚周馥和袁世凯一起，看着经过一年密谋策划刚刚定稿的《直隶总督袁世凯等为添开济南潍县及周村商埠事奏折》，露出了会心的一笑。

奏折开头是这样的："北洋大臣直隶总督臣袁世凯、头品顶戴山东巡抚臣周馥跪奏：为查明山东内地现在铁路畅行，拟请添开商埠，以扩利源，恭折仰祈圣鉴。"

奏文称："查得山东沿海通商口岸，向只烟台一处，自光绪二十四年德国议租胶澳以后，青岛建筑码头，兴造铁路，现已通至济南省城，转瞬开办津镇铁路，将与胶济铁路相接。济南本为黄河、小清河码头，现在又为两路枢纽，地势扼要，商货转输，较为便利。亟应在于济南城外自开通商口岸，以期中

主张济南开埠的山东巡抚周馥

外咸受利益。至省城迤东之潍县及长山县所属之周村，皆为商贾荟萃之区，该两处又为胶济铁路必经之道，胶关进口洋货，济南出口土货，必皆经由于此。拟将潍县、周村一并开作商埠，作为济南分关。"

清廷的办事效率还算高。5月1日，袁世凯、周馥上奏；三天以后，5月4日，光绪皇帝朱笔一挥批道："外务部议奏，钦此。"5月6日，外务部"议复奉旨允准"，并于5月19日"抄录通行"，周知天下。济南开埠由此变为现实。

周馥，原名本来叫周宗培，1837年生人。1902年5月擢升为山东巡抚时，已经66岁高龄。1904年济南开埠半年后，他升任两江总督。周馥在鲁抚任内，把山东原巡抚袁世凯在山东开创的新政局面大大往前推进了一步，使整个山东在那一时期成为全国局势比较稳定、发展较为迅速的省份之一，从而奠定了山东近代化事业的基础。

1902年12月，刚上任山东巡抚半年多的周馥冒雪察看了青岛租界，悲

怆时局，赋诗一首："朔风吹雪海天寒，满目沧桑不忍看。列国尚尊周版籍，遗民犹见汉衣冠。是谁持算盘盘错，相对枯棋着着难。挽日回天宁有力，可怜筋骨已凋残。"其诗境悲凉凄冷，忧国忧民之情跃然纸上，令人感喟久之。这次青岛考察，所见所闻极大地刺激了搞了一辈子洋务的周馥的心灵，也更加坚定了他"自开商埠，以争利权"的决心和信心。

甲午战争以后，以外争利权、内促富强为特征的自开商埠思想已被朝廷内外普遍接受，并逐步成为清廷的一项重要国策。1903 年 9 月，山东人吕海寰向朝廷倡议"广辟商埠"，外务部批转了吕海寰的奏请，令"各省督抚详细查勘，如有形势扼要、商贾荟萃，可以自开口岸之处，随时奏明办理。"但在中国近代开埠史上，由巡抚奏请自开商埠，周馥是第一人。而且，在济南开埠的同时，将周村、潍县作为济南分关，一省之内三地同时开埠，这也是前所未有的，表现出了周馥等改革派的远见卓识和开拓进取精神。

济南开埠后，经过精心规划设计，整修道路，建造衙署，设立市场，开泉种树，大大加快了城市化的进程。商埠区内，道路规整，楼房林立，具备了近代化城市的风貌，并大大拓展了济南城市发展空间。从全省而言，济南开埠后，加上原有烟台、青岛两个通商口岸，省内五处商埠呈大三角形分布，使得在清末新政改革中已经走在前面的山东更奠定了其优势地位。这其中，周馥首倡之功不可没。

1904 年的《东方杂志》第 8 期曾发表《东抚之办事》的评论文章，称赞周馥开设商埠之举说："德国尝以独占山东全省利益，屡向北京政府要求权利。其所经营者，着着进步。周中丞（周馥）见此情形，深知其害，遂将济南、潍县、周村镇三处，辟为商埠。俾利权不致为德人所垄断。密奏朝廷，即获谕允，忽然宣布万国。德人闻之，亦惟深叹其手段之神速而未可如何也。设事前稍不谨慎，泄露风声，德人必起阻挠。"由此可见，周馥是以谨密主动、迅雷不及掩耳的手段完成济南开埠之举的。

周馥死后，山东当局呈请北洋政府，准其在济南为周馥建立专祠以资崇报。呈文中列举了他在山东的四大政绩，其三即是"创设商埠"。呈文说：

"我国商埠之设，大抵由于各国之要求，故恒听命于人，为所牵制，从未有中国自倡之而使人听命于我者，有之自山东始。盖铁路所到之处，即商务所萃之处，亦是形胜必争之处。故抚有鉴于此，先发制人，特于济南、周村两地自辟商埠（按：此处疏失潍县），列隧置市，所以杜彼窥伺，使之就我范围。"

周馥此举确实干得出色。在德国势力阴影笼罩下，他觑隙乘便，攻其不备，使德人在既成事实面前措手不及，无可奈何，真不愧是有胆略的政治家。

## 风气乍开，刘春霖成了末代状元

这年的年初，早已呼之欲出的现代学制开始实行。1月13日，张之洞等人拟定的《奏定学堂章程》正式颁布，史称"癸卯学制"。《章程》明文规定："立学宗旨，无论何等学堂，均以忠孝为本，以中国经史之学为基，俾学生心术一归于纯正，尔后以西学瀹其智识，练其艺能，务期他日成材，各适其用，以仰副国家造就通材，慎防流弊之意。"

一些学堂开始因人施教，有的开设了音乐课，以"鼓舞性情，激发忠爱于学界"。这一年，在中学堂校园的流行歌曲是《黄河》："黄河黄河，出自昆仑山，远从蒙古地，流入长城关。""长城外，河套边，黄沙白草无人烟。思得十万兵，长驱西北边，饮酒乌梁海，策马乌拉山，誓不战胜终不还。君作铙吹，观我凯旋！"歌曲以黄河作为中华民族的象征，仿岳飞的《满江红》，以雄浑慷慨之气，激发青年人的爱国情怀。

这一年，山东全省高小学堂已达80余处。

风气乍开，女性教育也普遍得到重视。3月17日，济南第一个专收女学生的学堂在后营房街（今泉城广场）正式开课，名曰"第一公立女学堂"。到了9月，第二所女子学堂在西关药王庙开办。该校有学生数百人，并聘有美国教师。当时一个有意思的细节是：中国教师批改作业用的是毛笔，外籍教师用的是自来水笔，也就是钢笔。

这年的 7 月 4 日，刘春霖成了中国历史上的最后一名状元。一年前，刘春霖兄弟俩曾一同参加过殿试，结果俩人只考上一个进士，刘春霖榜上无名。然而他并未灰心，坐着驴车哼着小曲回了保定。科举取士一般三年一科，可 1904 年是慈禧太后七十寿辰，所以特加甲辰科，称"甲辰恩科"。刘春霖再次参加殿试，竟一举夺得一甲一名。由于科举制度随之在第二年被废除，刘春霖成了"第一人中最后一人"。

1904 年 3 月，《济南报》创刊，同年 10 月改名为《新济南报》，为两日刊。1905 年改名为《济南日报》，同时改为日刊。报纸内容主要有"上谕""论说""紧急电报""本日来电""各国新闻""本地新闻"等栏目。1905 年 6 月 15 日，《济南日报》刊登《德国人在山东不利于中国》一文，揭露了德国侵略者掠夺山东路矿权利。为此，德国领事馆致函山东巡抚，指责该报"离间两国邦交"，要求查禁《济南日报》。清廷外务部和民政部为此发布命令，要求各报禁止登载"德国要求山东路矿权利谣言"的稿件。该报初期 4 开 4 版，1908 年改为对开 4 版。

## 到广智院看西洋景去

1904 年，济南广智院开始动工修建。

广智院的创办人是英国基督教浸礼会传教士怀恩光。他 1878 年入神学院，毕业后被派遣到中国山东传教。当时，第二次鸦片战争刚过，英国浸礼会已在青州建了学校和医院，并创办了培真神道学堂，以培养基督徒，扩大教会势力。怀恩光到青州后，实践"利玛窦规则"，在培真神道学堂的前面盖了一座展览室，称"博古堂"，采取博物院的形式，以"西洋景"吸引人，向中国人宣传西方的科技知识，传播基督教。

1904 年济南开埠之后，济南的重要性大大提高了。怀恩光看到了这一点，他提议将原在青州创办的博物馆搬迁到济南，这个提议得到了英国教会的"批准"，随后付诸实施。迁到济南的博物馆最初也叫"博古堂"，后来改为"广智院"，取"广其智识"之意，院址选在今山东大学齐鲁医院后门以东。广智院到1910年全部建成，共耗资20万。广智院正面为陈列室，左为阅览室，右为研究所，后为布道堂。陈列室中有天文地理、历史、动植物、机器机械、各国贸易、世界人口等图表，还有汽车、火车、轮船、黄河以及黄河铁路桥的模型。

广智院的房舍采用中国传统对称式布局，坐南朝北。其中陈列大厅最为高大，屋顶部设有大面积的玻璃天窗，易于采光和通风。此外，单体建筑之间采用室内引廊、室外连廊、月亮门及鹅卵石花径等进行连接，院东西两侧各有一排长长的透花砖墙，与院外隔而不堵，透而不露，很有韵味。

1905年12月，广智院初步落成时曾举行过一次大规模的典礼。怀恩光遍发请柬，大肆张扬，请到当时山东巡抚杨士骧及诸多官员。他把自己与这批穿着封建朝服的官员们的合影放大，高挂在院内，同时在国内外报刊上广泛宣传，称"全省最高级的政府官员在基督教团体亲身参与其事，这在山东历史上还是第一次"。

广智院开办后，因其展览内容有科学启蒙色彩，所以吸引了许多济南人前去参观。据说，在广智院的入口处装有可自动计数的转轴，每进一人，推动转轴，就自动拨一齿，从而记录参观的人数。如1909年是21.5万人次，1912年是23.1万人次，到了1930年以后，每年参观人数都不下40万。

1922年，胡适先生到济南时参观了广智院。在日记中，他翔实地记述了广智院的历史和陈设，并写道："此院在山东社会里已成了一个重要教育机关。每日来游的人，男男女女，有长衣的乡绅，有短衣或着半臂的贫民。本年此地赛会期内，来游的人每日超过七千之数。今天我们看门口入门机上所记的人数，自四月二十六日起，至今天（7月7日）共七十日，计来游的有七万九千八百十七人。"两个多月的时间，便有近八万人参观广智院，可见当年广智院影响之大。

一代文豪老舍于20世纪30年代初执教于济南私立齐鲁大学，居住在离广智院不远的南新街，曾多次来广智院参观。他在《广智院》中记道："逛过广智院的人，从一九〇四到一九二六，有八百多万；到如今当然过了千万。乡下人到城里赶集，必附带着逛逛广智院。……山水沟的'集'是每六天一次。山水沟就在广智院的东边，相隔只有几十丈远，所以有集的日子，广智院特别人多。"（1932 年 12 月 3 日《华年》周刊）

1904，喧嚣纷扰，风起云涌。

这一年，是中国近代史上非同寻常的一年。

这一年，中国社会正处在巨大变革到来的前夜。

# 商埠，是怎样"炼"成的

耿　仝

罗马，不是一天建成的。商埠，自然也不是。商埠的市政建设，是一砖一石、日积月累形成的，历经曲折，它的繁荣并非一蹴而就。

1904 年，胶济铁路通车，将这片土地，连带着济南这座古老的城市一起，拖出了时代的死角，迎来了第一次涅槃。在《济南商埠组建章程》中，是这样划定商埠界限的：自西关外，东起十王殿，西起南大槐树，南沿长清大道，北抵胶济铁路，东西约 5 里，南北约 2 里，共 4000 余亩，作为华洋公共通商之埠。这一范围内的土地，分为福、禄、寿、喜四等，其后加以编号。"福"字地每亩每年租金大洋 36 元，"禄"字地每亩每年租金大洋 24 元，"寿"字地每亩每年租金大洋 16 元，"喜"字地每亩每年租金大洋 10 元。为了保证建设速度，规定了凡租地必须在 2 亩以上，但最多不超过 10 亩，不许转租。租地时，先要到商埠工程处递交租地申请，再由工程处派员核实土地等级、丈量地亩面积，最后由商埠总局知会监督衙门，洋人租地则由领事馆照会监督。

商埠区以胶济铁路为界，这一点同西方城市多依靠通航江河建城一样，利于商品货物的流转。商埠道路网基本是方格网形式，避免了斜交锐角过多的矛盾。东西向街道为主路，南北向街道为辅路。主干道路并不是完全正向，而是以胶济铁路的走向为基准，胶济铁路此段与东西正向有 17.5° 的倾斜，故道路也与正向有 17.5° 的夹角。东西向街道与胶济铁路平行，南北向街道与铁路近乎垂直。东西主路之所以与铁路线平行，主要是为了避免道路与铁道相交而产生的交通上的不便，这一点也是与西方同期城市规划相似。1908年柴家巷（今普利街）拓宽，经普利门向西与经二路相连接，成为济南老城与商埠间的主要通道。

经一路刚建成时的样子

1909年以后，为了修筑道路，市政当局专门从德国购买了五台5—15吨蒸汽压路机压筑土路，首先修了北到经一路、南到经三路、西到纬五路、东到纬一路区域内的道路。先修"经路"，后修"纬路"，路宽在7米至17米之间。所修筑的主要道路路面平坦，适宜排水，路面纵坡很少超过2%，路边都挖有用于排水的土明沟，路基则多以土或碎石。已铺设的一大马路、二马路、三马路的路面是以长15cm的青石块做基石，其上用长5—8cm和长3—8cm的青石碴分层铺垫、碾实，最后将风化的黑砂石颗粒铺在上面，充填缝隙，再次压实而成。在商埠建设初期，大部分道路只修筑了路基，很少修路面，人行道也未铺设，仅有经一路至经三路修筑有路面，其余道路均未铺设路面，甚至多数道路的路基一直到民国初年还没有修好。

这一时期的街道排水方式，主要有土明沟、砖拱暗沟、石板暗沟三种结构形式。1913年利用拆城门的旧砖，修筑了从经一路到纬五路、向东经馆驿街至西圩濠的砖拱暗沟。但其结构和断面的形状都不合乎水流原理，阻力较大，材料笨重。砖拱暗沟在商埠区及城外新建街区较为多见，老城区内基本不使用。值得一提的是，当时的一大马路除砌有砖拱暗沟外，路面两侧还设有依柏林标准进口的排水装置，这在当时来说已经是一种很超前的建设了。

清末民初的商埠，道路不仅没修多少，喝水也成了一个大问题。济南老城"家家泉水"，自然是不缺水的。但商埠一带地势较高，既没有泉水，也没有河流，是常年缺水的地方，新的发展带来了新的问题。1914年出版的《济南指南》中写道："至其地势，通为平冈，而少源泉，每遇亢旱，涓滴非易。"商埠建设之初，用水是非常紧张的，最开始是用木桶大车从老城运泉水，后来专门改造了一辆铁罐运水车运水。为解决送水不及的问题，商埠总局还专门修建了不少蓄水池和简易水塔。

商埠公园旧照

经一路刚建成时的样子

　　1925 年，又计划将商埠向北扩展，建设成为北商埠。北商埠土地总面积 17700 余亩，是老商埠面积的四倍多。拟采用棋盘式路网，以义威路（今济泺路）为主干道，连接津浦、胶济两大车站与泺口黄河码头，另配以纵路 11 条、横路 18 条。《济南商埠北展界计划书》中写道："旧埠界内马路大致经路宽五丈，纬路宽三丈六尺，当时所定东西路宽于南北路，或因旧城在商埠之东由城至商埠系东西向交通较繁，故如是规定。但南北路一律窄于东西路计划不免过于板滞，此次计划不论方向只以关系轻重分别宽窄。拟于治引河外岸修宽大马路一条，一端在闸子庄过小清河，向西北延长，以通泺口码头，一端在林家桥与已修之济泺路相交向东绕通泺口南门。在闸子庄、林家桥之间于埠界中间修南北宽大马路一条，北端直通泺口南门，南端直达官扎营籍天桥以通旧商埠；向东南则过津浦、胶济两路涵洞，经馆驿街以通城内，再于引河之东南、西南各接修大马路一段，由东南之路向东过津浦涵洞以通城内，由西南之路向西经大槐树以通旧埠。"规划分两个阶段进行，第一阶段是 1925 年至 1928 年，第二阶段是 1929 年至 1937 年。1926 年，按照规划开挖了"U"形"引河"，也就是现在的工商河，引小清河水灌流，以利北埠运输，同时也可以疏导夏秋积水。1927年修建了跨小清河的义威桥（今济泺桥），这是济南第一座大型钢筋混凝土三铰拱桥。1928年《历城县乡土调查录》记载："今以商务发展，开拓南北商埠，东尽津浦铁路，北抵泺口镇，西以黄河码头黄家屯庄，南界官扎营。南商埠，自七大马路以南开拓至陈、王二庄止。""五三"惨案发生后，山东行辕外迁泰安，商埠北展界计划中断。

这一时期，商埠原有区域略有扩展，向西推进到了纬十路，向南推进到经七路，面积比济南老城区的面积还要大。但埠内道路仍是大多只修路基，很少修路面，纬一路、纬二路、纬七路、纬九路、纬十路的路基，直到20世纪20年代仍未修好。这一时期形成的街道大多短小、狭窄，且多为土路，小部分为碎石路面，走向也多不规则。1927年以后，吸取青岛、天津等地经验，商埠道路开始铺设沥青。第一条铺设沥青路面是估衣市街（今共青团路东段），铺设沥青路面长320米、宽12米，两旁另有青石板人行道。

经二路刚建成时的样子

此间，商埠内的道路照明已较为普及，各大商号门口陆续安装了电灯。在城市街道环境的维护上，商埠区已有洒水车定时洒水。自1925年开始，还规定由临街各家自备水缸，定点负责洒水。

1929年7月，济南市政府成立后，又提出"南展、北展计划"。济南市第一任市长阮肇昌在《建设新济南整个计划》一文中阐述了济南地理位置优越性，改善旧城与商埠，发展南北界为新市区。这一规划吸收了西方先进的城市规划理论，采用"格网+斜线"式构图，具有明显的区域中心，强调功能分区。但规划存在道路面积系数过大、多处斜交锐角、市中心交通拥挤、道路与引河交叉过多等问题。商埠工务局等部门，随后展开了划定市界、划分市区、测量市区、制定规章、局部规划、修筑道路等活动。但这个计划在韩复榘督鲁后，因军阀内部矛盾而遭搁置。后因军阀混战，阻碍了规划的建设。

经三路刚建成时的样子

1931年，济南市政府设计委员会成立，该委员会在1932—1935年间，对济南市区做了详尽的建设规划：计划把市中心放在北商埠，北展界名为

"模范市"（1934年改为"模范区"），南展界名为"模范村"。"模范市"规划，仍以义威路（为纪念"五三"惨案，曾改名为"五三路"）为主干道，其东设纵路2条，其西设纵路5条；小清河以南设横路12条，以北设横路4条。在成丰桥与济泺桥之间设一椭圆形地带为政府办公区，除行政区外，其他尚有商业区、工业区、小工商区、住宅区等功能分区。金牛山与小清河之间地带辟为公园区，并计划将药山辟为大公园。北商埠的道路与老商埠的道路以经纬命名不同，除位于中心的北京路外，其他都以外国国名和城市命名，如墨西哥路、安哥拉路，以及巴黎路、华盛顿路、柏林路、伦敦路、罗马路、维也纳路、马德里路、利斯本路等。规划由当时市政府技术专员常国华制作，至济南沦陷前，北商埠地区的建设已粗具规模。

民国时期的纬四路

这一时期的《济南模范市征收土地章程》中规定："征收之土地除公用外，一律放于人民租领，但以中华民国国籍者为限"，这和20世纪初自开商埠时《济南商埠租建章程》中"凡有约各国正经殷实商民，均可在此界内照章租地，建造屋宇栈房"的规定截然不同。后者是清廷推进市开放、大力招商引资，前者是在九一八事变背景下，更强调民族意识。

这一时期，商埠的道路修得更为宽敞、平坦，路面材料有较大发展，沥青、混凝土等高级路面有了很大应用。1930 年以前市区沥青路面 320 米，商埠及与老城之间的碎石路 42410 米，通往城外的土路基 18000 米；1930—1937 年间，新修沥青路 22390 米，碎石路 18885 米，土路 6700 米，缸砖人行道 2300 米。1931—1934 年间，商埠一带还铺设了不少黑砂石（即辉长岩花岗石）路面。如以泰安产花岗石板铺筑杆石桥街路面；用开引河挖出的黑砂石块将馆驿街东段铺成冰纹路面；1933 年，以八字型斜铺法，将经一路东段用花岗石铺设成石板路面，道路两旁还用博山产 20cm×20cm×6cm 缸砖铺设了人行道；1934 年韩复榘派铁甲车从泰安界首运回花岗石板，横铺馆驿街西段路面等等。但从总体上看，这种高级路面还是相对较少，其原因必然是由铺筑路面材料的成本所导致。按 1934 年的市价，青石板路（石灰岩）面每平方米 4.2 元，黑砂石板（花岗岩）路面每平方米 6.0 元，沥青路面每平方米 4.5 元，碎石路面每平方米 1.5 元。所以，这一时期较为普通的依旧是碎石等低级路面，甚至还修筑了大量的土路。

街道的排水方式也有了新的发展，系统的街道及城市排水系统开始形成。1932 年，修筑拱沟以排泄经七路以北的水排入西圩濠。次年，又修筑了杆石桥拱沟，以排泄经七路以南的水入西圩濠。1932 年后，开始使用致敬洋灰公司（济南水泥厂前身）生产的 60cm×40cm 的水泥预制无筋混凝土管代替砖砌拱沟，先从纬一路、纬二路等街道开始安装，后陆续在经三路、经四路、经七路，纬三路、纬四路、纬五路、纬十路等路安装。后又在博山模范窑厂定制了漏井缸，用以代替经一路东段砖砌的漏井。为防止沿淀井的臭气逸出，还特制了活动漏水铁斗，安装在铁箅子下面。

商埠主要街道及路口已普遍有路灯照明，1930 年后，商埠各主要路口及繁华街道相继安装了吊灯和小弯灯。1935 年商埠设路灯专线，并整顿路灯设施，安装新路灯，同时拆除了部分不合格路灯。

日据时期的纬八路

　　道路的日常养护也有了专门机构负责，统归济南市政府建设局工程事务所管理。1929 年济南又增配洒水车两辆，每辆洒水车洒水范围宽 5 米、长约 30 公里，作业面积达 17 万平方米，每日定时在商埠的主要街道洒水防尘。

　　一直到 20 世纪 30 年代，商埠区的饮水用水仍是一个大难题："地势高而凿井难，运水感觉困难，不但攸关市民饮水，及消防方面堪为可虑。"没有新鲜的水喝，商埠居民过得很艰苦。在这种背景下，1934 年正式成立了"济南市自来水筹备委员会"，当时的市长闻承烈亲任会长。自来水筹委会最初在市政府内办公，后来搬到了趵突泉吕祖殿。为啥要将办公场所设在吕祖殿呢？因为最初的自来水水源地就是趵突泉。1934 年底，作家艾芜携妻来济南小住，目睹了济南自来水初建时的情形："池前有工人从事挖掘，据说是在动工装修自来水管，水源便以趵突泉为根据地。吕祖殿上挂有自来水筹备会技术组的招牌，警察立在门前，禁止游人进去。想来，在不久的异日，这第一泉即将以其本身的实惠施及于济南居民了，但不知那时候，来自远地的游人可还有一览的眼福么？"

1934 年 5 月，自来水筹委会的技术组先行开凿了两眼深井用于采水，因水量不大，故未用于供水。当年 7 月，由天津东方铁工厂承包，在来鹤桥的东西两侧各开凿了一口深井，分别深 9.7 米和 13.3

建设中的趵突泉水厂

米，水量丰富，成为自来水的水源地。1936 年 10 月趵突泉水厂竣工，12 月开始供水，日供水能力 2.2 万吨，全市用水户约计 1700 户，另有 40 多处公用水站。从此，自来水走进济南人的生活，商埠终于脱离了没水吃的尴尬境地。用趵突泉水做自来水，现在想来真是极奢侈的事。

1937 年 12 月 27 日，济南沦陷。日伪政权成立后，原有的道路发展态势尚有持续之态，但已日渐萧条。日伪政权将原北商埠规划全部放弃，并将成丰桥以北、济泺桥以南地区开辟为北郊工业区，成为纺织业、面粉业的中心。

1939 年，日伪政权又规划将齐鲁大学以西、四里山以北、岔路街以东、经七路以南约 1 公顷土地辟为南郊新市区，称为"南商埠"。道路多系子午垂直方向，道路命名上有明显的亲日色彩，如兴亚大路（今经十路）、新民大路（今纬二路经七路之南和英雄山路）等。南商埠之外，还陆续将官扎营、南大槐树、营市街以及商埠区内原来保留的三里庄等地划入商埠。截至 1945 年，济南商埠租地已近 70 公顷。

日本侵略者为了军事运输的需要，围绕商埠修建了许多公路。铺设了纬十二路的混凝土路面，修建了市区到王村的道路，修建、翻修了 28 号线

（今堤口路）、兴亚大路（今经十路）、兴亚北一路（今经九路）、新民大街（今纬二路在经十路以南路段）等道路，原商埠西部几条未完工的经纬路的碎石路面，也是在这一时期铺设的。这一时期的修路速度非常缓慢，且施工质量极差。以纬十二路为例，整段路面仅自经二路以北的路面铺设了混凝土路面，其余路面仍保持原样，许多连陡坡和驼峰都没有处理好。

1940年，为提高商埠的供水能力，水道管理处曾用铁盖封闭了趵突泉三个泉眼的一股，以加大自来水厂的取水量。此举引起公众不满，旋即又撤去铁盖，恢复如初。为了给商埠供应泉水，差点就毁去三股水的景观，现在想来也是后怕。1941年以后，自来水厂陆续在趵突泉泉池中增凿了3眼采水井。自此，打在趵突泉泉脉上的采水井已有5眼，一个趵突泉"滋润"了整个商埠。

抗战胜利后，国民政府忙于内战，经济萧条，商埠的建设趋于停顿。1948年，济南解放，商埠建设又走上了一个新的发展模式。迎接它的，是又一次涅槃。

# "经纬路"的来历

耿　仝

公元 1904 年，大清光绪三十年，岁次甲辰。"土"了几千年的济南终于"洋气"了一把——自开商埠。就连它的路名也透着新颖：以东西向道路为"经"，以南北向道路为"纬"，依次冠以序号。于是，济南破天荒的有了经一路、经二路、经三路……纬一路、纬二路、纬三路……这样的地名。咱济南人也很有创新精神，若特指其中某路段，则称为"经几路纬几路"抑或"几大马路纬几路"，这是济南人常挂在嘴边的说法。

以"经纬"为路名的情况在很多城市都存在，原本算不得稀罕，但济南经纬道路的命名方式与众不同。其他城市的经纬路，是与地理意义上的经纬保持一致的，即以南北走向为"经"、以东西走向为"纬"。而济南商埠的经纬路特立独行，它与地理意义上的经纬方向正好相反，即以南北走向为"纬"、以东西走向为"经"。这一掉个儿，就把许多人都搞迷糊了，无论是本地人，还是在济的外地人，都对此疑惑不解。

这种特殊的道路命名方式，究竟因何而起、起于何时呢？这里还有几个传说。说法一，规划错误说：清末规划商埠道路时，时任山东巡抚杨士骧要求商埠道路要由中国人起名，而具体规划人员对地理经纬并不熟悉，以至于搞反了方向。说法二，张宗昌命名说：张宗昌督鲁时，有拍马者故意将经纬路方向倒置，说此举可以使张宗昌倒转乾坤，扭转战局。说法三，韩复榘命名说：时任济南市市长的闻承烈向山东省主席韩复榘请示如何规划地名，韩复榘桌上正放着一个地球仪，他横着拿起地球仪对闻承烈说："照此办理。"闻承烈看到地球仪横置，误以为是要求经纬倒置，遂将错就错，延续至今。说法四，阴阳颠倒说：这种说法就比较玄乎了，商埠最初勘界时，还参考了风水学说，认为商埠位于群山之北、黄河之南，山北水南为阴，从地理位置上来说阴气过重，所以在道路命名时将经纬颠倒，以抵消阴气。说法五，源于纺织业：济南以纺织业见长，织布机上的长线为经、短线为纬，商埠建设之初，区界东西长为 5 公里，南北则不到 3 公里，于是东西路被命名为"经"，南北路则被命名为"纬"，这个说法虽不准确，但已经有点靠谱了。

其实，济南开埠之初，根本就没有"经路""纬路"这样的地名，商埠的经纬路名是机缘巧合、约定俗成而来的。1904 年，山东行政当局制定了三个章程：《济南商埠开办章程》《济南商埠买地章程》和《济南商埠租建章程》，从这三个章程可知，商埠最初的规划非常简单，只有地租等事项较为详细，并未厘定道路。后来随着道路的建设，逐渐出现了路名。"经路""纬路"并不是同时出现的，开埠之初，东西向道路称为"马路"、南北向道路称为"纬路"，经一路当时称为"大马路"，依次是"二马路""三马路"。

在一份民国七年（1918）山东交涉公署呈送外交部关于处置敌产的呈文中，使用了"商埠大马路门牌七号""二马路门牌一百二十号""小纬六路门牌二十九号"等字样。由此可知，当时有明确的门牌管理制度，即"马路""纬路"是当时的法定地名。说到这里，老济南人经常说的"几大马路纬几路"就很容易理解了，"马路"并不是俗称，而是本来就有的称呼，"经路"的叫法才是后来出现的。

许多人就纳闷了，为什么就这么直白地以"马路"为名呢？在百年前，不是所有的道路都能称为"马路"，城里的道路被称为"石板路""土路"，只有商埠才有"马路"。彼时，"马路"是一个特殊的词汇——按西式筑路法修造的道路才称为"马路"，这是"马卡丹路"的简称。"马路"在当时还是一种新鲜事物，它与传统道路的区别在于，马路是蒸汽压路机压制的，有路基、有路面纵坡。经一路、经二路是济南最早的"马路",所以干脆直呼其名,以"马路"命名了。

当时,全国各地的商埠都有名为"大马路"的道路。《清稗类钞》中就曾总结道:"吾人对于两租界之马路,亦各有习称之名,如南京路曰大马路,公馆马路曰法大马路,此等不胜屈指。"至于为何称经一路为"大马路"而不是"一马路",那是因为这条路作为最靠近交通运输线的马路,是最初规划中最为重要的一条马路,商埠总局就设在此处,所以开埠之初称为"大马路",而非"一马路"。

只将东西向道路称为"马路"的原因,是因为济南商埠的路网规划是以铁路线为依托的。商埠局对埠区建设倾向于西方当时流行的"带形城市"规划,即与运输线平行的为主路、垂直的为辅助道路,纬路的宽度只有经路宽度的70%。从后来的建设中我们也能看出,商埠确实是以东西向道路为建设重点的。例如,商埠总局最初使用压路机压筑道路时,先修的东西向道路,然后再修南北向道路,东西向修筑了大马路至三马路的路基跟路面,南北向的道路最初只修筑了部分路基,其余的那时还基本是土路。

"马路""纬路"的同时出现,说明济南商埠总局最初并没有用经纬来命名道路的想法,那"纬路"为何会单独出现呢?按中国人的传统思维,"经纬"是与"规矩"等同的,一说经纬先想到纲常伦理、条理、秩序等引申含义,其次才是词的本义——编织。开埠之初,相对于东西向道路,南北向道路多且短,是辅助道路,穿插其间,所以才将南北向道路称为"纬路"。"纬"在这里的含义是穿插主干之间,专指辅助道路,并非是纺织业经纬线中短线为"纬"的概念。

那"经路"的名称是如何出现的呢?商埠总局订立"马路""纬路"这样的路名,公众按照有经必有纬的思维习惯,很自然地自行解读为"经纬路",逐渐将"马路"称呼为"经路"。而且,"经路"比"马路"叫起来更顺嘴,如称呼"经二纬三"比说"二大马路纬三路"更省事。1914年出版的《济南指南》中有这样一段话:"商埠……其地以东西为经,南北为纬,已修之马路有三，自北而日辟于南也，已分之纬路有八，自东而条数及西也，而尤以一马路、二马路及纬三、纬四、纬五诸路，最为繁富。"在这里，作者所说的"东西为经，南北为纬"反映的就是公众看法，因为商埠初期东西向道路长，南北向道路短，配合长者为经、短者为纬的认识，就有了道路经纬之别。但书中说具体道路名称的时候，绝大多数还是用的"马路"，该书附图标明的也是"马路"。这表示，民间俗称与法定地名之间已经出现了不同。

"经路"正式确定为法定地名的时间，大约在 1914 年至 1924 年之间。在一份 1922 年历城县呈报外交部的文件中，写有"三大马路""四大马路"的地名，这是已发现的"马路"作为法定地名的最晚实例。1926 年出版的《续修历城县志》中有一幅商埠地图，该图是比照商埠总局绘制的地图翻印的，图中明确地标注了"经一路""经二路"这样的地名。该书编纂完成时间不晚于 1924 年，这是济南最早标注"经路"的地图。此后出版的地图，虽有标注为"马路"的情况，但不过是沿袭旧称而已。

除去"经路""纬路"，还有几条被命名为"小纬路"的南北向道路。这些道路大致平行于"纬路"，基本都很短，且大多数不与商埠主干道经一路相通，所以冠以"小"字，如小纬一路、小纬二路、小纬四路、小纬五路、小纬六路、小纬九路、小纬十路、小纬十一路等。以小纬二路为例，它位于纬二路以西，最初只限于经三路以南、经七路以北，是非常短的一段道路，1980 年整顿置换街道门牌时，才将经七路以南的小纬二路南街合并在内，形成今天的样子。

不仅南北向的"纬路"有这种特殊的命名情况，一些东西向道路还有被命名为"建国小经某路"的特例，这又是怎么一回事呢？1938 年，日伪华北建设总署济南工程局强行征购的民有土地，将齐鲁大学以西、四里山以北、岔路街以东、经七路以南的地区规划为南郊新市区，总面积 1510 多亩，这一区域被称为"南商埠"。南商埠的道路是与地球子午线或平行、或垂直的纵横路网，以"兴亚"为东西向道路名，以"新民"为南北向道路名，后面各冠以方位及序号。东西向道路，如兴亚大路（今经十路）、兴亚北一路（今经九路）、兴亚北二路（今经八路）等等；南北向道路，如新民大路（今纬二路的经七路以南路段）、新民东一路（今自由大街）、新民东二路（今纬一路的经七路以南路段）等等。这种道路名称，难听又难记。

1946年，市政当局为了去除日本侵略痕迹，又重新厘定了这一区域的路名。将东西向道路，冠以"建国"字样，后面加以序号。如将"兴亚北五路"易名为"建国小经一路"、将"兴亚北四路"易名为"建国小经三路"、将"兴亚北小二路"易名为"建国小经五路"、将"兴亚北小一路"易名为"建国小经六路"、将"兴亚南一路"易名为"建国小经十路"等等，这样的道路当时共有十条。至于为何改用"建国"字样，这与"兴亚""新民"一样具有浓厚的政治意味。孙中山提出的"建国方略"中，将国家建设时期分为军政、训政、宪政三个阶段，1946年正是国民党鼓吹"宪政建国"的开局之年。

济南商埠的经纬道路，从最初商埠总局订立"主路辅路之别"，到被公众解读为"长短经纬"，又到演化为"纺织经纬说"，法定地名从"马路""纬路"，逐渐转变为"经路""纬路"。厘清这一演变过程，也仍改变不了老济南人称呼"几大马路"的习惯，更改变不了东西为"经"、南北为"纬"的逻辑。对济南人来说，经纬路就是商埠，商埠就是那些经纬路，没有理由。

# 经一路：商埠首条东西干道

雍　坚

　　清光绪三十年（1904），济南申请自开商埠，当年获得清政府批准。据1914年《济南指南》记载，当时的商埠，"其地以东西为经，南北为纬，已修之马路有三，自北而日辟于南也，已分之纬路有八，自东而条数及西也。而尤以一马路、二马路及纬三、纬四、纬五诸路，最为繁富"。由此可知，一马路（即经一路）在建成初期便已人气很旺。

20 世纪 30 年代的经一路

在济南商埠区的东西干道中，经一路曾是唯一一条敷设泰山花岗岩的石板路，也是唯一一条设有德国标准排水设施的道路。可以说，这条济南历史上第一条按近代城市标准修筑的干道，初名"一马路"，但在老济南的口语中又加上了一个"大"字，称之为"一大马路"。

当年，在这条街上两侧，欧式风格的胶济铁路济南火车站、济南电报收发局及应运而生的洋行、客栈、西式别墅等，为封闭传统的老济南带来一股近代城市气息。济南开埠之初，勘定商埠范围时，"东起十王殿，西抵北大槐树"，这一东西界限，正是经一路的两端。今天，这条路横跨槐荫区与市中区的北部，两区以纬五路为界，以东属市中区，以西属槐荫区。此外，这条路还大致是市中、槐荫两区与天桥区的分界线。

因为是济南开埠后最早开发的一条干道，经一路两侧的西式建筑比较多，老百姓习称为"洋楼"。细分起来，有交通邮电类的，如原胶济铁路济南站、老电报局大楼；有商用楼，如原德国某洋行；也有住宅、公寓类的，如欧式别墅。

又因为靠近火车站，2004年拓宽改造前的经一路两侧宾馆、仓库也比较集中。据李默先生撰文回忆，在20世纪70年代，"曾经最大的要属山东宾馆规格最高了。其他的，也就是'第一宾馆'和一些单位招待所如铁路招待所、银行招待所、济南军区招待所、空军招待所"。此外，"从纬四路口开始，往西行纬五、纬六、纬七路的马路北侧都是铁路货场的进出口，济南市所有的货运物资都由这里运进、运出，所以一大马路沿途还有好几个大型的仓库、运输公司或者车队，像纺织品仓库、食品厂冷库、粮食仓库、日用品仓库以及天桥底下的药品仓库、副食品仓库、水产冷库等"。

2004年，是济南迎来开埠百年的一年。也是在这一年，经一路启动了拓宽改造工程。时隔百年，当年十多米宽的"大马路"越来越不适应现代都市发展的需要。开街，势在必行。而那些见证百年历史的周边建筑何去何留，当时曾牵动着无数老济南市民的心。

经一路拓宽前，位于经一纬三路口东北角的胶济铁路济南火车站为济南铁路局机关使用，1992 年 7 月被拆除后，建于 1914 年的胶济铁路火车站便成了济南现存历史最早的火车站。该火车站东西向布局，中部为高大的候车大厅，底层砌以蘑菇石，二层石柱廊由六根粗壮的爱奥尼克石柱支撑，气势非凡。因主体建筑距经一路较远，2004 年，这座省级历史优秀建筑幸运地划在拆迁建筑名单之外。位于老火车站东邻的，是一座造型别致的欧式办公楼，孟沙式屋顶和大老虎窗显示出其身份的卓然。据张润武、薛立著《图说济南老建筑（近代卷）》一书记载，它始建于 1909 年，原是德国山东铁道公司的办公用房，1915 年后曾作为日本济南宪兵分队司令部。

修复后的原德国山东铁道公司办公用房　雍坚/摄

由于紧挨马路，该建筑一度被划入拟拆迁名单。后经专家组几次磋商，该办公楼终于得以存留下来。济南铁路局随后对该建筑进行了"修旧如旧"，外观上颇有西洋范儿。

与原胶济铁路火车站隔车站街相对的是济南现存最早的电报收发局建筑，门牌号为经一路 93 号，始建于 1904 年，时称济南府电报收发局。"一战"爆发后,日本人沿胶济线侵入济南,此建筑曾作为日本邮便局使用。1929年后,它一直作为车站邮局,部分改为招待所使用。济南人都习惯上称之为"老电报大楼"。

20世纪20年代的胶济铁路济南火车站及老电报大楼

　　这座呈"L"形布局的建筑东西沿经一路、南北沿车站街各长30来米,建筑面积1100多平方米,建筑从基础到顶端均以石材为主,坚固耐久;圆形窗洞、圆柱状角楼及曲线柔和的窗楣所体现出的是典型的巴洛克建筑风格。在20世纪20年代出版的明信片上,此建筑角楼上方饰有黑色的盔顶,盔顶上有细长的避雷针,远远看上去,像一个威猛的武士。老电报大楼路南正对的是近年来新建的济南铁路局会议中心,按经一路拓宽改造标准,两者至少要去其一。在社会各界的一片保留呼声中,有关部门最后采取了折中方案,最终确定对老电报局大楼进行"瘦身"平移。即把这栋建筑的南北跨度缩掉13米,整楼向北移13米后重建。

　　2013年3月,以上三组建筑为主的原胶济铁路济南站近现代建筑群跻身国务院公布的第七批全国重点文物保护单位名单。同年12月,老电报局路南的20世纪50年代建筑山东宾馆被济南市政府公布为市级文物保护单位。

　　与原胶济铁路济南站近现代建筑群同样幸运的是胶济铁路高级职员公寓，这是位于经一纬二路口南侧三角地一个建筑群，由四幢二层楼房和一处平房组成，是济南现存最早的别墅公寓，电视剧《大雪无痕》曾在那里拍摄取景。2013年12月，济南市政府将其公布为市级文物保护单位。对该建筑群的修复工作业已展开，部分建筑已经修旧如旧，重现风采。

原胶济铁路高级职员公寓　雍坚/摄

　　2004年的拓宽改造中，经一路沿线有数座历史建筑成为了历史。位于老电报局西侧不远的一家德国洋行便是其中之一。这家洋行建筑位于经一路111号东侧，主体建筑为坐东朝西的二层楼房，拱券门、玻璃窗，正对经一路的南山墙开有多面条形窗。大门开在山墙西侧，门东为临街五间门头房。整个建筑虽没有精雕细琢，但给人的感觉是疏朗大方。据不完全统计，1904年至1945年，德国人在济南开设的规模较大的洋行有45家之多，多集中在商埠区，这家洋行当是其中之一。

拆迁前，位于经一路 168 号的济南铁路局 22 宿舍里，曾完整保留着一栋典型德国风格的别墅住宅，高大的山墙、变折的红瓦屋面、复杂的装饰显示出，当年主人身份的不同。"这个别墅大着呢，加地下室共有 3 层，如今住着 14 户人家。当年别墅的一层地下室是储藏室和厨房，二层是两个客厅和书房、盥洗室，三层是 5 个卧室。别墅左前方是鸽子楼，正前方是花园，右前方建有供下人居住的公房。" 2003 年 12 月，在别墅中住了 50 多年的蒋连珠先生介绍说，20 世纪 80 年代，有一对八旬老夫妻旅游来济南时曾专程到这里来看故居，那个老先生当年是为日本人做事的华人高级工程师，房子建造则是依照德国风格。又据了解，这栋豪华的德式别墅的原始主人是当年济南铁路的一位车务站站长。孰是孰非，还有待考证。

位于经一纬四路口的济南铁路局第一单身宿舍是一个由三纵三横 6 栋楼房组成的建筑组群，当年是一个大型客栈，里面的建筑及装饰古香古色，据老街坊介绍，电影《七十二家房客》曾在此拍摄。2004 年，因经一路拓宽，这组完整的宿舍建筑被迫"截肢"，拆掉了临街的前楼。现在，从经一路经过，一眼就能看到这座残存的建筑。

除欧式建筑外，拓宽改造前，经一路上尚存不少日本人兴建的带有简约风格的洋行、客栈及居所。原位于经一路 29 号的 6 开间二层青砖小楼拆迁前是一家旅馆，原来是一处日式院落，楼后回廊、楼梯却极为讲究。经一路 110 号当年是日本人开设的客栈，临街为 9 开间 2 进间的二层青砖小楼，前后均不出厦，门洞也未做过多修饰，由门洞内的木制楼梯上去，二层中为走廊，两侧为大小相等的单间客房。2004 年经一路拓宽中，这座老客栈被"削"掉一半。位于经一路 147 号的大丸洋行，原为 12 开间的二层临街楼，建筑为石头到顶，乍看上去，与中国传统建筑颇为类似，只是省去了前出厦结构。不过，由门洞进入院内，会发现十分"内秀"，楼后设有走廊，拱形门洞镶着做工考究的木栏杆。

# 辉煌一时的"二大马路"

牛国栋

经二路，旧时人们习惯称之为"二大马路"，是一条贯穿商埠东西的主要干道。为与西关相连，它东起普利门，西至纬十二路，长达三公里，比老商埠的长度还长。道路两侧遍植法桐，林荫夹道，树影婆娑，遮天蔽日。沿街商号洋行林立，多达 200 余家。建筑风格各异，多为西式模样，颇具异国情调。

二大马路与纬二路和纬四路这两个交叉点上，还形成两个"十"字形商业组群，一是工商界人士十分熟悉的经二纬二路"金融角"，另一个是曾被市民们很看重的经二纬四路购物区。这条长街还像一根长长的扁担，东头挑着新市场，中间背着万紫巷，西头担着西市场，使整条街道像一条风景走廊。虽然没有上海滩上的百乐门舞厅和有轨电车，也没有北京前门大栅栏那样的喧哗，但看惯了小瓦粉墙青砖的老济南们到这里已是大开眼界了。可以说，在 20 世纪 70 年代末以前，二大马路曾是济南最为繁华的地段，用当地百姓的话说叫"金银之地"。

当年，因德国人涉足商埠较早，资本投入大，一些体量高大的建筑多为德国人所建。纬一路到纬三路之间是德国建筑的聚集地，最早将山东划作势力范围的德国在济南搞了好几项"第一"，其中位于二大马路北面，纬二路东西两侧的原德华银行是第一个驻济南的外国银行；原德国领事馆是第一个外国驻济南领事馆。这两处房舍的历史都早于济南开埠。德国占领胶州湾后，急于加强与省城的联系，遂于 1902 年在济南设立了德国驻济南商办处，起着部分领事代办处的作用，这也是济南最早的外国常驻机构。开始没有专用的馆舍，而是租用美国教会的一套洋房，后来还租过一个四合院。1903 年 9 月，德国商人贝斯在德国政府的暗中授意下在自家别墅的院子中升起了德国国旗，声称德国在济南建立了领事馆，并悬挂起匾额。面对德国人的紧逼和既成的事实，清廷终于承认了德国领事馆的存在。不久，德国领事馆正式挂牌，原德国驻济南商办委员朗格（中文名字梁凯）为首任领事，另有副领事、总务长、秘书、译员等 50 余人。

昔日经二路纬四路风貌　牛国栋/摄

初设时的德国领事馆，被授予很大权力。1903 年 11 月 25 日，德国驻华大使穆默曾照会外务部，称奉本国外交部令："山东有关事宜除胶州和烟台领事馆管辖的登州、莱州两府外，其余全省德中交涉事宜，均归驻济南领事办理。"当时日本的《中外时报》称，德国"欲以山东全省为己之殖民地、附庸地，特设官于济南"。那个升国旗的德商贝斯还曾为第三任德国领事。朗格在给德国外交部的信中，请求建一座"设施体面"的馆舍，供接待中国的显贵使用，他还详尽描述了中国的礼仪。他强调设有大花园的必要性："在这里，尤其是盛夏，宅邸几乎是唯一可供德国官员休息的地方。"德国外交部批准了他的请求，拨款 20 万金马克，于 1906 年 7 月至 1908 年，建造了这座占地 20 余亩，带有大型花园的馆舍。

1917 年 3 月，中德因第一次世界大战断交，3 月 25 日领事馆撤销。1922 年 5 月，中德复交后，领事馆亦随后恢复。1945 年 5 月，德国政府撤销济南领事馆，11 月，中国国民政府接收馆舍，并将其第六任也是末任领事韩宝满及其随从遣送回国。新中国成立前夕，这里曾为王耀武领衔的国民党第二绥靖区司令部驻地。新中国成立后成为中国人民解放军济南市卫戍区所在地，后成为济南市人民政府驻地。

德华银行总部设在柏林，在我国上海、青岛、济南等地设有分支机构。1906 年，德华银行济南分行设立，发行银两票及银元票。同时设内外两个账房，内账房由德国人管理，负责管理外商业务，外账房由中国买办管理，负责中国商业汇款、贷款等业务。德华银行办公楼原系建于 1901 年前后的胶济铁路德国总工程师办公处，从 1907 年 5 月开始，用了一年半的时间改建成了这座高三层的办公楼。1922 年德国人撤资，中国银行山东分行便从院西大街齐鲁金店迁至此楼，现在是济南工商银行的办公场所。20 世纪 80 年代初，纬二路拓宽改建时，有人提出拓宽后的经七纬二路路口直冲天桥南首，走直线。如果那样，就意味着德华银行与南临的铭新池都要拆除，经考虑再三，德华银行和铭新池保住了，宽阔的大纬二路从其身旁拐了个弯奔向天桥。这成为济南近代建筑遗产保护的佳话。

二大马路南侧，今济南邮政局营业大厅系原山东省邮务管理局大厦，比马路对面的德国领事馆建筑晚了十几年。这座建筑于 1918 年 3 月由天津外国建筑事务所建筑师查理和康文赛设计，由天津洋商承包施工，1919 年建成。二层外加顶层阁楼，属前厅后宅式建筑群。南部为豪宅，供时任总邮务长的英国人海兰及副邮务长和佣人食宿，此外还辟有花园和网球场。北部则是邮政办公大楼，通高 30 米，是当时商埠地区的最高建筑。

民国时期的经二路一角

在日耳曼风劲吹的"金融角"，有两家西式建筑，却是中国自办的银行。一是位于经一纬一路的原济南交通银行，二是位于纬三路东侧的山东民生银行。交行大厦始建于 1920 年，由我国著名建筑师庄俊设计，正面石阶之上是高大的外柱廊，六根巨大的希腊爱奥尼亚石柱直抵三层，华丽气派。1932 年，入主山东的韩复榘实施"新政"，山东民生银行便是由他筹设的官商合办的地方性银行。除一般银行业务外，还发行经办山东省库券等。济南沦陷的 1938 年，因位于经三纬六路的济南日本总领事馆遭火焚毁，这里被日军侵占为临时领事馆驻地。1939 年 9 月，又成为日商横滨正金银行济南出张所。抗战胜利后被中国银行接管。

如果说二大马路的"金融角"、洋行和外国领事馆是洋人和工商界人士出没的地方，显得较为宁静，那么以二大马路纬四路为坐标点的商业集群则是老百姓们任意游逛的地方。20世纪80年代初，济南商业中心尚未东移前，这里的店面个个都是旺铺，街上熙熙攘攘。

一些外商和城里的老字号看到商埠的发展前景，纷纷到此开办分号或新商号，一时间店铺云集，令人目不暇接。六七十岁以上的"老济南"人还清楚地记得祥云寿百货店、同达鑫鞋帽店（后来的"永盛东"）、瑞蚨祥（鸿记）绸布店，隆祥（西记）绸布店、泰康食物公司、上海食物公司、泉祥（西记）茶庄、居仁堂中药店、亨得利大西洋钟表店、三联书店、兴顺福酱园、洪顺服装店、神仙理发店、开明电料行（后来的红波无线电商店）以及万紫巷商场等。

旧时的糕点是奢侈品，而泰康食物公司又是济南糕点业的龙头老大。青岛开埠早济南几年，而且是德国人重点经营和把持的地方，因而在食品加工，特别是西点制作上得洋人"真传"，包括蛋糕、面包、饼干、冰淇淋等制作水平一直在济南之上。1914年，青岛华德泰日用百货商店的徐咏春和万康南北杂货商店庄宝康来济南游玩，看到了济南商埠区的兴旺景象和糕点业不发达，于是二人决定各出资2500银元，在济南商埠合资办店。两家各从自己的店名中抽出最后一个字合成"泰康号"，并由"万康"店委派浙江宁波人乐汝成任经理，"华德泰"派一名会计。商号以经营南北杂货和自产糕点为主，1914年6月在二大马路纬三路开张。乐汝成开业之初就发现商埠仅有一家点心店，规模很小。他便派人调查本市的主要殷实富户，挨门挨户造访，不仅宣传泰康产品，还奉送"赊账折子"赊销，过后算账。同时，改进产品包装，新增加礼品糕点盒。这些招数都很灵，"泰康号"很快便打开了销路。1919年，"泰康号"在院西大街设立了支店，扩建了工厂，增添了机器，开发出了鸡、鸭、鱼、肉四大类罐头。产品沿津浦铁路和胶济铁路向外铺开，后又在普利门内开设了第三门市部。1920年，泰康号改组为无限公司。四年后又改为泰康罐头食物股份有限总公司，并在青岛、上海、武汉等地开设分公司，以利拓展业务。1929年，越干越大的泰康总公司迁往上海，济南则改为分公司。1930年后，泰康各地的分公司达十家，产品多达 1700 多种，因此时有这样的说法："只要是吃吃喝喝的，泰康都有。"新中国成立后公私合营，泰康的产品仍保持较高的信誉。在全国叫响的四鲜烤麸罐头和凤尾鱼罐头，是当时馈赠亲友和家宴的上品。

在我的记忆中，20 多年前的经二纬四路还是相当的繁华和热闹，当时商品短缺，好像就这里东西最全，全济南的人都到这里逛街。那时人们钱少，商店少，货源也少，买什么都得事先合计好了，不像现在这样见了商店抬腿就进，掏钱就买。我记得父亲到纬四路东侧的洪顺服装店做身中山服套装，从量尺寸到试样再到取货要一个多月的时间。

新中国成立初期，位于经二路纬四路的中国百货公司济南市公司

要说印象最深的，还是那幢早已逝去的第一百货商店的北楼了。该店前身是旧时"宏大""天罗新"两家私营百货店。楼高四层，外观具有上海滩常见的摩登情调。临街橱窗设计考究，楼上有突出的挑台，铁艺护栏、霓虹灯也很洋气。进得门来，是座四层的四合楼，像个方筒子，中间是天井，上面是个大罩棚。每层都是一圈柱廊，凭栏观望，上上下下看得清楚。楼的四个角上都有一跨楼梯，窄窄的，也略显陡峭，台阶上的水磨石被千万双脚打磨得光亮照人，商品自然也很齐全。红火的生意与后来老城内的百货大楼并驾齐驱。后来"一百"重新装修，富丽堂皇，规模大了不少，还安装了自动扶梯。但支撑到 1998 年只能改弦更张了。

位于经二纬五路的高岛屋济南出张所，建于 1941 年。高岛屋株式会社，是一间大型日本百货公司连锁店，最初是由饭田新七 1829 年创立于京都的一家二手服饰及棉料织品零售商，至今在日本保持着良好的经营状况。济南的这家门店由日本丰田纺织事务所设计承建，设计手法简洁明快，建筑三个立面临街。建筑主体三层，中间高两侧低，形似中国的牌坊，在当时属于大型商业建筑。抗战结束后，这里曾作为日本居留民团用房。

# "二马路"上的两家宏济堂

雍 坚

2009 年 3 月，宏济堂中号　雍坚/摄

　　1925—1928 年，张宗昌督鲁期间，济南一家国药企业将位于老城院东大街的总店和位于商埠经二路的分店接连翻盖成了前店后坊式的楼房建筑，门脸及内部装饰气派奢华。此次门店翻新总花费银元 10 多万元，这在当时可是一笔天文数字，因此成为省城民众街谈巷议的热闻。

　　这家企业便是由乐镜宇创办的宏济堂。在十多年前热播的电视剧《大宅门》中，其主人公白景琦（白七爷）的原型，就是这位在商业颇有传奇故事的乐镜宇。

乐镜宇为国药老字号——北京同仁堂的少东，他的父亲弟兄四人，形成大、二、三、四房，共同继承祖上遗产。到了乐镜宇这一辈，同辈兄弟有17人。根据祖传规矩，同仁堂由各房轮流坐庄，四年一换。每房都不能私开同仁堂字号。清末，乐家四房虽然没有分家，但都开始着手开设自家的字号。大房开设了宏仁堂、乐仁堂，二房开设了居仁堂，三房开设了宏济堂，四房开设了达仁堂。

乐镜宇自幼潜心学习医药，熟识中药材的鉴别和炮制。光绪二十八年（1902），在他30岁的时候，家里给乐镜宇捐了个山东候补道的官衔，他只身来济南候补。此时，适逢他的老相识杨士骧任山东巡抚，于是拨官银2000两，委托乐镜宇办官药局。可是，成立官药局不合满清律例，杨士骧因此被参并调离山东，官药局一度陷入难以维系的窘境。乐镜宇看准时机，于是借钱缴还官银，自己出资将药局改制为民企，更名为"宏济堂"，成为济南第一家京帮药店。这一年是光绪三十三年（1907），店址设在院前大街。

两年后，债务尚未还清的乐镜宇在西关东流水街创办宏济堂阿胶厂，高薪聘来熬胶师傅，参考文献，反复试验，研制出新的提制法——九昼夜精提精炼法，用趵突泉水加上这种独特提制法，熬制出味道清香、不含腥味的阿胶，口感好了，药效强了，结果销量大增。宏济堂一跃成为济南中药行的新秀。可是，民国元年（1912），又驻军闹饷兵变，院前大街宏济堂被焚。此后，乐镜宇将宏济堂迁址院东大街重新开业。《济南老字号》等不少书刊记载，院东大街宏济堂的开业时间是1915年。笔者考证发现，民国三年（1914）4月出版的《济南指南》（叶春墀著）一书有如下记载："宏济堂住四隅首路北。"四隅首，就是院东大街东口。由此可推证，最迟在1914年初，宏济堂已经在院东大街开业。而这一年，宏济堂熬制的阿胶获山东全省最优等金牌奖。次年，获得巴拿马国际商品博览会优等金牌奖和一等银牌奖。民国六年（1917），宏济堂参茸阿胶庄在北京前门外大蒋家胡同建立，此后宏济堂阿胶开始批量进入京城，并在以后若干年里专供同仁堂。

2007 年 3 月，蓝天白云下的宏济堂西号　雍坚/摄

　　济南自清末自主开埠通商以来，经二路逐渐成为济南最为繁华的商业街。起家于济南老城和城厢的很多商号，纷纷到经二路来抢占商机。民国九年（1920），有了原始积累的宏济堂，在紧挨五里沟的商埠经二路路北开设分号，又称"宏济堂第一支店"或"宏济堂西号"。20 世纪 20 年代，军阀交战，匪患频发，济南也处于动荡之中，而宏济堂却迎来了它的发展高潮。尤其在 1925—1928 年张宗昌督鲁期间，宏济堂竟然财运亨通。当时，张宗昌为了扩军备战，一度强制推行军用票，当时商家都不看好军用票，一般洋货铺、茶叶铺都存货不存钱，而宏济堂大量存军票，后来鲁系军阀占了上风，重用军票，宏济堂反而沾了光。本文所提及的宏济堂花大钱翻修门店一事，应该也和当时存军票发了大财有关。

　　文献记载，当年乐镜宇在修建院东大街总店时，修建二层楼房两座，530多平方米，其门面效仿北京同仁堂。修总店的同时，他又出资银元9500元，购地一亩，在经二路修建第一支店，修建样式与总店相似，也是二层楼房两座，只是面积小了些，有440多平方米，另有平房13间。

宏济堂西号　　牛国栋/摄

　　20世纪20年代，宏济堂还在榜棚街购地六亩五厘，改造成宏济堂栈房，共有房屋100多间，为药店提供生产。后来这里增添设备，建为宏济堂制药厂，中华人民共和国成立初期，有职工55人，主要生产中成药。民国二十四年（1935），乐镜宇又出资银元1.8万元，在经二路纬一路路口东面购地四分七厘三毫，修建宏济堂第二支店，又称"宏济堂中号"。

　　至此，宏济堂在济南成为拥有三店两厂的药业龙头企业，其销药额达到北京同仁堂的三分之二。宏济堂与北京同仁堂、天津达仁堂齐名，号称江北三大名堂。

　　1996年，位于济南老城内的宏济堂总店实施拆迁前，宏济堂总店内的一些老古董被搬到了经二路纬六路宏济堂西号店内加以保存，它们包括雕饰精美的汉白玉阴阳浸药池及雕花门窗等建筑构件。

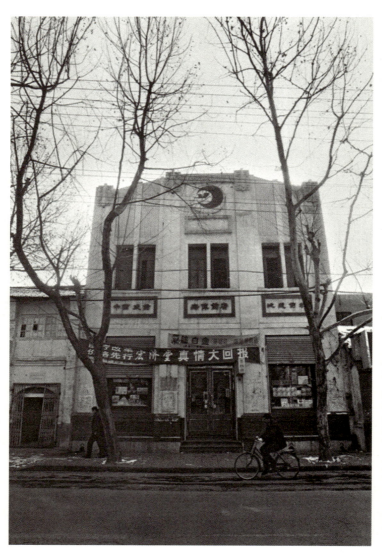

位于经二路东段的宏济堂中号　牛国栋/摄

2006 年 8 月，笔者曾和朋友赶在五里沟片区拆迁前一起去宏济堂西号进行拍照。当时，西号一个原汁原味的中药老店，家具以紫红色为基色，进门后是古朴厚重的实木柜台，左右则是镶着木框的旧式水银镜，头顶是旧式的吊灯。在柜台里面，贴墙是古香古色的药柜和雕花药架，草药和成药各有分区。沿着柜台东侧的木质楼梯上到二楼，这里被一道隔断分为前后两个区域，前区堆放着数个久已不用的药筒，上面写着枯萝、益母草等中草药名。

西号后院的天井只有巴掌大小，东侧有一个弃置不用的旧式电梯楼，西侧是可通往北楼和南楼的露天楼梯。同临街楼的西式风格不同，后楼是一个青砖楼房，与前楼组成那个时代特有的前店后坊结构。后楼虽然只有两层，但明显比济南老城区寻常所见的青砖小楼高得多。因为后楼处在一个南高北低的位置上，片区拆迁前，从北面的五里沟回看后楼，愈发觉得其高耸入云。

2007 年，是宏济堂创立一百周年。这一年，宏济堂西号能够留在原地一事，备受社会各界关注。后经反复协商，相关部门最终采取了折中方案，将 2003 年被登记为不可移动文物的宏济堂西号进行平移保护。平移工程于 2008 年 5 月正式实施，6 天后移动到预定位置。宏济堂西号先向北平移 11.6 米，旋转 3.8 度后，北楼再向东平移 15.4 米，南楼向东平移 16.25 米，平移到新位置后，将楼体整体抬升 0.4 米。平移后的宏济堂西号，前店依然作为宏济堂门店使用，后楼则辟为宏济堂中医药博物馆。

在宏济堂西号实施平移保护的同时，位于经二路纬一路路口东面的宏济堂中号也因魏家庄片区的拆迁而面临去留问题。2008 年笔者去探访宏济堂中号时，它当时已租给"杰克缝纫机"暂用。在拆迁前的很多年里，宏济堂一楼店内就被改造为缝纫加工店。但推开壁橱，里面藏着的依然是当年的药柜。穿过一楼门面房可进入宏济堂中号的后院，只见南屋为小瓦花脊的二层青砖楼，本来就不大的天井中则矗立着一座三层高的角楼。站在角楼之下，有种很强烈的"被压迫"感。

　　在有关部门反复协商后，宏济堂中号最初的命运是拆除后易地重建。该建筑在 2009 年 10 月被拆除，几年后，在魏家庄片区新建楼群中被复建。

　　（注：乐镜宇又作"乐敬宇"，见《济南工商史料（第三辑）》《济南老字号》等书。本文依 1940 年《济南华人商工名录》、1989 年《济南中医药志》记载，作"乐镜宇"。）

# 经二路上"精益求精"的眼镜店

耿　仝

在济南，一说到配眼镜，旁人总会指引你去经二路上的眼镜店。仿佛只有那里的眼镜店才最正宗，配出的眼镜最为舒适。其实，经二路上出名的眼镜店并不多，只有"精益""亨得利"两家而已，可正是这两家店，挑起了济南眼镜行业的大梁。

眼镜，据说最早是由明末的传教士带入中国的，当时的镜片是西洋玻璃，时称"玻璨"，国人则以水晶仿制。明清以来，人们习惯上称水晶镜片的眼镜为"眼镜"，而称西洋玻璃镜片制成的眼镜为"暖碟"。《瓯北诗钞》中就提到："眼镜，相传宣德年，来自番舶驾。初本嵌玻璨，薄若纸新研。中土递仿造，水晶亦流亚。"到了清代末年，眼镜已经非常普遍，但仍是使用水晶等天然材料为主，镜架笨拙，光度偏差较大。至于科学的验光，对于当时的人们来说，几乎无法想象。

鸦片战争以后，随着外国人大批涌入中国，西方先进的配光技术及新式眼镜逐渐被国人所熟知。西方的镜片以光学玻璃为原料，经技术验光后用机械研磨，镜架选用轻质金属，主要以近视、散光镜片为主。与之相比，中国旧式眼镜主要是透明水晶、茶晶、墨晶等材料制作而成，以老花镜和遮阳镜为主。旧式眼镜与新式眼镜的比较，就如同济南古城与商埠相较一样，各有各的道儿，各有各的宿命。

济南的眼镜行业，发端于芙蓉街，最早是由苏州来济的古玩商人销售的。

清同治十一年（1872），济南芙蓉街上诞生了第一家眼镜店，名为"一珊号"，1912年又改名为"三仙号"，它曾是济南最大的眼镜铺面。当年的芙蓉街上，还有诸如三山斋、宝明斋、山仙斋、王山斋、大三山、宝华斋等为数众多的眼镜店铺，是生产和销售旧式眼镜的中心。

民国时期的芙蓉街有众多的眼镜店

济南开埠后，出入商埠的摩登人物日益增多，胶济线上的汽笛声发出一个商业信号——商埠需要眼镜店，济南需要新式眼镜！于是，在1917年，中国精益眼镜公司派浙江人徐子刚来济南筹建分店。颇具商业头脑的徐子刚一眼就相中了当时的二马路，也就是现在的经二路。那时，商埠最繁荣的路段是一大马路，但一大马路上以货栈、商行为多，并不是销售眼镜的理想场所。徐子刚将店址选在了以零售业为主的经二路上，店铺的全称是"中国精益眼镜股份有限公司济南分公司"，济南人俗称为"精益眼镜店"。这家眼镜店，一开就是100年。

"精益"这个品牌来自于上海。清朝光绪末年，有一个叫"高德"的洋人，看到上海没有用科学方法验目配镜的商店，就开设了一家名为"高德洋行"的眼镜公司，专门经营验光配镜业务，并从国外运来验光仪器、研磨镜片机及新颖的眼镜配件。他招收的技工都要求懂英文，并经美国函授技术学习合格后才能上岗。这其中的一个技工，1911年在上海南京路也开了一家西式技术的眼镜店，名为"中国精益眼镜公司"，是仿照美国最大眼镜厂"美国眼镜公司"所起的。这是中国第一家采用西方先进设备及技术配制眼镜的店铺，所以"精益"一直标榜是"中国首创第一家"。当然，在济南，"精益"也是第一家专业的新式眼镜店。

中国精益眼镜公司注重质量，以良好的商誉享誉全国。它曾在1915年美国旧金山举办的万国博览会上获得奖章，又获中国农商部展览会金奖、华洋物品会金奖、京都出品协会金奖等诸多奖励。许多当时的政要名流，都习惯去精益配制眼镜。因为精益眼镜店精益求精的质量和周到的服务，很快便占领了全国市场。1912年在武汉和北京开设分店，不久又相继在香港、天津、青岛、济南、沈阳、大连、哈尔滨、南京、苏州、杭州、广州、澳门等全国各大城市都开设了分店。至抗战前，已有18个城市开设了精益眼镜的分支机构。可以说，精益眼镜是国内最早的眼镜连锁行业。

济南精益眼镜店，率先引进了国外先进的验配技术，全套从美国引进了验配和磨片设备，所有技术人员都是在上海经过严格培训的，前店后厂、产销结合。济南精益眼镜店出产的眼镜，在1945年曾荣获巴拿马博览会金质奖。1956 年，济南精益眼镜店公私合营，后转为国营企业，归市百货公司管理。从 1917 年到现在，济南精益的配镜质量始终都精益求精，在济南享有较高声誉。

在济南精益眼镜店的隔壁，还有一间更为著名的眼镜店——"亨得利钟表店"。不是说眼镜店吗，怎么又成了钟表了？因为亨得利虽然是经营钟表起家的，但同时也经营眼镜。过去，传统眼镜镜片是由天然晶石磨制，眼镜框用铜、玳瑁、牛角等材料，属于文玩器物。一副上好的茶晶眼镜，需要 1 到 2 两黄金，普通的需要八九十块大洋，水晶的稍便宜一些，平面的八九大洋，托尔克的十四五元。所以，眼镜最早是在古玩行、珠宝行、玉器店、首饰楼销售的。与此情况相似的还有钟表，在清代钟表基本都是在古玩店里销售。后来这两种源自于西洋的珍宝玩意都归到了一家店，售卖钟表的大型店铺大多都销售眼镜。亨得利钟表店即销售钟表，也销售眼镜，甚至还卖过钢笔、制作过奖牌。济南亨得利店门口过去挂着两块大招牌，分别书写"亨得利钟表公司"及"亨得利眼镜公司"。

"亨得利"也是源自于上海的品牌，它前身是"二妙春钟表店"。清同治十三年（1874），应启霖、王光祖、庄鸿奎三人合伙在宁波东门街创立了一家名为"二妙春"的钟表店。1915 年，又在上海五马路开店，取名"亨得利"，意在万事亨通、大得其利。短短几年，就在上海静安寺、霞飞路和香港开设了 3 家支店，全国各地建立联营合资的企业达 60 家。1928 年，亨得利迁至南京路广西路口，并挂出了"亨得利钟表总行"的招牌，大做广告，营业蒸蒸日上。

1918 年，上海亨得利总店集资 6900 银元，派浙江宁波人郑章斐来济南筹设分号。他来到济南后，感觉应该在眼镜商铺扎堆的芙蓉街一带设立店铺，于是就在芙蓉街附近的凤翔街口寻了一家店面，设立济南亨得利钟表店，并于 1918 年 3 月 16 日正式开张营业。由于货源充足，技术先进，所以经营情况非常好。郑章斐先后于 1920 年在院西大街设立了亨得利东号、1923 年在普利门设立了纽约表行、1924 年在经二纬四路口设立了大西洋钟表眼镜行（今亨达利钟表店）。此后，郑又于1924年在青岛、1928年在泰安设立了亨得利钟表店的分号。1934年，郑章斐在大西洋钟表眼镜行的对面营建了三层楼，创立了亨得利西号。

1937年，抗日战争爆发。郑章斐将较为贵重的部分钟表、唱机存入交通银行仓库，由内弟崔锡瑞代理经理职务，主持济南亨得利连号业务。日军侵略济南后，亨得利寄存在交通银行的货物被抢，崔锡瑞为了营业，只得将几个店的商品集中于亨得利西号，勉力维持。日本投降后，由于经营情况不好，崔便于1946年关闭了亨得利东号，将资产并入亨得利西号。1949年1月，国民党飞机对济南进行轰炸，亨得利钟表店西号被炸毁，并当场炸死18人，商品全部被毁。至此，济南四家连号的亨得利，就只剩大西洋钟表眼镜行一家了。

1964年，大西洋钟表行改名为"泉城钟表店"，亨得利西号则在原址新建楼房复业。20世纪80年代，又组建了"济南亨得利钟表眼镜公司"，亨得利又恢复了生命力。

亨得利生产的证章

如果您现在路过亨得利眼镜店，会发现门口三个大字写的是"亨达利"，这是怎么一回事呢？谈到这个问题，我们就不得不说到民国期间一段"两亨"相争的传奇了。与"亨得利"类似的品牌，还有一个"亨达利"。

"亨达利"是 1864 年法商霍普兄弟公司的中文招牌，1914 年转到国人虞芗山和孙梅堂手中。因与洋商关系密切，货源充足，资本实力雄厚，亨达利在全国各地也开设了几十家分店。"亨得利"与"亨达利"不仅名字相近，而且经营又同是钟表眼镜，"两亨"之间的斗争一触即发。亨达利以侵犯店名权为由，将亨得利告上了法庭。这场官司几经波折，最后，南京高等法院以中文的"得"与"达"音义均不相同，既谈不上影射，也谈不上效仿为由，驳回了诉讼。不久，亨得利在国民政府农商部正式登记注册，得到法律保护。

除了轰动一时的官司，亨得利与亨达利在商业手段上也是你征我伐，打了多年的广告战。亨得利的广告总是标榜"亨得利"为全国第一大号钟表店，推出了"创始于同治十三年的老牌亨得利分行遍全国"的标语，强调自己"信誉至上，服务到家"，利用在全国各地的 60 多家分号实行"各地联保"。亨达利也不甘示弱，不惜花费 10 万大洋，在报纸、电台、影院及铁路沿线大做广告，亨达利的广告突出一个"达"字，暗示"得"字是冒牌，自己才是真正的"钟表大王"。意料不到的是，"达""得"之争非但没有互损皮毛，而且还使得两家知名度陡增，使这两家本就重视品质和服务的老字号更加精益求精。结果是谁也没有把谁消灭掉，反而是越竞争发展得越好，产品和服务不断推陈出新，"两亨"都成了全国性的知名连锁钟表店。

1956 年公私合营，各地的"亨得利""亨达利"分别划归各地方政府所有，与其他同类企业一起成立当地的国营钟表眼镜商店，大多数保留着"亨得利""亨达利"两个品牌。1985 年由天津、武汉、青岛、上海、北京等 6 个地区的 7 个"两亨"企业发起并创建了"全国亨得利、亨达利钟表联合会"。济南本来是没有"亨达利"的，1985 年济南亨得利为了加入"两亨联合会"，特地将"泉城钟表店"改名为"亨达利"，到现在也有 30 余年的历史了。

1995 年，济南亨得利钟表眼镜店改制为"济南亨得利钟表眼镜有限公司",集钟表、眼镜的生产、批发、零售于一体,拥有"亨得利""亨达利""精益""大西洋"等品牌,成为国内贸易部评定的"中华老字号"企业。

纵观济南的眼镜发展历程,新式眼镜的出现、发展和辉煌,似乎只能出现在商埠。而在老济南人的心里,"精益求精"的眼镜店,也一直存在于经二路上。

# 经二路上的"祥字号"

## 雍 坚

"祥字号",是对来自章丘县旧军镇孟氏家族企业的统称。自清乾隆年间起,济南府章丘县旧军镇孟氏家族开始在北京、济南、周村等地开办商号,至鸦片战争前后,孟氏家族已拥有绸布店、钱庄、当铺等十余家企业,家族内在"传"字辈上分化为学恕堂、进修堂、三恕堂、矜恕堂等十大堂号。孟氏家族各堂号共有或独创的企业名号中都有一个"祥"字,俗称"祥字号"。

近代以来,中国大地动荡不安,而孟氏家族在生意场上却一次次化解危机,获得发展。至新中国成立前,带有孟氏血统的"祥字号"企业先后开设有 130 余个。这个商业巨族在北京、天津、济南、武汉、哈尔滨、上海、青岛、周村、烟台、保定、鄞州、苏州、福州、广州、郑州等城市形成一大商业网络和贸易体系,经营内容涉及绸布、茶叶、当铺、银号、杂货、铁货、纸行、药店、染坊、织布厂等多种业态,尤其在绸布、茶叶领域一度处于垄断地位。

1914 年叶春墀所著《济南指南》一书对"绸布庄"的记述中,位居前三位的瑞蚨祥、庆祥、隆祥都是旧军孟家的门店。该书对"茶叶铺"的记述中,位居前三位的是"春和祥、公立信和泉祥",其中的两家"祥字号"都属旧军孟家。

清末至民国时期,孟家十大堂号中,发展最为突出的两大堂号是矜恕堂和进修堂。矜恕堂掌门人为孟雒川，因电视剧《东方商人》《一代大商孟洛川》的热播，孟雒川已广为人知。而历史上的孟雒川，甚至比影视剧中东方商人还要传奇。

孟雒川（1851—1939），名继笙，字鸿升，"雒川"为其号，因"雒"与"洛"相通，很多记载上又将他写作"孟洛川"。孟雒川出生时，孟氏家族企业已分化为十大堂号，其中，孟雒川之父孟传珊为旧军孟氏矜恕堂创立人，其母高即蕙，出自章丘望族西关高家。孟传珊在世时，曾利用妻子私蓄，先后在周村、济南创立万蚨祥锅店、瑞蚨布店。这两个企业均为矜恕堂独资掌控。通过积累原始资本，清同治元年（1862），矜恕堂独资在济南院西大街创立瑞蚨祥绸缎店。从孟雒川幼年丧父推算，其创立人当为矜恕堂女东主高即蕙。因女性不便抛头露面，济南瑞蚨祥委托孟雒川三伯父孟传珽代管。孟传珽同时还执掌着三恕堂、其恕堂、容恕堂、矜恕堂共有的家族企业瑞生祥、庆祥。见侄子孟雒川工于心计，有经商天赋，孟传珽便有意识地让他早早参与了孟氏家族的房院修建和年终结账等管理活动，并在孟雒川18岁时，放手让他接管瑞蚨祥及瑞生祥和庆祥。

孟雒川以济南为基础，持续推进品牌扩张。他一生执掌企业近70年，将瑞蚨祥和泉祥做成了全国闻名的品牌字号，在商业经营中探索运用的连锁经营模式，分店曾遍布北京、天津、苏州、上海、烟台、青岛等城市，在北京大栅栏曾形成"一街五号"之辉煌。美国零售业巨头沃尔玛公司创始人山姆·沃尔顿生前说："40年前我创立沃尔玛的灵感来自中国的一家老商号。100年前，这家老商号用一种能带来金钱的昆虫为商号起名。它可能是世界上最早的连锁店。它干得很好，好极了。"

在大本营济南，孟雒川采取守住老城，进军商埠的营销战略。民国元年（1912），天津瑞蚨祥因兵变被焚。同年，济南院西大街瑞蚨祥也在兵变中遭受火焚。受此重创后，孟雒川将店址迁至院东大街，建起了更为坚固和华丽的门面，并于1914年重新开张，很快恢复了元气，济南坊间因此称瑞蚨祥是"越烧越旺"。除瑞蚨祥外，位于济南老城区的庆祥布店是旧军孟家四堂共有之字号，也由孟雒川掌管。清末民初，增加庆祥昌记分号。该分号在 1934 年分归矜恕堂所有，孟雒川将其改为瑞蚨祥昌记。

民国十三年（1924），孟雒川在经二路纬三路开设瑞蚨祥鸿记缎店，商品以洋布、尼龙、绸缎为主。这座瑞蚨祥新店面，位于经二路路北、纬三路与纬四路之间，地处商埠最繁华路段，是一处三进深的前店后宅建筑，正院临街三层楼房为绸缎店门面房，沿街铺面左右突出两个小间，顶上各有一个方形凉亭。在不少留存至今的民国时期经二路照片上，都能一眼看出这个带凉亭的老字号建筑。从门面房走进去，内为二层带平顶钢架罩棚的四合楼。据《图说济南老建筑》一书记载，这是济南第一座采用钢结构的建筑，其钢材据说是购用修建泺口铁桥剩余的德国钢材。

20 世纪 30 年代的经二路，远景上顶部带亭子的建筑即是瑞蚨祥鸿记缎店

在经二路上，瑞蚨祥鸿记缎店并不是一家独大，与其分庭抗礼的是隆祥。济南隆祥创立于清乾隆年间，位于西门大街，咸丰元年（1851）后，隆祥划归旧军孟家十大堂号中的进修堂独资经营，与谦祥益（主营绸布）、

和鸿祥（主营茶叶）同属进修堂旗下的著名字号。1917年，隆祥老号又在院西大街设立隆祥东记，隆祥两号与济南老城的瑞蚨祥、庆祥呈对等竞争态势。1920年前后，进修堂少东孟养轩成为家族企业掌门人。孟养轩（1893—1955），名广宦，比孟雒川小42岁，按辈分说，是孟雒川的族侄。即孟雒川的曾祖与孟养轩的高祖是同一个人——孟衍升。孟养轩执掌进修堂后，企业有了极大的发展和壮大。在天津，谦祥益保记和辰记两号，效益之高，一度超过同市的瑞蚨祥。在汉口，谦祥益连起三号，简称"汉号"，借助水陆交通便利之势，经营日盛，店员多达300多人。在济南，进修堂也不断扩大生意。1930年，孟养轩在经二路纬五路增设隆祥西记，直接叫板位于经二路纬三路的瑞蚨祥鸿记缎店。据记载，20世纪30年代，隆祥一改祥字号不公开减价的陈规，公开登报宣传，日销售额猛增。1935年，隆祥两号又将门面翻修一新。在老城及经二路的同业竞争中，瑞蚨祥与隆祥间此消彼长，由于竞相压价，导致同行业中很多小户朝不保夕甚至倒闭。为了避免两败俱伤，瑞蚨祥被迫召集同业开会，议定统一价格。

新中国成立，约在1954年前后，瑞蚨祥和隆祥都实行了公私合营。1958年，人民政府调整商业网点，将院西大街（今泉城路中段）瑞蚨祥并入了隆祥布店，将经二路纬五路隆祥西记布店并入瑞蚨祥。值得一提的是，隆祥虽然在经二路消失，但其建筑在原址尚存。该建筑坐南朝北，为二进深的前店后院建筑，北沿经二路为二层营业厅（局部三层），南为一个两层的三合楼。营业厅为五开间，中间的三开间内凹，前有连接东西两端的木制挂落，雕工精细，京味十足。改革开放后，曾先后为济南市土产杂品公司营业部、炊事器材机械公司使用，十多年前改为一宾馆使用，原来的木制挂落经改造，已失去昔日风韵。

2000年，经二路隆祥布店西记旧址和瑞蚨祥鸿记缎店旧址同时被公布为山东省级历史优秀建筑。2013年，经二路隆祥布店西记旧址和瑞蚨祥鸿记缎店旧址又同时被公布为山东省级文物保护单位。

除瑞蚨祥、隆祥外，经二路上另一个重要的祥字号便是主营茶叶的泉祥。泉祥隶属矜恕堂，约在道光年间，泉祥茶庄首创于周村。光绪二十二年（1896），孟雒川将泉祥老号由周村迁至济南估衣市街。清末民初，泉祥在周村、济南、青岛、烟台、天津、北京设十余分店，并在杭州、苏州、徽州、福建、祁门、六安等地设茶厂。济南长期为泉祥大本营，除西关估衣市街有泉祥茶庄老号外，还在院东大街设泉祥鸿记东号，院西大街设鸿记茶栈，经二路纬三路设泉祥西号，店址即位于瑞蚨祥鸿记缎店东邻，为五开间二层门面房，今天该建筑尚存。日伪时期，院西大街鸿记茶栈也迁到商埠，位于经二路纬五路，改称"泉祥鸿记茶庄第一支店"。

1925年，奉系军阀张宗昌督鲁期间，以章丘县长报告孟华峰（孟雒川侄子）侵吞地方公款为由，乘机向孟雒川问罪，借此向孟家索要军饷20万元，孟雒川闻讯离开济南，携家小避往天津英租界。此后，瑞蚨祥全局经理孟觐侯转托张宗昌的亲信部僚、济南道尹白荣卿从中说项（一说是通过联络张宗昌的老上司王芝祥和与张宗昌有桑梓关系的北京商会会长孙学仕出面调停），终将此事搁下，以瑞蚨祥拿出2万元送礼了事。

1928年4月底，国民革命军北上，张宗昌败走济南，孟雒川原本以为盼来了重返故乡的机会，可当年却发生了土匪张鸣九祸乱章丘之事。1929年，旧军孟家等章丘名门望族恳请孙殿英部翦除土匪张鸣九，孙殿英一面乘机收编张匪，一面夜袭旧军镇，对孟家大肆抢掠后又放火烧毁了矜恕堂等几大堂号的宅院。此事发生后，孟雒川决意终老他乡，不再重返济南。1939年7月24日，89岁的孟雒川于天津逝世。

# 摩登依旧：经二路上的那些洋建筑

耿 仝

济南开埠，改变了济南的"土"味儿。尤其是商埠的建筑，再也不是半遮半掩、半土半洋的样子了，而是直白、大胆地冒出了一些纯粹的西洋建筑。商埠，就是建筑艺术的博物馆，各式建筑林立，尤其是那些洋建筑，使济南这座千年古城"洋气"起来。

济南商埠的建筑，深受西方建筑影响，最早以德国民族传统形式为主调，同时融合古典复兴和折中主义思潮的影响。建筑细部装饰，受当时流行于欧洲的"新艺术运动"影响，行政办公建筑和银行建筑多为古典主义风格，讲究对称、横向、纵向讲究分段式构图，整个建筑雄伟、严谨。商业建筑多为折中主义风格，线脚花纹装饰烦琐，体型富于变化。"一战"前后，商埠出现了更多的建筑风格，有仿欧洲古典复兴、仿英式、仿德式和折中主义等形式。建筑较德占时期显得简捷、经济，比如缩减了建筑层高，去掉了外廊和露台等。南京国民政府统治时期，时值西方现代建筑理论在中国传播，商埠出现的一些现代主义建筑形式，开始净化立面，减少装饰。

商埠较早出现的洋建筑，是位于经二路纬二路西侧的济南德国领事馆，它建于 1901 年，比济南开埠还早。济南德国领事馆，正面朝向经二路，为二层德式别墅建筑。建筑主体是东、西两幢楼，东楼为办公兼宿舍用，西楼为领事的办公室与府邸。东楼呈对称布局，两栋外廊式二层小楼，建筑组合为开口向北的"凹"形，双坡红瓦顶，波形阶梯状阁楼山墙，与纬二路东侧的德华银行隔街相望，形式十分协调。西楼采用自由式布局，小巧的柱廊门斗，部分稍稍凸出的窗户，二层转角部的空廊、尖阁楼，交错的红瓦屋面等都使得整栋建筑协调、美观。内部设有办公、接待、储藏和卧室等，空间丰富，楼梯、地板、墙裙、门窗贴脸全部为细木装修，做工精细，纹饰古朴。

济南德华银行旧照

　　这座建筑最初并非是为领事馆而建，它最早是 1902 年 11 月 11 日设立的德国驻济南商办处，兼具领事代办处的作用。1903 年 6 月，德国人向山东巡抚部院提出了在济南设总领事馆的要求，清政府以济南自开商埠、未与任何国家签订条约为由，婉言拒绝。同年 9 月，在德国政府授意下，德商贝斯在其房舍外突然升起德国国旗、悬挂领事馆匾额，宣称正式建立德国领事馆。被默认后，原商办委员梁凯为首任领事，除胶州、登州、莱州外，山东全省的德中交涉事务均由该馆负责。1917 年 3 月 25 日，因为第一次世界大战，中德两国断绝了外交关系，领事馆撤销。1922 年 5 月 16 日，随着两国邦交恢复，领事馆也重新恢复，馆内设领事、副领事、总务长、秘书、译员等 57 人。1945 年 5 月，德国在"二战"中战败，领事馆奉令撤销，馆舍由其同盟国日本军队接收。同年 11 月，国民党山东省政府奉中华民国外交部令接收馆舍。

济南德华银行旧照

　　在德国领事馆的对面，是一座非常"洋气"的建筑，也颇具代表性。

它就是位于经二路纬二路东侧的德华银行办公楼，同样也是建于 1901 年。德华银行是一栋典型的德国别墅式银行建筑，最初是胶济铁路总工程师别墅，1906 年改为德华银行办公楼。建筑大部为二层，局部三层，错落有秩，比例协调。沿街立面的山墙面为自由阶梯状，很富有德国传统建筑风格。入口二层处设拱形外柱廊，稍后为穿过阁楼层的八角攒尖望楼。营业厅两侧布置其他附属用房，二层为办公室、客厅、居室、浴室、厕所、储藏室等。室内装修富丽，在古典式的楼梯厅中点缀着世俗化的巴洛克装饰，十分气派。北部为行长宅邸，其建筑也是同一风格。

1939 年，交通银行已变为联合准备银行

德华银行，1889 年成立于上海，由德国 13 家大银行联合投资组成，属于德国海外银行系统，是德国资本在华活动的中心机构。德华银行成立后的 20 年中，先后在汉口、青岛、天津、香港、济南、北京、广州等地设分行 20 所。德华银行的钞票，曾经是整个胶济沿线及商埠最为通行的货币。

1914年欧战爆发后，德华银行的钱钞已不能在市面流通。1917年，北洋政府对德正式宣战，德华银行停业清理，济南分行由中国政府接管。欧战结束后，德华银行的各地分行相继复业，唯独济南分行一直未交还产业。1922年，中国银行山东分行迁入该建筑。新中国成立后，它曾相继作为人民银行和工商银行的办公用房。

民国时期，经二路上洋建筑林立

　　德华银行附近，还有一座宏伟的西洋建筑——交通银行大厦，在济南也非常著名。交通银行大厦，位于经二路东首路南，建成于1925年，由著名建筑师庄俊设计，属于早期美国仿古典风格。大厦地上主体三层，局部四层，设有地下室。建筑平面呈矩形，中部营业厅直贯三层，底层中央设外凸马蹄状营业柜台，二、三层绕营业厅周围为环廊，空间高大宽敞，十分气派。各层沿环廊分别安排办公室、俱乐部、吸烟室、宿舍、浴室、厕所等，局部四层为大会议室和宴会厅。地下室东侧为锅炉房，西侧为金库。

金库外部为厚厚的耐火砖，内部是现场浇筑的钢筋混凝土墙。建筑北立面完全对称处，中间 6 棵爱奥尼克柱子直抵 3 层，水平檐口联系两翼，两翼为三层，而中部凸出为四层，高大的女儿墙上矗立旗杆，使中间部分更显高耸，整个建筑构图宏大。日伪时期，该银行改为中国联合准备银行，抗日战争胜利后曾先后作为交通银行、中央银行、北海银行，中华人民共和国成立后曾作为山东省人民银行办公楼，今为山东省银监局。

经二路上的祥云寿百货店

该建筑的影像，还曾出现在 1924 年的交通银行 20 元券的背面。有趣的是，该建筑修建于 1925 年，而纸币却发行于 1924 年。当时，交通银行为纪念其成立 20 周年，决定于 1924 年发行一套纪念性质的纸币。该套纸币共四枚，背面都是各地分行建筑，济南分行当时尚未建设完工，只好使用设计效果图作为图样。作为一个被印成钞票的建筑，它应该算是商埠建筑里的明星了。

　　谈起出名的建筑，那就不得不提山东省邮务管理局大厦了，它曾是济南商埠的标志性建筑。山东邮务管理局位于经二路路南、纬二路西侧，建于 1919 年，由天津外国建筑事务所建筑师查理及康文赛设计，是济南自建的第一座邮政大楼。建筑平面呈"凹"字形，沿街北立面分为 5 段，呈"山"字形，二层框架结构。主入口北向，中部楼梯设于南面，西式铁花栏杆，直抵二层屋顶，再通过一木制楼梯通往四柱望楼。侧楼梯栏板为砖砌仿古典木装修。内部按使用功能分割为营业厅、库房、办公室、宿舍等。二层中间凹入部分为外廊，联系各房间。块石墙基，清水砖墙，墙角及门窗边以水泥砂浆做重块石装饰，门窗过梁、窗台及窗下墙均做仿古典装修，十分精致。北立面采取对称手法，两翼凹入部分装饰有西洋柱式的小门廊，中间部分则在高大的石基上做高大的门廊，西洋柱式顶部凸出中部望楼，望楼巨大的四坡弧状盔顶上置旗杆，通高达 30 米。作为整栋建筑的构图中心，红瓦盔顶有着明显的标志性，是当时济南商埠地区最高大的建筑物。

民国时期的经二路

1924 年交通银行 20 元券背面图案即为济南交通银行大厦

20 世纪 30 年代，洋楼林立的经二路，远处高顶建筑即为山东邮务管理局大厦

　　"山东邮务管理局"设立于 1914 年，1931 年又改称为"山东邮政管理局"。1920 年 2 月，山东邮务管理局的邮政营业部门迁入大楼并正式对外

营业。1922 年 7 月，邮政大楼遭受火灾，标志性的屋顶被大火烧毁。1923年，由天津比商义品放款公司建筑部设计，邮政大楼改建为二层，原有的孟莎式坡屋面被改为平屋面。1928 年，济南发生"五三惨案"，占领济南的日本侵略军将邮电通信人员、军人、市民等关进该楼大院加以残害。1937年底，济南再次被日军占领，邮政大楼被强占，成为日军司令部。1945 年日本投降后，将这里设为国民党第二绥靖公署。1958 年，该楼重归邮政部门使用。

在经二路上同样出名的，还有山东省民生银行旧址。它位于经二路纬三路交叉口的东南角，坐南朝北，面临经二路。建筑原为两层，平面近乎于正方形，东南部设有石砌的地下室。北面七个开间，六根带有爱奥尼克柱头的方形巨柱，从地面一直贯通到檐口。建筑外立面上繁下简，以竖向手法为主，挺拔有力，庄重华丽。山东省民生银行，1930 年秋由韩复榘筹设，采用股份制，官商合办。1932 年 7 月正式营业，总行设在济南，并在青岛、烟台、周村、临沂、枣庄、惠民、威海卫等地设办事处。1938 年济南沦陷后，这里曾被日军临时征用为领事馆驻地。1939 年 9 月，成为日商横滨正金银行济南出张所。1945 年抗战胜利后，被中国银行接管。新中国成立后，曾为中苏友好协会济南分会、济南市亚非拉友好协会等所使用。1971 年至今，一直归属济南市文化局使用。

经二路上，还有一家样式比较特殊的建筑——上海商业储蓄银行。它位于经二路路南、纬二路路西，建于 1929 年，是济南商埠保存最好的"老摩登"建筑。上海商业储蓄银行坐南面北，平屋顶，整体两层。建筑立面处理简洁明快，立面以横线条为主，女儿墙的上沿处理成直线线脚。一层营业厅相对较高，入口挑出 18 米长的雨罩。与相邻的西洋古典样式的德国领事馆相比，该建筑简洁明快，现代建筑风格突出，是商埠西洋建筑中的小家碧玉。

民国时期的商埠呈现出与老城迥然不同的街区风貌

位于经五路纬三路的德孚商行旧址　牛国栋/摄

　　上海商业储蓄银行，简称"上海银行"，1915 年成立，是中国近代著名的私人银行，为"南四行"之一。1919 年 11 月，在纬四路仁美里设济南分理处，只代总、分行办理收解，稍做押汇业务。1920 年夏，迁至经二路小纬六路后粗具规模。1927 年因当局勒借款项而暂时停业，旅行部与银行分立，成立了中国旅行社，这是中国近代史上首家旅行社。1929 年冬，上海商业储蓄银行又迁至现在的位置复业。1930 年，上海商业储蓄银行总行拨给资本 3 万元，改称"济南支行"，翌年又改称"济南分行"。1934 年 6 月 1 日，济南分行成为管辖行，辖山东境内的青岛、济宁、潍县等行处。1952 年，该行撤销，业务并入济南市人民银行。

原日本高岛屋济南出张店　牛国栋/摄

　　经二路上除了"西洋"建筑，还有"东洋"建筑。在经二纬五路的东南角上，有一栋建于 1941 年的东洋建筑，它就是高岛屋济南出张店。高岛屋，是日本 1829 年创立的百货公司连锁店，当时主要经营日用百货、家具饰品，还有餐厅、茶社等。这一建筑由日本丰田纺织事务所设计承建，平面布局沿路口"L"形展开，形成三个立面临街。建筑主体三层，大门上方顶部有个三开间宽的女儿墙，中间高两侧低，形似中国的牌坊。墙面上众多高低错落的竖向墙垛，是这幢建筑外观的主要特征。在以西洋古典风格和中西复杂交融手法占主流的商埠建筑群中，高岛屋以简洁的体型、明快的色调和富有音乐感的建筑轮廓线，给人留下深刻的印象。

除此之外，经二路上的洋建筑还有很多，可谓不胜枚举。它们有的已经消失，有的还矗立在商埠的经纬路上。那一栋栋"洋气"的建筑，每年、每日、每时都不厌其烦地讲述着经二路上逝去的摩登。

# 第三产业扎堆"三马路"

牛国栋

比起二大马路，经三路要安静许多，商业形态也多是供消遣用的设施，如洗澡堂、餐馆、宾舍、公园、电影院、古玩店、图书馆，也有妓院。其中不少为"济南之最"或"济南第一"。

如今的老商埠还较多地保留着当年的风韵，图为经三路纬三路　牛国栋/摄

济南开埠时虽然条件有限，资金不足，却颇有眼光，体现了较为先进

的城市建设理念。商埠开埠的同一年，就有了公园的规划，当时名为商埠公园，这也是济南历史上第一座公园，位于商埠区的中央位置。规划面积八公顷，实建面积却少了一半，里面倒也山石池水，亭台曲径，奇花异木，蝉噪鸟鸣，"景多不杂，人众不扰"。

紧靠这座公园的皇宫照相馆创立于 1932 年。店主张鸿文早年曾任西北军冯玉祥部汽车连连长，韩复榘主鲁时任济南工务局长。经三路原有家名叫"鸿文"的照相馆，系河北冀县人王鸿逵与益都人王贻文合资兴办，王鸿逵任经理兼摄影师，他还在济南照相业界首推虚光艺术照，吸引了大批顾客。张鸿文有一天来这里照相，见店名与自己的名字相同，便想到自己也开个照相馆。三间门头两层小楼的照相馆很快搞了起来，门面上饰有两大四小的六根半浮雕龙柱，取名"皇宫"。取这个名字也显示了张鸿文想在同行中执牛耳的心思。开业后他信誓旦旦，要将济南市其他的照相馆全部挤垮。当时济南 21 家照相馆，从店堂到设备再到技术力量，皇宫首屈一指，无人能及。他们从北京请来了两位高级技师，修建了玻璃房，购进外拍机和转机，提供人像之外的外拍及大型合影业务。修建玻璃房，是因照相业兴起初期没有电光源，都是靠自然光线，故在影棚房间顶部安装大面积透光玻璃。同时，室内挂各色布帘调节光线，下面用反光板打辅助光，内配有各种布景和道具。另外，皇宫的"卡纸、相版俱属摩登，放大、设色更为见长"。张鸿文还利用自己后台硬和人脉广的优势，大肆招揽生意，如有社会名流照相，他派自己的小轿车接送，因此发了大财。七七事变后，张鸿文随韩复榘弃城南逃。"皇宫"的营业收入大幅下降。日本人对照相、报馆、书店等行业严格控制，实行检查登记备案等措施，使得顾客越来越少。1942 年，"皇宫"铺面转让，设备出租。第二年，与"皇宫"相邻的容彰照相馆技师白树元、王誉重合资承租了"皇宫"的全部设备和门面，将字号"皇宫"后面加了"昌记"二字，以示区别。但门面上的字号未作改动。由于股东二人都是行家里手，不到一年，"皇宫"又重回全市榜首。1943 年，经理白树元还被选为市照相同业公会第五任会长。济南战役时，"皇宫"在解放军进城第二天就开门营业，还协助随军记者冲胶卷、洗照片。20 世纪五六十年代，"皇宫"与青岛的"天真"一道被定为特级店，成为全省荣誉最高的照相馆。"文革"时"皇宫"之名被改成"红艺"，半浮雕龙柱自然也被清除。当时的照相业规定了"十不照"，艺术照、剧照（样板戏除外）、婚纱照等一律被禁止。"红艺"同时还是济南独家扩放毛主席像的照相馆。

经三纬四路一带，饭馆扎堆，又一新、子云亭、一条龙、大华等个个实力不俗。与原来的聚丰德斜对面的，是另一家老字号——便宜坊。早年间，北京、南京和天津都有名叫便宜坊的饭馆，济南府城内的院后街也有家便宜坊。纬四路便宜坊的创始人张月祥本是天津人，又在当地的便宜坊当过伙计，1933 年在济南开这个馆子时，无疑想借那几座大城市同名馆子的光。这里刚开业时只有 60 平方米的营业面积，雇员仅有 12 人，要想在菜品上面面俱到很不现实。因此这里以锅贴主打，以三鲜馅、猪肉馅和素馅为主，所做锅贴皮薄、馅多，底面深黄、酥脆，两端张口，馅料微露，鲜香诱人。菜品还有扒海参、扒鸡腿、扒猪肉、扒面筋等"天津四扒"和天津元宝肉，彰显出张月祥所具有的家乡情结。直到现在，这家老字号还在艰难地支撑着。经三纬四路以西还有家以经营锅贴为主的清真饭店，为与便宜坊竞争，该店把剁好的海参、虾仁和鸡肉等馅料放在店门口，现点现包，以此招徕顾客。而大华饭店的厨师则来自于歇业的泰丰楼，实力自然不俗。

原来位于经三纬四路路口的聚丰德饭店，新中国成立前在济南的菜馆中是"小字辈"，创办于 1947 年 8 月，由王兴南等 14 人集资 5000 元在已停业的紫阳春饭店旧址竖起"聚丰德"的牌子。开始以经营粤菜为主，因经营不善，于 1950 年 4 月停业。同年 9 月，由王丕有、王兴南、程学礼、程学祥等七人集资在旧址将饭店重新开业，沿用"聚丰德"字号，菜系改为鲁菜为主，名声大振。七大股东都是餐饮业科班出身：王兴南精于刀工，垫布切肉丝，剔鸡肉是其拿手绝活；程学祥擅长灶台火候的把握。他们坚持鲁菜正宗技法，同时兼收并蓄，选料精，下料准，配料全，刀口均匀，火候适度，菜品色、香、味俱佳。其中的油爆双脆、蟹黄鱼翅、济南烤鸭、干烧鱼、葱烧海参等几十道菜品，以及五仁包、豆沙包、油旋、佛手酥、八宝饭等均被收入《中国菜谱》和《中国名菜》中。不久，聚丰德成为济南人气颇旺的馆子。1961年，聚丰德请关友声来此为饭店题字，那时尚不兴送润笔费，店里便留请关友声吃饭，作为美食家的他点了红烧肉，吃得十分高兴。"文革"时期，这里一度改名为"工农兵饭店"，只经营烧饼、油条和豆浆等大众化简餐。改革开放初期，该店恢复了往日的红火，谁能到这里举办婚宴，都要托人找关系，还要搭上烟酒才能搞定。1988年10月，店址迁到了经五纬二路路口，经营面积扩大了近六倍。

经三路及皇宫照相馆　牛国栋/摄

在商埠中的新兴市场中，新市场、万字巷和西市场为街巷式商场，而商埠公园（后称中山公园）西邻的萃卖场则是一幢独立的三层新式楼房，建于1916年。所谓萃卖场，取自"百货荟萃"之意，不仅有服装、鞋帽、儿童玩具等一般的日用百货，文房四宝、珠宝玉器、金银首饰、古玩字画，甚至茶楼、烟馆、饭庄也一应俱全。仅装裱字画的就有纯古山房、石古斋、松华斋、冯兆增、瑞华斋和翠林斋等字号，还有专门经营新书刊的艺文、萃文、新文等书局，以及经营旧书、文具的鲁兴、友文等商号。二楼有一间说大鼓书的茶楼。1930年，当红的"大鼓皇后"，有"铁嘴钢喉、戛玉鸣金"之誉的鹿巧玲就在这里压阵。二楼还有一间式燕番菜馆。式燕，也叫式宴，即宴饮；番菜，即西餐，但店主是中国人李世铭。菜品有炸大虾、煎鱼排、牛尾汤、什锦蛋卷、熏猪肝肠等，很适合济南人的口味，来商埠公园游玩者常从公园西便门顺访于此。

也许是靠近公园，环境清幽的缘故，萃卖场北门外原有一处自发形成的蛐蛐市。每年立秋后的20多天，济南本土和外地的蛩家（蛐蛐迷）们都来此交易，或将自己带来的"虫"与对手比拼一番。如能在此购得《促织经》或《蟋蟀谱》上所列的名虫，蛩家们如获至宝。这里自然还有蛐蛐罐、鼠须、茜草等养、斗蛐蛐的配套专用器具的交易。

# 纬三路上的老字号兴顺福

## 雍　坚

清光绪十七至十八年（1891—1892），山东地方政府组织沿线各地重新疏浚小清河河道，并改由羊角沟（今寿光羊口镇）入海。时隔170余年，小清河再次恢复全线通航，成为山东近代史上一条黄金运输线，鱼、盐、粮、木等大宗商品，源源不断地经小清河而运往山东腹地。作为河海联运的门户，羊角沟一变而成为车船辐辏的商业重镇，众多商贩赶来淘金。继而，生意做大的商人又溯流而上，将生意做到小清河的上源——济南府。

寿光人张采丞（字克亮）就是其中的一位。清同治七年（1868），张采丞生于寿光县柴庄村，行四，后来人们习惯地尊称他为"张四爷"。清光绪十年（1884），张采丞与兄长分家，将父亲在羊角沟开设的兴顺盛栈行改行为兴顺福粮栈，这是以兴顺福命名的第一个企业。清光绪十七年（1891），张采丞在羊角沟开设源顺福酱园，拥有两家企业的张采丞在羊角沟的商圈里已赫赫有名。提起他，老人们都竖起大拇指，这个年轻人小时候跟父亲闯过关东，回来后14岁就贩运虾酱，17岁（虚岁）就自个儿开店，将来准成大器。

清光绪三十年（1904），济南奏请自开商埠，当年获准。《济南工商史料（第三辑）》记载，济南开埠后，张采丞来到济南，在经三路路南和经二路纬三路租用两段地皮，共约15亩，建筑楼房工程，仍以兴顺福为号，相继经营海产、榨油、粮食、木材、酱菜和机器制造等多种业务（《济南老字号》一书称，张采丞于 1900 年携银 3000 两携家人来济南创业。经咨询张采丞后人，此说可能有误）。

在 2010 年济南市中山公园东片区拆迁前，由经三纬三路口西侧的经三路 80 号的门洞走进去，在两栋现代居民楼之间，你会发现里面隐藏着一座中西合璧风格的百年小石楼，小瓦花脊的屋顶上开有西式老虎窗。这座古朴而坚固的小石楼的原始主人就是张采丞。由于它建筑样式独特且富有历史内涵，片区拆迁时得以保留在了原址。

据了解，自经三路 80 号往西至小巷长荣里，当年都是张采丞家的"地盘"，包括住宅和存放酱缸的空地。片区拆迁前，在经三路 88 号院内还有另外一座西式楼房，张采丞先生的几位后人仍居住在那里。"这栋楼比 80 号的楼建得稍晚，大约也有百十年历史了，当年是请德国人设计建造的。" 2008 年，住在旧楼的张云昌先生对笔者说，他是张采丞的长曾孙。张采丞共有八子，其第七子之女张文荫也住在旧楼中。

2010 年，隐身于经三路 80 号筒子楼之间的张采丞故居　雍坚/摄

当年，在纬三路以西，自经二纬三路口北面一直到经三纬三路口南面这一片区域都应该是张采丞的"地盘"，中间横跨三大马路（经三路）。从地理区位上看，这里往北直通火车站，人流密集，物流便捷。

文献记载显示，张采丞早年曾在泺口开办兴顺福粮栈分号（羊角沟主号依然存在），后又在十王殿附近（经一纬一）开设兴顺福粮栈北记。伴随着济南业务量的增长，后将济南纬三路的兴顺福粮栈改为总号，羊角沟兴顺福改为分号。

"曾祖父不仅勤劳，而且善于经商。"2008 年，张云昌时年 60 岁，出生之时张采丞已经去世 20 多年，但是言语间仍不时透露出对曾祖父的敬意。而张采丞的另一位孙女张文苑（张文荫胞妹），则用"思想先进"来评价她的祖父，"多年经商实战丰富了他的视野，他的商业思想是很先进的。"

济南开埠后，城市人口迅速增多，粮油的需求量越来越大。传统的磨坊、油坊已不能满足需求。张采丞审时度势，决定尝试机器榨油和机器磨面。1909 年，他在经二纬三路兴顺福粮栈内创办机器榨油厂，这是济南第一个机器榨油企业。"兴顺福榨油厂生意好的时候，一天最多能榨大豆 15 吨。"张云昌说。1913 年，张采丞又在粮栈内开设了济南第一家机器面粉企业——兴顺福机器面粉厂。

这两个"第一"开启了济南粮油加工业由传统手工作坊向机械化生产转变的大门。需要说明的是，关于这两个企业的早期情况，各种记载不甚统一。根据 1914 年《济南指南》一书记载，兴顺福榨油厂和面粉厂在当时统称为"兴顺福机器面粉公司"，位于商埠纬三路，"专制面粉、豆油、豆饼，用爱尔兰葛尔公司机器。麦十斤约得面粉七斤。昼夜之间，共出磅七千余斤。每斤目下卖价一百八十文。半销本地，半销青岛、天津等处。油房每槽用豆子一百九十八斤，得豆油十八斤，得豆饼一百八十斤。豆油目下卖价每斤三百文，豆饼每斤七十文。每日压豆子二万四千斤，半销本地，半销德日诸国。"

张采丞还在济南十王殿东面建过石灰窑，在经三纬三一带开过兴顺福木材厂，在经二纬三粮栈南大房（职工剧院处）开过兴顺福铁工厂，雇佣了德国人做绘图员，制造锅炉、水泵、吊车和矿山用的机械。

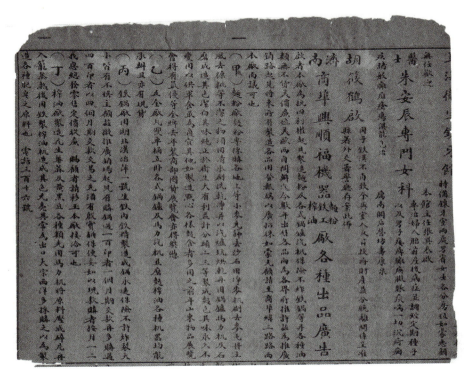

1917年11月2日《简报》上的兴顺福广告

1917年，济南本地媒体《简报》上，以每期接近半版的尺幅，频频登载兴顺福企业集团的招商广告——"启者：本厂为挽回利权起见，制造各种锅炉、汽机、保险不炸铁锅等并各种油类，无不货美价廉，媲美欧西。自开办迄今，数年出售各品，向为各界所推许。兹为推广销路起见，将所有制造各品刊登报端，以广招徕。如蒙光顾，请至商埠纬三路西本厂面议可也……"广告内容显示，当时，兴顺福旗下已经是面粉、榨油和铁工三足鼎立，而铁工厂又分为五金厂和铁锅厂。当时，兴顺福的机器面粉加工已经十分讲究——"先筛去沙石，用净麦机刷去麦毛丹土，风去糠秕等不洁之物"。

在张采丞的小型面粉厂开业两年后的 1915 年，由山东商业银行行长张子衡等人集资筹办的大型面粉厂——山东面粉厂（后称丰年面粉厂）投产，日生产面粉 1600 包，此后，惠丰、茂新等大型面粉厂相继在济南创立。面对新的竞争，张采丞决定乘势而上。1918 年，他在火车站北购买土地，计划筹建大型面粉厂，初定名兴顺福西记。后出于融资需要，经商议改为华庆面粉厂股份有限公司。"发起的时候只有两个人，除了我曾祖父，还有一直打理兴顺福面粉厂生意的冷镇邦。为了上规模，华庆面粉厂以股份有限公司广泛融资。"张云昌说。据记载，冷镇邦是蓬莱人，曾在羊角沟经营粮业和木业，与张采丞同时来济南创业，个人资金雄厚。

张采丞和冷镇邦共筹资 30 余万元作为启动资金，随后，山东督军田中玉、财政厅长周嘉琛、实业厅长田桂芳、济宁玉堂酱园孙笠樵、烟台盐商郑雪舫等纷纷加入，总投资人最后达到了 190 多人。1921 年 8 月，济南华庆面粉股份有限公司正式营业，总经理张采丞，协理冷镇邦，后又不断增加设备。为了方便原料及产品运输，华庆面粉厂还专门修建了自厂内直通津浦铁路的铁路支线。

20 世纪 20 年代，为济南面粉制造业的兴盛时期，在面粉产量上跻身中国面粉六大中心之列。当时，济南号称有七大面粉厂，而华庆为其中之一。1937 年底济南沦陷后，日军强迫华庆面粉厂与日方合办。张采丞的长子张少采多次出面交涉，经理杨竹庵因拒不同意备受欺凌，后来虽获准开机，但处处受限。1955 年，华庆面粉厂实行公私合营；1966 年与北支线粮库合并，成为济南北山粮库制粉车间。

在兴顺福"企业集团"中，要论在济南坊间的名气之大，非兴顺福酱园莫属。1926 年，张采丞在兴顺福粮栈内加盖铺面房三间，开设兴顺福酱园。以其子张葆生任经理，从业人员 30 多人。兴顺福酱园前店后厂，自产自销，主要产品有酱油、食醋、豆酱、甜酱、虾酱、虾油和各种小菜。以虾酱和各种虾油小菜驰名省内外。由于有早年在羊角沟经营源顺福酱园的经验，张采丞在兴顺福酱园的经营上一开始便注重打造品牌，聘请名师，选择上好原料，严格尊古炮制。如煮豆干要选用上等酱油，虾油来货后必须加工复制，滤去杂质。由于讲究经营之道，兴顺福酱园一直保持旺盛的势头，开业时资金3000银元，最盛时拥有资金近100万银元。1949年，兴顺福酱园申请工商登记时，资本总额为124.3万元（北海币），全部铺房105间，占地7亩多。1954年，资金总额增加到3.036亿元（旧人民币），从业人员28人，各种大缸增加到1293个，为全市酱菜行业中的大户。1956年，该店主动申请实行了公私合营。

20世纪20年代，张采丞在济南工商界颇负盛名。1925年，他被推举为商埠商会会长，后担任首届济南商业研究会会长兼红十字会会长。

"当时生意做得很大，但和政府当局的关系不是很好。"张云昌介绍，韩复榘政府曾借口"贩卖私盐"，罚张家出钱重修经一路，全部用青石板铺路替换当时的夯土路面。

对于这一段往事，坊间曾流传多种说法。据张文苑讲，张家被罚修经一路可能与他保释马保三有关。马保三是张采丞的外甥，寿光牛头镇人，1924年加入中国共产党，1927年大革命失败后，他出走东北，转往朝鲜，在仁川参与组织中华劳动组合会，开展抗日活动。

1933年，马保三返回寿光后，因叛徒出卖被捕，后被押解到济南，严刑逼供，但他坚贞不屈。张采丞得知后，出资将其保释出狱。对此，时任山东省政府主席的韩复榘颇为介意，于是找借口重罚了张家。马保三后来继续从事革命活动，1949年青岛解放后，他曾任青岛市长，后历任山东省各界人民代表会议副主席，山东省政协副主席、省委统战部长等职。1964年病逝于济南。

张采丞虽然没读过几年书，但他对机械制造一度达到了痴迷程度。1921年，他买到小清河航运局一台旧小火轮，用其发动机改装了一辆小汽车，运行正常。原来给他拉车的工人于得水心灵手巧，很快掌握了开车技术，并成了汽车司机。张采丞每天早晨乘汽车到各号巡视一遍，再回兴顺福老号吃饭。据说，这是济南工商业者的第一辆小轿车。据说，张采丞晚年还曾研究试制小型轮船，在小清河试航。

1934 年，张采丞于济南病逝。2010 年中山公园东片区开始改造拆迁，位于经三路 88 号的一处张采丞故居被原址保留下来。2013 年 12 月，济南市政府将其公布为市级文物保护单位，类别为"近现代重要史迹及代表性建筑"。

# 建于日伪时期的"南郊新市区"

雍　坚

"按照本市发展趋势，个人拟定整理步骤如后：（一）改善旧城与商埠；（二）发展南、北展界为新市区。"——1929 年，济南市第一任市长阮肇昌在《建设新济南整个计划》中，首次在北展界之外，提出济南城市发展的南展界设想。至于北展界（北商埠）的最初动议则始自民国七年（1918），此后处于缓慢推进之中，在张宗昌督鲁时期，只修建了义威桥，并开挖了小清河引河，把内河码头引到距火车站不远的成丰桥。

由于 20 世纪 20 年代国内动荡，战乱频仍，阮肇昌的设想也没有落到实处。直到民国二十一年（1932）6 月，济南市政府设计委员会才对南、北展界做出规划。北展界名为"模范市"，南展界名为"模范村"。

可惜，这一规划尚未搞出个雏形，济南又在 1937 年底沦陷于日军铁蹄之下。日伪时期，对济南重新进行了北郊工业区和南郊新市区的规划和开发。

1939 年 2 月和 8 月，日伪华北建设总署济南工程处，两次公布"展界收放土地规划"和"济南南郊新市区开辟实施要领"，规划在济南辟建一个新的商埠区——"南郊新市区"。与北商埠相对应，"南郊新市区"又被称为"南商埠"。

南郊新市区规划范围位于经七路以南，四里山以北，齐鲁大学以西，岔路街以东区域，共计面积 2161.304 亩。当年，这里多为树林、荒地和坟地，并有自然村落——陈家庄（今自由大街一带）、信义庄（八一立交桥东南侧）、四里村（八一立交桥西南侧）和王家庄（省体育馆附近）。筹建之初，因拓建马路和新建住宅区，将陈家庄大部迁往梁家庄以南，新建村落"西陈家庄"。1980年整顿门牌时，此地改称"陈家庄大街"。

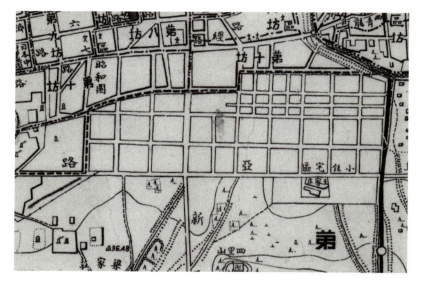

1942年《济南市市区全图》上的"南郊新市区"

"南郊新市区"内的道路，多系子午垂直方向，比济南商埠的道路还要横平竖直，因道路间隔自然形成了规矩的街坊，但一般面积较小。在今天尚存的《济南市公署二十七年工作报告》中，附有《商埠拓展经八经九经十各路修定收放地亩章程》。此文件显示，南郊新市区在规划时就拟定了"经八路""经九路"和"经十路"等东西干道的名字。但在实际命名中，南郊新市区的主干道经十路当年被命名为"兴亚路"，由此往北与之平行的六条较长东西道路依次为兴亚北一路（今经九路）、兴亚北二路（今经八路）、兴亚北三路、兴亚北四路（今建国小经三路）、兴亚北五路（今建国小经一路），那些与兴亚路平行的东西窄巷、短巷则名之为兴亚北小一路（今建国小经六路）、兴亚北小二路（今建国小经五路）……南郊新市区的南北道路则以新民路（今经七路以南的纬二路路段）为参照，往东依次为新民东一路（今自由大街）、新民东二路（今纬一路南段）、新民东三路（今胜利大街）、新民东四路（今民生大街）、新民东五路（今民权大街）、新民东六路（今民族大街）、新民东七路（已消失，抗战后改称新生大街，原在青年西路东侧），往西则是新民西一路（纬三路南段）、新民西二路（纬四路南段）、新民西三路（纬五路南段）。南北向的小巷，同样加一个"小"字，如今复兴大街当初叫"新民东小三路"。

上述带有"兴亚"和"新民"标签的道路，名称使用时间不长，在抗战胜利后，悉数被改名。名称中都体现出当时的时代大背景。以南北向道路为例，新民路并入纬二路，新民东一路改称自由大街，新民东二路并入纬一路、新民东三路改称胜利大街，新民东四路改称民生大街，新民东五路改称民权大街，新民东六路改称民族大街，新民东七路改称新生大街。以东西向道路为例，兴亚路改称经十路、兴亚北一路改称经九路、兴亚北二路改称经八路。兴亚北三至北五路与南郊新市区中兴亚北小×路和未加命名的南北小路，则由北往南编为建国小经一路至建国小经十路。如兴亚北五路改称建国小经一路，兴亚北四路改称建国小经三路，兴亚北小二路改称建国小经五路，兴亚北小一路改称建国小经六路。

在民国三十六年（1947）5月出版的《济南市街道详图》上，原"南郊新市区"范围内所标注的地名多数一直延续到今天。今昔对比，唯一的区别是，当年建国小经一路至建国小经十路是全部存在的，70年间，由于片区改造，多数小街巷已经消失。

日伪时期，南郊新市区是当局强征济南市民的土地而规划建设的。日伪当局之所以这样做，因这里地处济南闹市之外，空气清新，适于居住，所以半数以上的土地均为日本人抢占使用。在几条东西干道以南，现在的四里山一带，日本人又修建了高大宏伟的"神社"，做好了长期在此生活定居的准备。

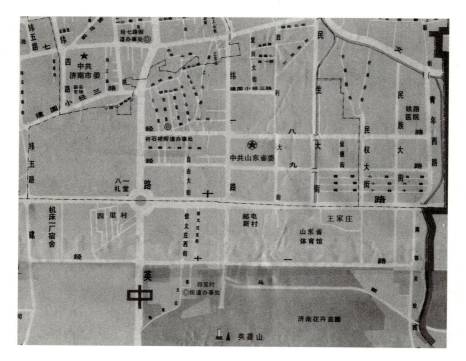

1982 年《济南市区街道图》局部

2008 年拆迁的经八纬一片区曾是"南郊新市区"的核心区域。拆迁前，山东建筑大学建筑学专家姜波曾带领学生对此片区进行深入调查和测绘工作。调查发现，这里还保持着原始街巷机理，有类型丰富、建筑别致的民居建筑，包括陈家庄传统民居、中国商人住宅、日式里弄和中下层居民简易里弄等。

在自由大街和建国小经五路两侧，当时有数处传统民居，基本和济南传统民居的规格和建造手法一致，建筑年代较早，属清末民初建筑，有独门独院的小户人家，也有三进精美的大型四合院。建国小经五路 45 号还保留着小瓦花脊的旧式传统门楼，门口两侧有图案斑驳的雕花上马石。据调查，原来这些房子都是陈家庄老户留下来的。由此说明，南郊新市区筹建之初，陈家庄村民向梁家庄以南的搬迁并不彻底，在原址仍留守了部分原住居民。

建国小经五路 58 号整个建筑采用中西合璧手法，门楼为西式，进门影壁是济南传统纹样，前后两进院落，南北正房、南屋十间，东西厢房也是十间。除门楼雕刻精美以外，墙体材料都比较差，另外，建筑的外墙使用的是灰砖，而墙里使用的却是红砖。济南沦陷期间，由于日伪当局对物资的控制和交通运输的不畅，建筑材料严重短缺，以致建造新房也不得不因陋就简。2009 年春节前，这个院落被编号拆除，建筑构件悉数运往济南大学，准备将来易地重建。

2009 年 4 月，拆迁中的经八纬一　郭建政/摄

建国小经五路 60 号为典型的英国别墅风格，前后外廊，基础较高，总体建筑质量优良。拆迁前，年近六旬的乔冠中先生一家住在此院，据他介绍，这座房子是其祖父所建，俗称"乔家大院"。新中国成立初期，山东省政协副主席马保三曾在此居住过。

纬一路 357 号是片区内著名的别墅建筑，正入口前面是四根陶立克柱式的外廊，东西南三个有入口，内廊布局，西南角为一层半地下室，屋顶结构十分复杂，有十八面坡。在有限的面积中运用多种建筑处理形式，手法娴熟，比例尺度精准。种种迹象表明，它应该出自一位受过严格训练的建筑师之手。该建筑运用典型的济南近代材料，腰线以下基础是规整的济南青石，墙体是规整的机制红砖。窗台板为整块青石板精细雕刻，铺机制大瓦，整个建筑体现了良好的施工工艺水平。鉴于该建筑具有很高的研究价值，2009 年 3 月初，山东建筑大学通过远距离平移技术，将其迁址重建于校内。2013 年 12 月，该建筑被公布为济南市级文物保护单位。

纬一路 357 号的入口为标准的陶立克柱　姜波/摄

纬一路 335 号、337 号、339 号，是由三个院落组成的荆家大院。分别用作住宅、办公、仓库。三个院落在外部有一胡同连接，在内部又有过门相通。拆迁前，住在此院的荆老先生介绍说，这个大院是他的祖父所建，见证了一段不堪回首的家仇国恨。祖父当年在章丘开办煤矿，在此建造这个房屋是为了避免乡下的战乱。当年地下室空间已经挖好了，准备铺设自来水管道时，日本鬼子来了，他们说自来水管是用来给八路军做枪或其他武器的（因为自来水管是金属的），然后带走了荆老先生的祖父和父亲，从此，家庭开始走向了没落。

经八路 66 号是片区内的一座仿英式别墅建筑，主体建筑内廊分割，以客厅为主，地面上铺着进口瓷砖。别墅建有阁楼地下室，附属建筑中还有佣人房。66 号院里有一口老井，常年不涸。据了解，济南著名民族实业家苗杏村先生的后人一直住在这里。拆迁前，66 号是一个特色餐馆，很多顾客慕名前来喝老井泉水沏的茶。

"当时除了西南大后方和东北地区以外，近现代的建筑基本停止建设，在沦陷区除了日本的相关军事建筑以外，很少有大规模的建设。'南郊新市区'因此是山东乃至国内当时规模较大的新建城区。对照老商埠区，经八纬一片区从建筑质量和规模上，在济南确实不算最典型的街区，但它在山东和中国近代建筑史上有着特殊的意义。"山东建筑大学建筑学专家姜波认为。

# 估衣市街：百福骈臻，千祥云集

## 耿　仝

济南西门外共青团路东段，过去是非常著名的估衣市街，它是来往西门的必经之路。因为济南独特的地理因素，四个城门中以西门的地理位置最为重要，所以估衣市街非常繁华，车水马龙，不啻于北京的前门大街。济南开埠后，估衣市街成了济南老城通往商埠的必经之路，自西门至筐市街口，这一段是估衣市街（曾改名为"西门外大街""西关大街"），再往西是普利街，过普利门是普利门外大街，直通商埠，估衣市街地理位置的重要程度，由此可知一二。

说到"估衣市街"，就要从"估衣"谈起。所谓"估衣"，就是卖旧衣服。过去卖估衣，大多集中在庙会摆摊，后来逐渐集中到西门城门一带设摊，形成了"估衣市"，西门外的估衣市街也因此得名。估衣市街的估衣铺子有很多，诸如人和号、兴源、益长发、德昌等。有一些估衣铺子则分布在西门月城街及西门里，如广庆祥、永顺兴、惠丰号等。估衣铺子里销售的旧衣服，一般都是七八成新，也有没下过水的新衣服，但只要是进了估衣商人手里一律都算旧衣服，太旧的及污损严重的估衣行里不会销售。估衣铺子里销售的衣服款式各异，隔朝接代，材质有皮货、丝绸、棉布等。过去卖估衣是有讲究的，衣服的内衬里都要缝上一个布条，上面用苏州码子写着售价，这是"明码"，精于还价者能还下一半的价格来。有的店铺里标的是"暗码"，即用暗码儿写上最低价，小伙计要懂"暗坎儿"和心算，

90

吆喝出来一套一套的，自己往下落价，但最终售价必须比暗码高出一些。估衣行里讲究是"出门死"，要在店内看好，有残次出门就不认了，这是估衣行业特殊性所决定的。20世纪20年代以后，随着机械工业对纺织品价格的冲击，估衣市街一带的估衣店日渐稀少。

估衣市街上有一座关帝庙，又名"集云会馆"，是过去济南估衣行会所在地。估衣行会馆修建于嘉庆十八年（1813），由济南估衣业同人集资修建。道光年间扩建时，定名为"集云会馆"，取千祥云集之意。集云会馆的大殿供奉着关公，名为"蜜脂殿"，殿前的西蜜脂泉是济南七十二名泉之一。每到年节，集云会馆内热闹非凡，估衣同行都会在这里聚餐、祭拜。1869年，就在这座商业味很浓的集云会馆内，还曾秘密关押过慈禧太后身边的大红人、总管大太监安德海，山东巡抚丁宝桢亲自审问，安德海吃断头饭的地方就在这里。

安德海，祖籍直隶青县，10岁入宫，充内廷太监。由于他善于察言观色，办事机敏，迅速成了慈禧太后身边的大红人，备受宠信。然而，安德海恃宠而骄，这为他引来杀身大祸。同治八年（1869），久在宫闱的安德海想出宫游玩并借机敛财，再三请求慈禧太后派他到江南置办龙袍、预备同治帝大婚典礼所用之物，获得慈禧太后许可。然而，《钦定宫中现行则例》中规定：太监级不过四品，非奉差遣，不许擅自出皇城，违者杀无赦。安德海当时只是六品蓝翎太监，在未知会任何官方衙门的情况下，违反祖制、擅出宫禁。安德海违制妄用龙凤旗帜，并携带徽班女戏子马赛花（艺名九岁红，被安德海纳为妻室），一路飞扬跋扈。途经山东德州境内时，德州知州赵新发现，这样一支钦差船队过境竟然未接到明降谕旨及部文传知，仆役下船购买物品也未出示传牌勘合，有冒充钦差之嫌，立即将此事上报给了山东巡抚丁宝桢。丁宝桢接报后一面立拟密折，痛陈安德海种种"震骇地方"的不法行径，一面着泰安县知县何毓福逮捕安德海及一干人等。8月2日，安德海在泰安被抓获，与其随从陈玉祥等三人随即被押往济南，由丁宝桢亲自审讯。安德海被押送到济南后，为了保密起见，就被关押在集云会馆内。8月6日,丁宝桢接到由军机处寄发的密谕,内称:"该太监擅离远出,并有种种不法情事,若不从严惩办,何以肃宫禁而儆效尤。着丁宝桢迅速派委干员于所属地方将六品蓝翎安姓太监严密查拿,令随从人等指证确实,毋庸审讯即行就地正法,不准任其狡饰。如该太监闻风折回直境,即着曾国藩饬属一体严拿正法。倘有疏纵,惟该督抚是问,其随从人等有迹近匪类者,并着严拿分别惩办,毋庸再行请旨。"8月7日,丁宝桢亲自查验确实后,将安德海就地正法,并暴尸三日,安德海被杀时不过23岁。

安德海死后不到40年,济南开埠,估衣市街变成了经商的风水宝地。不只有估衣行,各式商铺林立,绸布店有双盛、增福厚、茂源恒、经文布店等,皮货店有德发成、德成天等,帽庄有盛锡福帽店、永盛东帽店等,杂货铺诸如聚成永、德兴永、永德利、福聚长等,茶叶铺有泉祥、泰和祥、裕兴成、植灵等,中药铺有泰兴号、永兴号、仙芝堂、德和堂等,饮食行业有北厚记酱园、汇泉饭庄等等,买卖字号鳞次栉比。

经文布店,位于估衣市街路北,主要销售绸缎布匹,大约建于1930年。经文布店的创始人辛铸九,名葆鼎,字铸九,山东省章丘市辛寨乡辛寨村人。辛铸九出身于地主家庭,民国时期曾任峄县县长、清平县县长、济南商会会长等职,是著名的开明人士。1923年,因临城劫车案发生,峄县县知事被撤,辛铸九继任,他曾参与处理了这起中外瞩目的大劫案。经文布店的铺面是二层楼房,灰瓦坡顶,立面砌女儿墙,二层有铁花栏杆的阳台。店铺外嵌着石刻的"经文"二字,是天津著名书法家冯恕的手迹。经文布店的营业厅后面还有两个院落及一座小楼,作为仓库和经理办公之用。虽然经文布店的资金和业务不能与孟洛川的"瑞蚨祥"、孟扬轩的"隆祥"相比,但其生意兴隆与之不分轩轾。新中国成立以后,经文布店扩大了经营范围,除了经营布匹外,还经营针纺织品、窗帘、床上用品、服装鞋帽、箱包等。2010年共青团路拓宽时,经文布店旧址被拆除。

同经文布店一样有名气的还有永盛东帽庄,它的前身是"田兴源帽庄"。

田兴源帽庄始创于 1930 年，经理名叫田兴源，因经营不善，于 1940 年破产歇业。原田兴源帽庄伙计訾文林约人集股，将该号盘下，改名为"永盛东帽庄"。永盛东帽庄前店后厂，自产自销，除了帽子还兼营扇子、油布、雨伞、凉席等。永盛东帽庄生产的帽子质料好、手艺精，从选料、上浆、裁剪、配色、上盔到定型都严把质量关，生产的帽子戴破了都不变形。永盛东生产的冬帽保暖、轻便，绒面、剪脸、缎箍棉帽以灰鼠皮挂耳毡帽，在当时都是名牌产品。由于经营有方，永盛东帽庄先后在普利街、估依市街、篦子街等处开了分号。过去济南就有这么一句话——"戴帽就上永盛东，穿鞋就快到普华"。1956 年，永盛东帽庄公私合营，改名济南永盛东帽厂，后五易其名，1983 年又改回了济南永盛东帽厂的名字。

泉祥茶庄，创办于清光绪二十二年（1896），东家是章丘旧军孟家，是一家历史悠久、资金雄厚、分店林立的大商号。西关估衣市街的店面是泉祥茶庄总号，在城内院东、院西及商埠二马路各有一家分号。泉祥初创时，主要经营杂货，兼做茶叶生意，后扩大茶叶经营，转为专营茶叶。泉祥茶庄每年正月十六都要派人到安徽、福建、江苏、浙江几个省收茶叶，就地生产加工，派驻外地的业务员一年中大概 8 个月都在茶叶产区。20 世纪初，泉祥茶庄在济南率先实行了总经理制，管理日趋先进，茶叶销售量有了大幅提升。日伪时期，曾限制南茶北销，泉祥茶庄业务经营日趋萧条。后被日方冻结了在银行的巨额存款，每星期只能提出 500 元，致使资金不能周转，损失惨重。泉祥茶庄在解放前，经济实力已经消耗殆尽，奄奄一息。新中国成立后，在保护民族工商业政策的扶植下，泉祥茶庄的业务才有所恢复。

植灵茶庄出现的则比较晚，始建于 20 世纪 20 年代初，是由阎锡山的 5 个老部下——云南的台林逸、山西的王大同、山东阳谷的魏炯堂等人集资成立，以台林逸出资为最多。过去，茶庄字号都是以"祥、吉、昌、泰、安"等字命名，植灵茶庄的取名颇有新意。植灵茶庄的经理汪钰川老家在安徽六安县，所以当时植灵茶庄主打安徽茶招牌。植灵茶庄的经营灵活，很早就开办有"电话订货"业务,一些大客户如北洋大戏院、晨光茶社、青莲阁茶楼、聚丰德、汇泉楼等,只要打一个电话,植灵茶庄就派专人送货上门。植灵茶庄的批发业务也非常人性化,它长期委托邮政局代发货物、代收货价,外地茶商只要上当地邮政局即可交钱取货。植灵茶庄为此专门成立了一个邮务部,派三人驻扎邮政局负责发货。除了迎合大宗客户及茶商的需求,植灵茶庄还为低收入阶层提供了不少贴心服务。从端午节到中秋节四个半月的时间内,每逢热天,植灵茶庄都在店门外路边放一个大桶,上下午各沏一桶茶水,向过路人免费供应大碗茶。植灵茶庄多年间与 4 家泉祥茶庄和 2 家鸿祥茶庄等知名茶庄经营业绩不相上下,还成为济南茶行业"八大家"之一。1954 年,茶叶取消私营,植灵茶庄就此歇业。

北厚记酱园,对老济南人来说是耳熟能详、妇孺皆知的。北厚记位于东流水西侧、江家池路口,前身是清朝末年开业的东溇源酱园,东家是章丘前井庄石家。在北厚记的附近,还有一家始建于清顺治十七年(1660)的醴泉居,著名的醴泉就在酱园内。1956 年公私合营,北厚记、醴泉居并入济南蔬菜公司,"两好并一好",北厚记成了前店,醴泉居成了后厂。过去的北厚记店铺,坐北面南,店铺门前、西侧各竖有两方牌匾,左写"货真价实",右写"童叟无欺"。进店墙壁上贴有"修身"和"践言"二字。一米来高的木质柜台上,摆了一长溜白底青花瓷酱菜缸。酱园的原汁酱油、甜面酱、虾油咸菜等传统产品很受济南人欢迎,磨茄、包瓜、地环还被称为济南酱园"三绝",店铺里每日都人如潮涌。

汇泉楼饭庄,在江家池街的江家池畔。提汇泉楼就不能不说锦盛楼和德盛楼这两家饭庄。清光绪十二年(1886),历城县张古坟庄人张钦在江家池畔出资创办了锦盛楼饭庄。光绪二十一年(1895),历城县刘佩河、济南杜新山、长清县叶某三人,出资在江家池北畔,创办了德胜楼饭庄。1927年后,锦盛楼因经营不善被德胜楼饭庄兼并,合并为一家饭庄,名为德胜楼饭庄。1937 年,因时局不稳,德胜楼老板想关门歇业,店中从业者刘兴纲等人出资买下了德胜楼,取名为汇泉楼饭庄。1941 年,增盖了江家池北畔的二层楼，楼南临池墙壁上书"汇泉楼饭庄"5个正楷大红字。顾客登上楼来，俯视池中游鱼，品尝酒菜，妙趣横生。汇泉楼饭庄的糖醋黄河鲤鱼、锅塌蒲菜、糟煎鱼片、拔丝莲子等非常出名。糖醋活鲤鱼的头尾高翘，呈跃龙门之状，浇上芡汁吱吱啦啦冒泡，食之外焦里嫩、酸甜鲜醇。活鱼三吃则是用一条活鲤鱼制成三种不同的菜肴，即红烧鱼头、糖醋鱼腰、清蒸鱼尾。1955年，汇泉楼饭庄搬迁到估衣市街仲三元杂货铺旧址经营，次年公私合营，归济南市饮食公司管辖。直到1960年，汇泉楼又迁回江家池原址。1965年又迁到泺源桥东侧新建的五层楼内，改名为汇泉饭店。

估衣市街还是济南第一条沥青路。1927年，韩复榘主政山东后，在估衣市街铺设了12米的沥青路面以及5米的青石人行路，其宽阔与平坦在当时的济南是独一份的。1954年，从城顶街北口向西至西圩子壕上的麟祥桥一段，横穿冉家巷、郝家巷、西券门巷、麟趾巷4条街巷拓建，于1957年竣工。为表彰当时义务参加筑路的青年和共青团员，该段道路被命名为共青团路。8年后街巷调整，与共青团路东段相接的估衣市街被并入，统称共青团路。1965年，估衣市街拓宽改造，拆去了路南的部分商铺，但依然保留了路北的北厚记酱园、万和堂中药店和经文布店等老字号。2000年夏，共青团路拓宽到50米，双向六车道，路北的老建筑也大部分被拆除了。如今，只有在川流不息的车辆和络绎不绝的行人身上，还能依稀想象到估衣市街当年的繁华。

# 馆驿街：济南手工业的聚集地

黄鸿河

说到馆驿街，它是济南城外历史沉淀最深的一条街，今天的它已经非常普通，但历史往前推 641 年（明洪武九年）这里却是一条进出济南，通达全国各地的最重要"官道"。《续修历城县志》记载，馆驿街"北走燕冀，东通齐鲁，为济南咽喉重地"。

## "官道"驿站成就了官驿商业街

清乾隆三十六年（1771）《历城县志》称这一带为十王殿街。清光绪岁次壬寅九月，济南府事徐世光同历城府事杨学渊共制《省城街巷全图》中有明确标注，地址在今馆驿街西部，街名因在现经一纬一路交界处建有十王殿而得名。

明洪武九年（1376）朱元璋改变了元朝山东省治青州、济南反复迁徙的状况，把山东行省治所确定在济南府，将山东承宣布政使司、都指挥使司和提刑按察使司迁到济南，分别安置在现在的珍珠泉、省府大院和按察司街，并在馆驿街东口首设官驿，作为传递公文、迎送官员及提供食宿的场所，命名"谭城驿"，老百姓习惯称它为"接官亭"或"歇马亭"。后来此处由"驿"变"街"，最初街名就叫"官驿街"，新中国成立后正式更名为"馆驿街"。而馆驿街取代十王殿街的历史应该不足百年，很可能有一段时间是双名并用的。

光绪三十二年（1906）官办驿站废除，此街的驿站功能逐渐消失，但因有驿站而兴起的车马行、客旅栈、粮食市、竹编业等农副产品交易却兴隆起来，馆驿街的形成为这一带的商业繁荣打下了基础。

馆驿街最早的商品交易主要是围绕车马行、农副产品和手工业制品，最初主要是苘麻、布匹、绳索、麻袋、粮食、车马器具等。历史上因为馆驿街所处"官道"来往达官贵人、黎民百姓对绳索、车马器具需求量多，所以馆驿街最早经营苘麻及其制品的最多，这也是馆驿街老户中原籍莱芜、新台人多的原因，因为那地方盛产苘麻，从事麻皮、麻线、麻绳、麻袋生意的人多。而从事手工业制品经营的最初主要围绕马车、手推车需要的金属器件配套，包括马掌、马鞭、马缰、马灯、车圈、笼头、煤油灯、铜喇叭、蓄水皮囊，以及农用锨、锄、镐、锤、镰刀、斧头等红炉锻打制品。说到马掌，就是给马四蹄钉上铁掌，这样马在沙石路上行走不伤蹄，钉马掌是过去集市街道繁华处必有的行当。

21世纪初的馆驿街　牛国栋/摄

## 马掌、马灯播下了济南发展工业的种子

　　商品交易齐全加上人来人往官道，使得早期馆驿街呈现出流动人口多、店铺商号多、寺庙祠堂多、旅栈会馆多、附属街巷多的五多现象。长 760 米的馆驿街从西往东分别是孙家大院、竹木制品店、土产店、黑白铁加工、竹木器加工、撕麻道打草绳户、蒸屉蒸笼店、马皮制革店、红炉锻打店，丁家大院东邻的布店、铜锣响器店。邻近附属的街道有塘子街、大皖新街、小皖新街、凤翔街、乾城街、影壁后街、刘家庄、西园街、顺河街、丁家崖街，记录当年商业繁华的有中原会馆、山陕会馆、江苏会馆、安徽会馆，安徽会馆的部分房屋及碑铭尚在，就在馆驿街小学的运动场内。安徽会馆东边不远处是金星寺和寿佛寺，寿佛寺是一个不大的庙宇，1931 年 11 月 19 日，著名现代派浪漫主义诗人徐志摩在济南西郊遇空难丧生后，他的灵柩就停放在这里，当时许多著名人物如梁思成、沈从文、闻一多、梁实秋、金岳霖等都赶来吊唁，并陪伴徐志摩棺椁从馆驿街运往火车站。

　　馆驿街真正的发迹和轻工行业的兴起是在商埠开辟以后。清光绪三十年（1904）济南首开自主商埠，地标就设在十王殿的遗址上，其标志就是 1909 年用 5 年时间，由德国人督建的三层陡顶红瓦灰墙欧式楼，该楼历经百年，曾是日伪时期日本宪兵司令部，民国时期国民党警备司令部，至今仍屹立在馆驿街西口。商埠开辟后，在济南府城外再造一座济南新城，这是一件了不起的大事。同年，山东省第一条铁路即胶济铁路贯通，1911 年 12 月，另一条更重要的铁路，津浦铁路全线竣工。汽笛一声，划破了老济南沉寂的夜空，新世纪的曙光开始来临。馆驿街地处咽喉要道，水路交通方便，到 20 世纪 30 年代初，借开商埠之天时，济南火车站近在咫尺之地利，相对平和的社会环境之人和，这里掀起了第一轮工商业高潮，为济南轻工行业的出现和发展提供了有利条件。

　　馆驿街商品经营生产之繁多，名震齐鲁，远播燕冀。长清、平阳、齐河、章丘、德州、河北等地来人必先到馆驿街，济南解放后的翻砂业、灯

具行业、五金行业、家用电器行业、拔丝编织行业、面粉加工行业、黑白铁扳金业、绳索竹编行业，还有全国著名的"重汽""小鸭洗衣机""金钟衡器"等，都能在这条馆驿街上找到它们发芽的种子，发展壮大的影子。虽然这种发展非常漫长，但它毕竟起步在这里，亦如馆驿街上的青石板路，上面印满了木圈铁皮轱辘碾压过的车辙印，它记录了馆驿街发展道路的崎岖不平和百年沧桑。

谁能想到，我们家家户户每天必用的照明灯具，竟然是从馆驿街上的马灯开始的，是从一锤一锤中敲打出来的。最早的马灯都是手工锻打铜制的，是达官贵人马车出行必备的，后来到了日伪时期，从日本引进了马口铁，也就是我们现在普遍使用的镀锌板，取代了铜材制品，马口铁便宜、耐用、不生锈、不用翻砂、不用锻打，好出活，因此受到了工匠们的普遍欢迎，很快便取代了多数铜制产品，成为后来统治馆驿街半个多世纪的主打产品——黑白铁加工。铜制马灯后来发展成马口铁气灯、桅灯、煤油灯。新中国成立后，1956年实行公私合营，各手工小作坊都纷纷加入到济南桅灯社、济南电筒厂，当时参加者有二十几家作坊，包括打草绳的、编竹筐的，在街两边四个宅院中分成五个工作车间，后来灯具、电筒分成两大轻工企业，电筒厂迁到了山大北路，现在已是黄金宝地，灯具厂迁到了北园路小清河边。到20世纪80年代末济南灯具集体企业发展到七家，有职工2000多人，年产值5000多万元，如果换算成今天的GDP达到五个亿。

## 面粉业发达推动了扳金行业的发展

济南开商埠后，面粉生产行业十分发达，在全国名列前茅，像苗海南家开的成丰面粉厂、穆伯仁家开的惠丰面粉厂、苗杏村家开的成记面粉厂，还有后来的济南面粉厂等面粉加工企业，其最主要配件金属风道、风筒、风口、虾米弯管等生产安装都出自馆驿街黑白铁扳金行，馆驿街也是全国最大的扳金行业密集区之一，最多时达到57家，其高手如云，技术最好的当属张善岭、张光前、刘建业等人。早期分为寿光、济阳、章丘三大帮，新中国成立后随着馆驿街黑白铁名气越来越大，全省各地包括河北省的同行都来围堆，共分一杯羹，他们既有合作，更多竞争，兼收并蓄，相得益彰。

论黑白铁扳金的个人技术当推张善岭，若论现场制作、现场安装当推张光前，面粉厂几百米的各种型号风道、风口、虾米弯、旋叶窗、容器等都要现场制作，那时候没有数据，没有图纸，只看现场，全凭目测，张师傅搭眼一看，拇指一瞄，随口就出尺寸，当场下料、裁剪委弯、咬口砸边、连接拼装，一气呵成，只等张师傅大喊一声"沿合头"——行话，就是正好的意思，整个工程便大功告成，随后一句更是皆大欢喜——"打道回府，吃肉喝酒"，这是当年老扳金们津津乐道的场景。公私合营后，张光前加入了济南灯具厂，成为企业受人尊敬的土工程师。济南面粉业成就了馆驿街的黑白铁扳金业，扳金业也助力了济南面粉业，不仅济南，天津、北京、

保定等地的面粉厂也多是请馆驿街的师傅们去现场做活。20世纪50年代末，产出中国第一辆重型汽车的济南汽车制造总厂。可能很多人不知道，第一辆重型汽车车头就是出自馆驿街培养的能工巧匠之手，是他们一锤锤手工敲打出来的。他们中有多人后来加入了"汽老总"，十几岁就在馆驿街上当学徒的商学成，后来就成为济南汽车总厂的副厂长。

馆驿街上的老铁匠铺　牛国栋/摄

20世纪90年代前，济南的五金行业有企业26家，员工11000多人，年产值13931万元，换算为今天的生产总值要超过10个亿，其中二轻系统有济南金钟衡器厂、济南制锁厂、济南五金工具总厂、济南拔丝编织厂、钢锯架厂、螺钉厂、铁丝厂、锅厂及整个翻砂行业，都出生在馆驿街或周围的丁家崖、皖新街、影壁后街等处，其中的拔丝编织厂是馆驿街上八家私营铁丝网铺子组合而成的。

## 青石板路旁的奇闻逸事

世上本没有路，走的人多了便有了路。馆驿街上的路也是这样由土变成路，变成沙石路、青石板路，变得熙熙攘攘，人来车往，同时也演绎出许多故事。

馆驿街西头最早叫十王殿街，过去名气很大，直到现在老济南们还称呼这一带为十王殿。十王殿又叫阎王殿，过去多建在城隍庙内西北角不显眼处，那么，原来馆驿街有七处寺庙，为何把十王殿修建在如此显赫之处呢？祖辈就在此居住的93岁老人陈森荣说出了其中奥秘——"十王殿周围多坟茔义地，坑洼沟壑，阴气太重，故建十王殿以镇之"。十王殿作为济南新商埠开发的坐标，我们不应忘记，商埠的开发把济南市区面积扩大了一倍多，为济南市的政治、经济、文化的发展和山东省治所在地建设奠定了基础。

1932年9月，在馆驿街南面的安徽祠周围，曾经发生过一起徽商罢市抗议事件，起因是原山东大军阀张宗昌借日本人势力，企图东山再起，欲来山东故地招兵买马，引起现任省政府主席韩复榘的猜忌，唆使与张宗昌有杀父之仇的郑继成以"为父报仇"名义进行暗杀。1932年9月3日下午6时，张宗昌在济南火车站遇刺身亡，尸体停放到安徽乡祠。因张宗昌督鲁期间横征暴敛，鱼肉百姓，非常不得人心，为此安徽籍商户怕引来晦气，故坚决反对在安徽乡祠中停放遗体。对安徽商界的罢市抗议韩复榘不能不做反应，停尸六天后匆匆派人将棺材装火车运往北京，后将张宗昌的遗体草草埋在了北京西郊香山。

济南自主开辟商埠，标志着济南由封建府城向现代城市转变的开始，馆驿街这条跨越明、清、民国两朝三代的历史老街，感受了岁月的沧桑，记录了济南人的骄傲和遗憾，也珍藏着人们的回忆和梦想。中华人民共和国成立后，1956 年全国掀起公私合营高潮，从这时起直到 20 世纪 90 年代，是馆驿街有史以来最繁荣昌盛的一段时间，街上大小工厂店铺多数都是加班加点，企业生产都非常红火，即便是"文革"那几年，也是白天闹革命，晚上抓生产。20 世纪 60 年代，馆驿街工业、手工业开始步入机械化，机器、模具、冲压、翻砂等开始大量使用车床、冲床、铣床、钻床，济南灯具厂大量出口美国、加拿大、中东阿拉伯地区的桅灯型号 601、602、603等，就是为了纪念 60 年代初开始使用机械化。

曾经的馆驿街青石板路，经历了几十年的风雨磨炼后；转移到了天桥，变成 1973 年建设新天桥的坚强柱石；曾经的馆驿街拥挤不堪熙熙攘攘，1993 年整体拆迁，已经开拓成宽阔平坦的大道，鳞次栉比的高楼。如果说忆旧，就是再也看不到满街的竹编、满街的草绳和十六层高的笼屉，看不到狭路两边堆满的黑白铁件，听不到铺子里传出的叮叮当当敲打声，一切都回归了它原本应有的祥和安静。是啊，过去的已经成为历史，未来的正在给我们期盼，这应该算是"不忘初心，方得始终"吧。

# 因商埠而繁荣的普利街

牛国栋

　　位于老城西关的普利街，从估衣市街（今共青团路东段）西口的城顶斜插至普利门。这条街20世纪前叫柴家巷，为西关"八大巷"之一，十分僻静。商埠开通后，为方便与老城的交通，1908年，在西圩子墙英贤（原叫"迎仙"）门与麟祥门之间又开了一道被人们称为"西墙小门"的普利门，柴家巷随即拓宽后更名，与商埠区最主要的东西干道经二路接上头，成为人们来往于旧城与商埠间的必经之地。

"西墙小门"普利门

一些有眼光的工商业户也看准了这块旺地，纷纷来此建商号、作坊和宅院。不久，这条街便形成了以化工、土产、鞋帽、绸布为主的商品集散地，而且多是便民小店的杂货商品，什么套马车用的绳索，粉饰家具用的土漆（大漆），照明用的煤油灯、瓦斯灯等生活日用必需品，你不用费劲，在这里可以轻易找到。有名的商号中除了油漆化工店外还有泰康食物公司、朝天锅饭店、草包包子铺、谦祥益绸缎店、谦恒吉鞋店、普华鞋店、厚德堂中药店、赞玉堂中药店和廖隆昌瓷器店等等。

位于普利门街的普华鞋店　牛国栋/摄

随着新中国成立初期对工商业的改造，大多改变了经营方式。尤其是泉城路不断拓宽，纬四路、大观园和人民商场的综合型商场的改扩建，这条街的商号有的迁址，有的歇业改行，街道也渐渐冷落。但直到 20 世纪七八十年代，这条街上的化工店里油漆门类最全，满足了那个时期家家户户"打家具"的基本需求。当时刚刚在济南崭露头角的小鸭牌洗衣机的维修部设在路南，全市的人维修洗衣机都要来这里。在普利街动迁前，流传至今的老字号只有草包包子铺和普华鞋店了。

民国年间的普利街很是热闹

济南人爱吃面食，但以面食为主的大店不多，位于此街 15 号的草包包子铺算是其中的老大。在方言土语中，"草包"是骂人的词儿，很不中听，但它却成了这家包子铺的创始人张文汉的外号。他是济南泺口人，曾在纪镇园饭庄当伙计。因其生性憨厚、沉默寡言，掌柜的和瞧不起他的师兄弟们只让他包包子，不许干别的，从此便没人喊他的大号。抗战爆发后，"草包"家人逃到城里，在友人的帮助下在西门里太平寺街租了两间房，开起包子铺，店名干脆就叫"草包"。后来迁至大观园，20 世纪 40 年代初又迁至普利街与三元街交界口，即今天的位置。由于他家做的包子皮薄、馅多、味美、灌汤，名声很快便传遍全城。济南战役时，国民党的飞机对城里狂轰滥炸，包子铺西邻泰康食物店的山墙被炸塌，将张文汉压在了瓦砾中。新中国成立后，"草包"几易其主，直至 1956 年公私合营，划归市饮食服务公司。改革开放前，逢年过节亲朋好友团聚，谁能吃上"草包"便够档次。如今，门脸早已不是过去的样子，经营方式上也有了许多改变。除包子外，干炸里脊、爆炒腰花等鲁菜家常菜也成了店里的拿手好菜。但最令"老济南"激动的还是那"草包"包子，以及那包着包子的荷叶所散发出来的清香。

20世纪二三十年代繁华的二大马路

位于街偏西路南的普华鞋店，在济南老年人心目中很有地位。建于180年前的这家老字号，创始人是邵焕祥。这家鞋店最令人叫绝的就是千层底布鞋和用礼服呢做的皮底布鞋，以及"老头乐"毡鞋。他们从办店之初一直坚持对畸形、异形脚的顾客开展定做业务，深得人心。由于"普华"是名牌商品，生活困难的时候，人们买了新鞋平时舍不得穿，只有逢年过节、探亲访友时才穿。如今各色的皮鞋、旅游鞋、运动鞋、休闲鞋令人目不暇接，"普华"这老字号、老品牌便衰落下去，已经没有自己的产品了，但老人们还总是念叨它。

赞玉堂中药店旧址，2010 年拆除　牛国栋/摄

普利街 90 号的老字号"鸿祥永"后来成为居民大杂院，但这块
老匾额在 2010 年此街拆迁前一直镶嵌在原址　牛国栋/摄

在西式店铺林立的普利街，有两幢中国古典式建筑，一是花脊翘檐、黑瓦覆顶的廖隆昌瓷器店，另一座则是二层的砖木小楼赞玉堂中药店。赞玉堂楼下为门市，楼上为主人寓所。精美的木隔扇、木窗棂、木构栏杆，结构严谨，制作精良。这店铺虽小，但过去名气挺大。路对面是座在济南数得着的规模很大的西药房大同药房，但周围的百姓们还是崇尚中医药，信任"赞玉堂"自制的"丸散膏丹"。

21 世纪初的普利街　牛国栋/摄

普利街还有几条与之相交叉的南北走向的老巷子，如西券门巷、郝家巷和冉家巷，都在"八大巷"之列。幽静的西券门巷与南关南券门巷一样都以房舍中的拱券门窗得名。巷子南首路东有两座紧紧相连的规模宏大的红砖楼，鹤立于青砖黑瓦之上。南楼院旧时为"义兴公"布庄，大门上方嵌有刻着"义兴公"三字的石匾额。可能是在"破四旧"的那些岁月里将字用水泥覆盖，仅仅露出了"义"字来。郝家巷中段路东也有座体量较大的二层楼，临街底层为店铺，门市八间，北侧有门通向院井，这便是 1934

年创办的"福"字连号"福盛永"杂货庄。店主孙福堂，章丘龙山人。章丘人天生就是经商的主儿，孙掌柜的商号便从麟趾巷一直做到了十二马路和青岛港，创办了"福庆德""福合成"等"福"字分号。新中国成立后这里成了居民大杂院，孙氏的后人也与其他的住户一样，不分彼此了。

在"福盛永"旧址的对面有个历史不长、规模很小的饭店，生意却一直不错。这家名叫春江小馆的饭店与临街共青团路南侧的同名饭店属同一家，后者店大，包办酒席，而前者专营济南锅贴，有肉馅和素馅两种，现包、现煎、现卖。因口味好、火候佳，很快出了名，后来还登上了济南名吃榜，被授予了铜牌，也给寂静的郝家巷带来很多人气。

2002 年 7 月，共青团路以北，普利街以南的这片三角地带传来了动迁修建广场的消息。有关部门开展了广场设计公开招标，还通过报纸向市民征集广场名称。在"大舜""普利"和"普利门"三个候选名称中，市民们纷纷将手中的票投向了第三者，因为只有"普利门"才能传承这一带的历史。2010 年，共青团路以北，普利街以南动迁，地上建筑全部拆除。在这片三角地带"济南第一高楼"拔地而起。

# 剪子巷：泉水在石板路上欢唱

牛国栋

万竹园东墙外，即趵突泉西邻，是南北走向的花墙子街、剪子巷，中北段分别与篦子巷、盛唐巷、五路狮子口、曹家巷以及大、小板桥街相连。花墙子街早先以手炉、香炉、蜡扦等铜锡业著称，篦子巷则以竹木制梳篦和顶针为特色，大、小板桥街则是做纸盒子和白铜首饰的业户聚集地。给人印象最深的，是花岗岩石板铺成的剪子巷。

19 世纪末，山西交河和北京东郊以及本地章丘的铁匠纷纷来到济南，多集中在剪子巷内，多时近 20 家，主要制作剪子、菜刀、锅、铲、勺、铁柜、水车及锄、镰、锨、镢等小农具。我小时，铁匠坊的生意虽已败落，但街两旁的青砖黑瓦的两层房舍中，除了住家就是一个挨一个的铁匠铺，或前店后坊，或下店上宅，老式的店门白天四敞大开着，店有多宽，门有多阔。

铺面前各种五金工具码放在货架或案板之上，晚上打烊后用落地门板封闭。打铁时，铁匠炉子在手拉风箱吹动下炉火彤红，青烟缭绕，一件件被烧得通红的铁毛坯放在铁砧子上，由一人用大铁钳夹着铁块，另一人或抡大锤，或举小锤，敲敲打打，叮叮当当，火星四溅。

花墙子街路西原有家义兴园酱菜铺，店名由金棻所题。记得酱园院子里有许多的大酱缸，上面盖着尖尖的大斗笠，如同大草帽，每到下大雨时，缸里的酱汁便被冲了出来，伴着雨水流淌到石板路上，满街酱香。酱园北邻的北煮糠泉（今杜康泉）水势十分旺盛，街上的居民来这里挑水，一些商家也来此用驴拉水车运水。原花墙子街 57 号院内的登州泉、87 号院内的花墙子泉与街西万竹园内的东高泉、望水泉和白云泉一道，形成暗渠，一路北流至西护城河。因这一带地下水位高，泉水丰沛时暗流涌动，走在街上便会听到地下哗哗的流水声。即使不下雨，一块块石板的缝隙中也常常是溢流的清泉水，打湿行人的脚面。一些孩子在巷子里踢球，球总是湿乎乎的。

旧时剪子巷的民居　郭健/画

台湾作家、美食家唐鲁孙在其《济南的泉水和鱼》一文中写道："城南有条叫'剪子胡同'（即剪子巷——笔者注）的路，不论天旱天雨，这条街总是积水盈寸，路人都得自两旁骑楼下绕道而行。当年张宗昌为山东督办时，曾命人在剪子胡同加铺一层三寸厚的石板，怪的是三寸的石板铺上了，水却依然漫出一寸多。这石板下的泉水，夏季凉透心扉，可冰水果；冬季蒸汽迷濛，有如温泉。掀开石板，水中密密长满绿如青苔的长水草，成群的青草鱼悠游其间，其肉既鲜且嫩，毫无腥气，其外观与台湾的草鱼类似。我的朋友王筮谦曾任山东电报局长，他家就住在剪子胡同。有一回我在他家做客，他带我到后花园，吩咐佣人把花圃中的石板撬开一块，只见其中泉水淙淙，垂手一捞便是两条生蹦活跳的青草鱼，那情景真是又有趣又神奇呢！"

与剪子巷相连的大板桥街和小板桥街各有一座石桥，两座桥的体量不同。大板桥又称广会桥，是单孔拱桥，半人高的桥栏杆抱鼓石上有精细的雕刻。为了便于附近居民下河洗衣、洗菜，昔时在桥边还铺有通往水面的台阶。在清末府城墙还未辟坤顺门之前，城里人到趵突泉，必须出西门，途经广会桥才能抵达。而西南关的人进城，这桥也是必经之地。大板桥百米之外，是小板桥，原名众会桥，"众会"和"广会"的含义相似，也一同将这里的水巷、小桥、流水和人家联系在一起，会聚成老济南特有的市井风俗画卷。当走到这里时，小河的流水声，水边女人的捣衣声，孩子们水中嬉戏声和走街串巷铜盆铜碗的小铜锣声，挑担子卖豆腐的梆子声，以及铿锵的打铁声混响在一起。

因旧时趵突泉周围是商贩云集的街市，南面又通国货商场，剪子巷曾经人气很旺，巷子里还有一些规模不大的旅店和餐馆。新中国成立后，街北首与共青团路交界口处还设立了济南火车站售票处，预售两天以内的火车票，很多济南人都有到剪子巷排长队买预售票的经历。

如今这一带的传统街巷格局早已不在。剪子巷、篦子巷、曹家巷拆迁后建成了居民小区，花墙子街、大小板桥街、花墙子泉、杜康泉连同大小板桥一起划入趵突泉公园，剪子巷的街牌还挂着，可这条市井味十足的特色老街消失了。

# 魏家庄：民国新贵扎堆的地方

雍　坚

　　如今的经四路万达广场片区，过去是魏家庄—麟祥街片区。2009年片区拆迁前，这个位于纬一路以东、经二路以南、顺河街以西、经四路以北的片区内，有一大片旧式民居区域。与那些动辄就能溯源到明代的老街古村相比，魏家庄算是一个年轻的片区。据《山东省济南市市中区地名志》记载，清道光年间，魏、曹两家由长清楚家庄迁居至此。因魏姓人口较多，经村民共议定名为"魏家庄"。魏家庄南侧后来也形成聚居区，习称"南魏家庄"，后来又改称麟祥街。

　　值得一提的是，有书上说，麟祥街之名，源自民国五年（1916），济南圩子墙上新开辟的麟祥门（大致位于今共青团路与顺河街交界口）。而据笔者考证，这种说法反过来倒讲得通。因为，早在光绪己丑年（1889）《省城街巷全图》上，已标有"麟祥街"的名字。

　　清末，魏家庄周边多是窑厂和乱葬岗子。如麟祥街南有解家窑，魏家庄北被称为南岗子魏家庄位于纬一路与圩子墙之间，是老城与商埠之间的一个缓冲地带。民国七年（1918），济南市政厅呈请拓展商埠，将普利门沿顺河街一线向西至纬一路拓界为商埠租地，魏家庄随之划入商埠区。

　　清末民初，把握山东军政大权的北洋新贵们不约而同地看好了此处的风水。先是有张怀芝（山东东阿人，清末任北洋陆军第五镇统制，民初任山东省督军）于1905年在魏家庄北侧的南岗子开辟"义地"，建起济南最早的商场式平民市场——新市场。麟祥街路南支巷之一同生里最初是张怀芝的"松菊花园"，圈建时间估计和新市场是同期。魏家庄的发达始自民国早期，继张怀芝之后，张树元（山东无棣人，清末任北洋陆军第五镇协统，1918年，继张怀芝之后任山东省督军）、吴新田（安徽合肥人，民国初年曾任岳阳镇守使、陕西督军）、张培荣（河南正阳人，民国初年曾任兖州镇守使）等民国新贵先后在魏家庄一带辟地建宅，他们均是北洋军阀中的皖系军阀。

商埠的里弄树德里　牛国栋/摄

一个小片区中，竟然有三个督军一个镇守使的地产，足见魏家庄昔日之发达。

张怀芝、张树元、吴新田三个督军之间有何私交尚未考证清楚，但三人的经历离奇相似，腾达时都做过一省军事长官，晚年都寓居天津。

2009年拆迁前，在魏家庄片区，除魏家庄、麟祥街两条主街外，像同生里、宝善里、德安里、民康里这样的小巷里弄有十多条。不经意间看到的一个大院，或许就能引出一段离奇的故事。

拆迁前，魏家庄东首的 43 号院是一个不起眼的临街小门，院内西侧为部分已翻盖的平房，东侧则是一座带地下室的五开间二层小洋楼。虽然备显破旧，但是建筑风格疏朗大方，楼上、楼下的拱形门显现出卓而不凡的欧氏建筑风格。

"这可不是一座普通的洋楼，它曾经做过寺院，收水表的单子上曾印着'菩提寺'等字。"2007 年，84 岁的老住户赵爷爷说，洋楼上住着 9 户人家，屋内都铺着木地板。他搬到这住才 30 来年，听人说，43 号院原是张家公馆的后花园。自小在魏家庄长大的八旬老街坊张奶奶指着 43 号院门西的一个平房介绍说，这里才是菩提寺的正门，后来改成了住房，当年，我们都管菩提寺叫"姑子庵"。

据 2007 年版《齐鲁佛教史话》一书记载，菩提寺位于魏家庄 45 号，原为北洋军阀张培荣的公馆，北伐后张培荣潜逃，他的妻子张侯氏为保全家产，将公馆变成佛堂，带着他的两妾四丫头一起出家。但张奶奶说，45 号确实是张家的房子，不过菩提寺设在 43 号。

从魏家庄 43 号西行，跨过安平街街口，路北那个六七米高的六柱大门楼就是魏家庄 45 号。进得大门后，是左右两个二

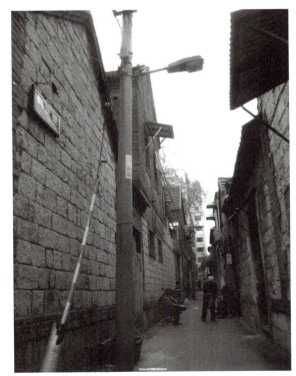

2007 年 10 月，济南最美的里弄——同生里
（自北向南拍摄） 雍坚/摄

门，各通向两个四合院。左边的二门已封死，需要从 45 号西侧的 47 号绕进去，里面是一个天井特别大的四合院，东西厢房各有 5 间，正屋下面还有地下室。最引人注目的是正门上方的葵花造型砖雕门楣，外观夸张，雕工细腻，在济南民宅中堪称孤例。

右边的二门上保留着精致的浮雕牡丹门楣。"这门楣木料可都是进口的美国松。"2007 年 10 月，70 岁的老住户李玉贵大爷介绍说，这房子是他的父亲 1949 年从张家买下来的。穿过正屋后门，可进入后院，里面是张家的祠堂，后院再往后还有一个大院子也是张家的。

魏家庄 45 号北面的两个院的门牌号为安平街 15 号和 13 号，15 号较为狭小。而 13 号院则有宽阔高大的门楼，墀头上为"福"字砖雕。与 15 号、13 号院相对，路东的安平街 22 号、20 号院也是一前一后两个标准四合院。都是青石墙面，青砖山墙，窗上有风格一致的砖雕窗楣。据老街坊讲，这几个院子原来全是张家的。从《历下区地名志》一书上可以看到，安平街最初便是因兖州镇守使张培荣在民国初年在此建宅后而形成的街巷。

2007 年，树德里 13 号北地楼东山墙　雍坚/摄

关于张家公馆的主人，一说是张培荣。1923年，轰动中外的"临城劫车案"发生后，继任兖州镇守使的他因镇压"匪首"孙美瑶而成名。尽管书上记载了他在魏家庄建宅一事，但魏家庄的不少老街坊认为张家公馆的主人是原山东省督军张树元（1918—1919年在任）。2007年，家住魏家庄45号对门的85岁老人邢秀莲讲，张树元的儿子张崇刚一家新中国成立初期还住在45号院，邻里间都很熟。

综上推测，一种可能是张家公馆在历史上先为张培荣宅邸，后来全部或部分转让给了张树元家；另一种可能是二张家宅院相邻，外人误以为两个张家公馆是一家。

树德里，原来位于魏家庄片区中部，一个听起来很传统的里弄。据老街坊们说，当年整个里弄中的别墅和平房院落都是张家盖的。

2007年，81岁的张宝兰老人在树德里3号院小楼里。这种小洋楼被街坊们称为"地楼"，因为它原来有上下两层，底层是地下室，一半在地下，窗户刚好露出地面。张宝兰在这里已住了近60年。3号院大门朝北，进门后左侧是一间十几平方米的小屋。"租房的人嫌小早就搬出去了，我刚搬来的时候，这里住的是老杜，老杜的女儿如果还在世，现在也该有100多岁了。"张宝兰说，老杜叫杜立庭（音），他是张宝兰曾见到过的唯一与房子主人有关的人。"很多人都管地楼叫老杜家的，其实，杜立庭只是一个'管家'，他的主要任务是帮助房主看房子、收房租，他的主人就是张树元，那可是个大官。"张宝兰老人说。

由3号院转出来，在树德里中段路西的13号院，还有一南一北比邻而建的姊妹"地楼"。它们外观类似现在的别墅楼，底层周边都包着蘑菇石，屋顶上有小巧的老虎窗。与13号斜对面的11号，还有一幢造型别致的地楼，房间里还铺着当年的地板。

"整个树德里的楼房、平房，以前都是张家的。"张宝兰老人说。而家住魏家庄46号的邢秀莲老人（2007年85岁）则补充回忆说，树德里的房产在新中国成立前早已不单属张家所有，其中有一部分归属于苑（音）家，苑老大从事玻璃行业，苑老二则是鲁兴银行行长。

1982年《山东省济南市地名志》一书记载：民国初年，山东省督军张树元在此建楼六幢，平房五处，赠予其姐夫王其凤的后代，王其凤对张有举荐之恩，张树元为感恩报德，取街名为"树德里"。不过，2007年笔者在树德里寻访中发现，老街坊们均记不得街上曾有过王家的房产。这让人不得不对张树元的赠房故事产生疑问，如果房子建好后都赠给了王家，为什么街坊们还会说这房子是张家的呢？

2007年，魏家庄47号砖雕葵花门楣　雍坚/摄

同生里，拆迁前是市中区魏家庄街道办事处辖区西侧的一条实胡同，北起麟祥街，西邻纬一路。据记载，这里原为山东督军张怀芝的"松菊花园"旧址。1930年，李张等四姓购买该园建住宅。李姓开设"同立锉厂"，张姓做买卖，堂号为"大生堂"，形成街巷后，取李张两姓作坊、店铺各一字，故名"同生里"。这条宽不足三米，长百米有余的小巷，古朴、整洁、

幽静，至 2008 年拆迁前，有 7 个院子的正屋为欧式风格的楼房，堪称济南市现存最豪华的里弄之一。

2008 年 10 月，同生里 13 号院老住户陈铭哲说，"我就是在这里出生和长大的，整个院子原来都是我们家的。祖父原来在老家一所学校当校长，后来参加了国民党的部队，并当过师长。我祖父最初出钱建造的是北面的一个院子，因他常年在外地，房子建好后，被看院子的人给私下卖了。后来，祖父就又让人在这里盖了一处院子。"新中国成立后，13 号院部分房屋交公，只有部分房产属于他家。

陈铭哲还有一个鲜为人知的身世，他是原山东省督军张怀芝的外孙，他的母亲是张怀芝第 5 个太太的大女儿，小时候在万竹园（张怀芝的私宅，位于趵突泉景区内）长大的。

2007 年 10 月，民康里 9 号　雍坚/摄

同生里 6 号的正屋当年也是一座二层小楼，木板栏上有精致的云纹浮

雕，二楼廊柱顶部的镂雕雀替雕琢细腻。老住户张国全介绍说，他父亲名叫张骧臣，单县人，当年在济南做律师，在同生里路东盖有三处四合院，即2号、4号和6号院。历经转手和充公，只剩下6号院还有几间房子属于张国全。书上所说的有"大生堂"堂号的张家不是指他家，原来6号南面还有户姓张的老户，估计是他们家，不过宅子已拆迁。

民康里位于魏家庄中部，是树德里西侧的一条南北向小巷。不少热爱摄影的朋友都知道这条深藏于魏家庄的小巷，因为这里不仅有气势宏伟的四合楼建筑群，还有陕西督军吴新田的旧宅。2007年，由民康里南首开始，里弄两侧依次可见4处旧式民房民居，其中，9号、10号、12号院院落完整，5号院的院子被楼前添建的现代楼房占去大半，仅剩正屋容貌如旧。

值得一提的是，这四处老院在正屋的建筑风格上如出一辙，均为前出厦、带回廊结构，廊下板栏装饰相同。大门两侧的墀头砖雕虽然图案各异，但风格一致。

2007年10月，84岁的范玉兰老人住在10号院的正屋中，是整条街上最年长的"土著居民"。她说："我是1924年出生，从19岁出嫁开始就在这里居住，婆家姓隋，这个院子当年是我公公从别人手中买下来的二手房。原来没有地下室，听说五三惨案那年（1928），在东屋下临时挖了地下室，以躲避炮弹袭击。"对于房子的原始主人，她回忆说已想不起来了，只大体知道这里的几处平房院子原来都属于同一家人，他们家已没有后人在这条街上居住。2007年，9号院的男主人有60来岁，他回忆说，从祖父辈开始，他们家就在此定居，但房子最初也是从别人手里买来的。

《市中区地名志》记载，民康里最初因陕西督军吴新田在此建宅多处而形成街巷。据此可推断，明康里5号、9号、10号、12号现存旧式院落当为吴家旧宅。

拆迁前，魏家庄片区内还有和济南老火车站同龄的德式建筑义利洋行。

20世纪50年代的民族风格建筑——中国电影院、宏济堂中号等济南人印象深刻的地标性建筑。片区拆迁改造后，除市级重点文物保护单位山东道院旧址原地保留、宏济堂中号易地重建外，义利洋行和中国电影院则永远成为了历史。

　　2009年夏，考古人员在魏家庄工地发现数座汉墓，先后出土仙鹤踏龟博山炉、铜印等高档次的随葬品，还出了全省首个汉代铁火锅。鉴于距魏家庄不远的大观园20世纪50年代、90年代也曾发现高规格汉墓，由此可以设想，汉代时此处可能是一个范围很大的墓群所在地。当时的济南郡（国）治虽然尚在平陵城（位于章丘），但历城县治在现在的济南古城区西南隅。那一段历史如何，志书鲜有记载。魏家庄汉墓群的发现，可以说为研究历城的汉代史揭开了一角面纱。这，或许算得上是片区改造对城市历史文化的传承带来的一个意外契机吧……

2007年，青石到顶的安平街民居　雍坚/摄

# 五里沟：都市里的村庄

### 黄鸿河

　　五里沟是济南百年商埠最早保留的三个村庄之一，另外两个分别是三里庄和北大槐树。清光绪三十年（1904）胶济铁路开通，山东巡抚周馥同直隶总督袁世凯联名奏请清政府自主开发济南、周村和潍县三地商埠，成立后的商埠总局就设在五里沟西街 1 号大庙内，成为当时商埠区行政管理的中心，五里沟人习惯称它"局子"。因此，在过去很长一段时间，五里沟成了济南当地人对商埠区的代称，城里人去商埠办事直接就说去五里沟，足见其在商埠中的地位。

五里沟街上的民居　牛国栋/摄

　　五里沟庄名的由来有两种说法：一是说五里沟到省巡抚衙门约五里路，也有人说是到泺源门，因此取名五里沟。但五里沟的老人们不同意这种说法，他们说"如果到城里五里路，直接叫五里庄不就得了，干吗叫五里沟呢？"二是说五里沟过去直通小清河，就近距离是五里路，因此习惯叫五里沟，这是五里沟老人们口口相传的说法。但沟后来被胶济铁路切断了，水流方向现在不好说了。

　　五里沟分东街、西街、发祥街和槐家巷四大块，有四间私塾和一处洋学堂，六座寺庙，有两马家、杨家等十条胡同，十二口水井。几乎每个胡同口都有水井，胡同口挖水井是元朝蒙古人的习俗，可见五里沟传承之古老。有裴家大院、金家大院和季家大院。东街和西街各有一棵两抱粗的百年大槐树，据说，是明永乐年间从山西洪洞县移民过来的两兄弟栽种孳生的，表哥姓王，家居东边槐树下，表弟姓张，家居西边槐树下，他们是最早迁移到此处的居民，至今已经 600 年了。五里沟东街姓王的多，西街姓张的多，两姓新中国成立前都设有祠堂，分别叫"德聚王堂"和"张德堂"不知与此有无关联，遗憾的是在"破四旧"年代被销毁了。到济南开商埠前，五里沟已有居民 200 多家，多住棚户，以开荒种地、种菜为生，没有地主，这在当时已经是较大的村庄了。

　　商埠开辟后，随着胶济、津浦铁路相继通车，经一路铁路货场成为炙手可热的聚宝盆，五里沟"近水楼台先得月"，得天时地利，敞开胸怀接纳了河北、聊城、济宁、泰安及章丘、肥城等地的大量"人和"，成为平民百姓实现梦想的一方乐土。20 世纪 20 年代末已有人家 1000 多户，新中国成立初期更是达到 2300 多户。街道之繁华，买卖之昌盛，人口之稠密，虽无芙蓉街店铺那般体面，但生意兴隆亦可与之媲美，并且还有五里沟人最感自豪的优势——"从出生到送终不用出五里沟"。生孩子有接生婆，治病有若瑟西医院，药铺有宏济堂，上学有杨先生、任先生私塾及张老师洋学堂；生活很方便，衣食住行要啥有啥，只要是门面就有做买卖的，多以家庭为主，兄弟档、夫妻店，其乐融融，光大小餐馆就有 20 多家。大的餐馆有创建于 1913 年的商埠头牌"泰丰楼"饭庄，能同时接待 300 多位客人，老板是徐景海，胶东地区黄县人，家住五里沟，原是北京老字号"泰丰楼"的大厨，自小便开始学烹饪，尤善烹制胶东菜，后回济南开了这家同名饭庄，大军阀张宗昌、韩复榘都曾先后在此大宴宾客。1922 年 10 月 16 日，来济南参加教学联合会议的胡适曾在这里用餐，饭后赞不绝口，而且写入日记。小饭店有黄胖子馄饨馆，老板黄胖子确实胖，缝个裤衩都要用窄布八尺，常年穿件盖脚脖灰大褂，聊城人，性格特好，见人总是笑眯眯的。另外有马家馍馍房、张家锅饼铺、张树恩马蹄烧饼店、卖油条的果子六、卖甜沫的张树森，以及卖粥的张凤刚、张凤祥兄弟。这兄弟俩都是前后挑一对大瓦缸，外面罩上棉褥子保温，啥时喝都是热的，甜沫二分，粥一分，这边一声"喝粥"，那边接句"热甜沫"，沿街叫卖，此起彼伏，很是热闹。还有卖烟酒糖茶老王家、油盐酱醋老胡家、卖蔬菜的、卖鸡蛋的、卖粮食的、卖豆腐的、卖豆腐脑的、卖针头线脑的刘货郎、弹棉花网被套的、裁缝铺、铁匠铺、商家纸铺、擀羊毛毡的王广柱、放电影的王广珍、铜盆子铜碗的、卖乐器的、撂地杂耍说评书的、开戏园子的、开澡堂子的。东街有谢家茶馆，西街有裴家茶馆，各垒一座三米长、两头上翻的"朝天灶"，灶上放十多把大铁壶，旁边一人专门"咕哒哒，咕哒哒"拉风箱，开水一分钱一暖瓶。总之整个五里沟东街西街、发祥街和槐家巷全都贯通，吃穿用度一应俱全，家里买袋面粉给粮店说一声，一会儿就给送家去，有钱付上一元，没钱挂账赊着，想买炭到煤店说一声，核桃块煤五毛钱一包，立马给你送家去，真是要多方便有多方便。

撇开繁华单说五里沟，还是应该先从地方说起，不然后生们会生疑惑：祖先为啥要把家安在"沟"里呢？不错，80 年前五里沟确实是一条天然泄洪沟，由南往北，弯弯曲曲形成一段不规则的"丁"字形，沟边是坡地、荒地、庄稼地，但决不是有人讹传的林（坟）地。济南地势南高北低，每年夏天雨后洪水从现在的小纬六路以南沟壑中一泻而下，拐个小"丁勾"顺着"下崖子"直接北流到现在的经一路南崖（沿），东西分成两股，分别流入北大湾和济南火车站下水道，然后流入小清河，平常水流较小，承载着梁庄、陈庄、太平庄等地的污水外排，属敞开式"龙须沟"。人们多散居在沟崖两边，用沟中水浇地种粮种菜，粮菜收获后也担到城里去卖，这也是先人们择水而居的习惯使然，开商埠后大伙儿都去铁路货场干活，也就逐渐无人种粮种菜了。

开商埠后，五里沟变成了一座"都市里的村庄"，大体呈方形，长宽各约 360 米，外围显然经过"局子"的规划，整体布局像"客家人"的"围屋"，庄四周都被商铺和住宅紧紧围起来，进出必须走寨门，否则插翅也难飞出。五里沟共有五座大栅栏门，每天晚上都有专人打更锁门，寂静的夜晚不时传来清脆的更梆子声，不知不觉便把人们带进了甜蜜的梦乡。东寨门在槐家巷，面对纬五路，路东街里便是老商埠最繁华的万字巷商场，每夜打更的宁大爷一家就住在东寨门里。西寨门在发祥街北口，对面是经一路铁路货场，近百年来给五里沟提供了无限商机，这里曾是老济南地排车、拉套子、扛大个、拽大胶皮的大本营，新中国成立后直接孕育了第一家集体运输联社，后来的国营济南市第一汽车运输公司。西墙外是打包厂，现在的纬六路立交桥位置，当时是济南最大的棉花和粮食仓库，1909 年创立，创办人是"阜成信"老板王协三，聊城东昌府堂邑县人士，当年叔伯兄弟三人靠推独轮车从老家往济南贩运棉花发家，五里沟许多家庭妇女都在这里打工，后被日本侵略者强占，扩建为军需粮棉库，以通敌罪名逼"复成信"关门。1948 年 9 月济南解放后，曾遭国民党飞机野蛮轰炸，五里沟有多人被炸死炸伤。南寨门也叫"下崖子"，是进出五里沟的主要门户，寨门建在经二路路沿上。三十年前，经二路曾经是引领济南时尚潮流的繁华商业街，堪比今天的泉城路。南寨门两边也是店铺林立，东边是"宏济堂"中药店、马家照相馆、德兴斋熟肉店、对面是一间楼百货店、黄胖子馄饨馆；寨门西边是天宝银楼，老板王希三，隔壁是和平茶叶店、贾家洋铁壶，对面是文华文具店，南寨门两旁各有一座半米多高的水泥台，中间有插木板的沟槽，是为了阻挡洪水进街专设的挡水板，雨季有专人守护；北寨门也叫阁子门，是一间拱券式二层楼，西邻是德国人 1928 年开的若瑟医院，就是今天的济南市立二院，里面多是穿白黑两色服装的修女，阁子门对面也是经一路货场，往东百米便是长年锁着的北水门，主要是雨季观察洪水用的。

五里沟东街 28 号门楼　牛国栋/摄

126

　　五里沟虽然低洼，比经二路矮了近两米，但因比经一路又高了近半米，所以雨后也很容易把水排出。自从把泄洪沟改为地下后，街道中间全是大青石板铺路，两边是碎牙石，整条街道被川流不息的人群踩踏得光滑青亮，显得非常干净。每天晚上都有人轮流义务执勤巡逻，见了生人往往问一句："哪里的？"对方回答："抓（庄）里的。""在哪住？""下崖子。"甭问，这准是五里沟的老户。沿着下崖子前行，街口有座莲花寺，是五里沟六座庙宇中香火最旺的，里面多是尼姑，有人也叫它姑子庵，每天很多善男信女在这里做法事、求保佑、还宿愿，不少有钱人家还在这里寄存棺椁。莲花寺对面是土地庙，庄里谁家死了人都要来庙里送浆水（送饭），每日三趟，直到出殡，不远处就是老韩家棺材铺和老周家棺材铺。

　　商埠开辟后，五里沟俨然成了一个小商业区，随着东街两旁黄凤岭膏店、黄酒馆、桑春荣百货店、谢家茶馆、王焕文兄弟百货店等商号日益繁荣。1935年春天，街上绅士张子家（字九龄）、保长王协臣、老铁路赵文风等人给民国政府呈文"速修水沟以弭水患"后，经商埠总局筹资，居民自愿捐款，把明沟改为暗渠，上铺青石板为路，宽约3米，形成贯通经一路至经二路的庄内通道，人们走在光滑的青石板上，可以清晰地听到暗渠内哗哗的流水声，此事曾在1936年出版的《华北新闻》和《市政月刊》报道。新中国成立后，人民政府又进行过多次综合改造整治，但终因该处地势涝洼，未能彻底解决大雨后居民家中灌水的难题。直到2010年5月，发祥巷小区整体开发竣工，才彻底解决了这个困扰五里沟100多年的难题，老百姓告别了狭小潮湿兼拥挤的蜗居，全部住进了美观舒适大气的高楼大厦。

　　过去五里沟东街干买卖的人多，西街拉地排、蹬三轮、扛大个的人多，十几岁的孩子基本上都有拉套子的经历；发祥街多是拽大胶皮的穷苦人家，唯一的"大户"是街北口的发祥马车栈，发祥街街名就是依据它喊起来的。槐家巷也是开店的多，著名的泰丰楼就开在街口现在的铁路公安处位置，还有卫生园饭馆、庆商大戏院、中华大戏院、杏林池洗澡堂等。据老人们回忆，20世纪初槐家巷这地方还是一片土岗，移民在土岗上栽槐树，有"种下大槐树，记住回家路"的意思，形成了一片槐树林。开商埠后，这里逐渐拓展成一条街巷，槐树林消失了，只留下街口几棵大槐树，人们索性把这里叫成了槐家巷。

五里沟人口稠密，街巷狭窄，门挨门、户挨户，大院套小院，院子里面还有院，左脚踏入自家门，右脚跨进邻居院，一个院住几十户人家，低头不见抬头见，茅房建在大街上。街坊邻居来自四面八方，但人际关系和睦融洽，不管穷人富人，大家见面都很和气，没有富人看不起穷人的现象，更无仗势欺人的事发生。人们出门在外家中鲜有上锁的，顶多给邻居打声招呼——"给望下门"。到了夏天家里热，街上的孩子们便铺个破凉席，一排一溜，在家门口路边上睡。妇女们多坐在大门过道里乘凉，过道大约七八平，房顶灰瓦间长满了青草，有石凳、有门槛。东街、西街大槐树下是男人们的露天大客厅，人人手里拿把大蒲扇，在那里听说书人谈古论今，甩扑克，下象棋，悠哉乐哉。但也有不悠哉乐哉的时候，那就是下雨天，个个提心吊胆，争先恐后往家跑，生怕洪水灌进自家的床沿。但孩子们不怕，甚至有些盼下雨，拿把小花伞在满水的街道上游来逛去，踩起朵朵水花，十分开心。

五里沟的头面人物也有几位，如绅士张子家，据说在"亨得利"有股份，是五里沟红白喜事必请的人物；季家大院老板季元春，人称"季四爷"，他是五里沟最大的买卖人，在万字巷东边开了一家泰和祥点心铺，门面朝经二路，前店后厂一排二层楼，此楼现仍在；保长王协臣，日本人统治时期五里沟升为坊，类似现在的社区办事处，管理着周围七八个街里，他是坊长，国民党时期升为六区区长，开天宝银楼的王希三是他哥；1945年任保长的王焕文，他儿子王增福老人今年95岁了，身体还很健康，脑子也十分清楚，是黄埔军校第十七期炮科学员，如今是五里沟最年长的长辈了。五里沟还有两个人物也很有名，一个叫张金堂，绰号张大鼻子，是铁路货场的总把头，开了一家伙计运输公司，手下好几个二把头、三把头，铁路局货场的活都由他掌控；另一个叫张冠甲，是"地面"上的人物，拜在济南青红帮老大聂鸿昌门下，每到年节便把周围富商"请"到茶楼，刀往桌上一插，伙计们便负责收保护费。平常无事常拎个鸟笼子在中山公园遛鸟，人长得高大体面，或西装革履，或长袍马褂，经常外出，黄包车接送。平时见了街坊也是十分客气，一进槐家巷口便让车夫停车，摘眼镜，下礼帽，步行进街里，看不出他是吃"地面"的人，直到新中国成立后才溜回老家历城县卧龙庄，后因乡邻揭发被历城县公安局逮捕，死在狱中。

岁月悠悠，情也悠悠，半个世纪弹指一挥间，五里沟街道上光滑的青石板，林立的商店铺，熙熙攘攘的人流，"喝粥""喝热甜沫"的叫卖声，背筐挑担、推小车卖蒜的吆喝声，都随着城市的发展慢慢消失了。如今，五里沟的老人们坐在发祥巷的树荫下，仍然津津乐道回忆"五里沟、下崖子，没个好孩子"的打工经历，回忆十几岁就帮父亲拉套子的艰辛。但是，年青一代不以为然——"老街有啥好？街道狭窄，人群拥挤，屋漏偏遭连阴雨、每逢暴雨就倒灌的蜗居，大清早排队上公厕，一排半裸体蹲坑，另一排等待憋得难受的尴尬……"

五里沟现在更名为"发祥巷"，老人们有留恋，有怀旧情结，但年轻人认为发祥巷名字起得好。发，发家致富谁不开心？祥，团结祥和谁不高兴？巷，浪漫诗情的雨巷谁不乐意？不比沟沟坎坎强多了？是啊，未来世界是年轻人的世界，我们尊重他们的选择有何不可？

# 三里庄：商埠唯一用"庄"命名的街道

黄鸿河

　　说到睦和苑，老济南大概鲜有人知，但说到三里庄，那就大名鼎鼎了，这是一个很乡土气的街名，也是百年商埠唯一用"庄"命名的街道。它地处市中区，是当年开辟商埠保留下来的三个村庄之一，另外两个是五里沟和北大槐树。三里庄目睹了商埠开发的百年沧桑，直到今天，它似乎仍在提醒着都市中的人们：当年这里可是荒芜的乡村啊。

　　100年前，三里庄还是孤立在旷野间的一处不知名的小村庄，是典型的穷乡僻壤。这里原是一片义地，距安徽义地不远，说白了就是一片野草丛生、沟壑纵横的荒坡地。清光绪三十年（1904）济南首开中国人自主商埠，以期"中外咸受益"，一扫过去外国列强摁着我们"大清国"脖子开埠通商的窘境，这是一件非常了不起的事件，这一年也是胶济铁路开通的日子。说来应该感谢直隶总督袁世凯和山东巡抚周馥，正是这两位，在济南老城外开辟了一座新城，堪称中国近代史上的一个神话。根据光绪三十一年获准的商埠区规划，"拟就济南西关外胶济铁路迤南，东起十王殿，西至北大槐树，南沿长清大道，北以铁路为限，计东西不足五里，南北约可二里，共地四千余亩，作为华洋公共通商之埠。"城市区域随之扩大，工商业也有了长足发展，特别是1911年津浦铁路开通，济南更是成为南北交通的枢纽，以济南火车站为基础，修建了铁路运输、银行、工厂、商业、学校、宗教等建筑，济南城市规模和人口数量几年间翻了一番，并且明确规划出经纬道路交通，为济南市的建设和发展打下了基础。开商埠后，三里庄周围相继规划建设了砂石路，原来的地窝、棚户也逐渐被新建筑取代，因为商埠区有明确规定："只能建砖瓦房，不允许盖土坯屋。"当年商埠划分街道，多采用里分或经纬街巷命名，1里25户或50户不等。那么，为什么出现了一个三里庄呢？

其实，三里庄比商埠还要早些，据上几辈就住三里庄的老人讲：这里没有世代农耕之户，都是来自四面八方的混穷人，早来的都是择高地而居，挖地窝子、掏水窝子、刨土窝子。"三窝子"是啥意思呢？地窝子就是挖个一米多深有坡度的坑，上面罩上三角形或弯弓形草帘子，白天在地上活动，晚上钻地窝子睡觉；掏水窝子就是在泄洪沟边挖深坑蓄水，春旱时饮用浇地；刨土窝子自然是开荒种地了。义地本无啥好地，沃土谁会让穷苦人随意耕耘呢？早期来的穷人们日出而作、日落而息，当然也就没有什么村名的概念了。

那么，三里庄的村名是怎么得来的呢？据有些书刊资料解释：因三里庄距济南老城三里路，所以取名三里庄，答案如此。那么距老城哪里三里路呢？有人说是西门，也有人说是省巡抚衙门，即今珍珠泉大院。事实果真如此吗？答案是否定的，因为济南开埠以前，从泺源门（西门）出城只有一条连接城乡的交通要道，路线是走估衣市街、筐市街、花店街、制锦市、迎仙桥街，过西围子壕上的永镇门，穿过馆驿街后由官道出行，此线路三里庄距西门不下七里路，即便直线翻壕沟也要四里路，更别说到省巡抚衙门了。普利门和麟祥门是开埠后才有的，杆石桥上的永绥门20世纪30年代才开始有人走动。所以说，因到城里三里路而得庄名的说法不能成立。

那么，三里庄的名字是怎么来的呢？据三里庄的徐志国老人讲，三里庄的来历与胶济铁路有关。

1899年8月25日，胶济铁路开始动工，工程分六个标段，青岛、济南两地同时开工。济南火车站最早设在五里沟北边斜对面，后来改做了货场，现在叫"群盛华城"小区。胶济铁路动工需要大批劳动力，这就为三里庄人提供了就业机会，三里庄距火车站正好是三里路，因此就顺理成章地叫成了三里庄。但是，最早的三里庄分别叫东三里庄和西三里庄，中间是条浅泄洪沟，两个小庄加起来有百十户人家，散住在两边的坡地上。开商埠后，三里庄外来人口骤增，很多人把这里当成安身之地，三里庄的面积因此变得越来越大，住户也越来越集中，具体面积南到经六路，北到经四路，东到纬三路，纵跨纬四路，横截经五路，西到小纬四路两边。甚至到了20世纪70年代，中山公园以南老百姓还统称三里庄，中山公园以北统称五里沟了。

三里庄新中国成立前后的发展当然与商埠开发分不开，与胶济、津浦铁路的建设及两大火车站东移合并分不开，与经二纬四路商业圈的发达分不开。到1992年三里庄地区拆迁前，这里住户已达5000多户，名副其实的成为济南市最大的村庄之一。

三里庄　牛国栋/摄

其次，三里庄三条南北向主街如同一个"川"字，靠近火车站，敞开式的街道很吸引人脉，三里庄人的豁达包融，吸纳而不排外的风度是迅速凝聚人脉的重要原因。20世纪30年代后，有人开始在这里投资建厂，三里庄东街创办的"惠丰面粉有限公司"，采用机器磨面，颇受老百姓欢迎，买卖发展到占了半条东街，老板是穆伯仁。还有生产机制砖瓦的"济新砖瓦公司"，老板是郑兰台，他机会抓得不错，瞅准了周围一带正大兴土木，据说小纬二路、经七路一带开发的宅院，红砖灰瓦都是用他家生产的。

还有一个客观原因，据老人们说，三里庄和五里沟的居民早年间同在铁路货场干活，难免发生摩擦，五里沟人比较团结，又靠货场近，所以吵闹起来往往三里庄人吃亏。20世纪30年代初，一件偶然的小事促进了三里庄人的团结：三里庄一商贩去五里沟卖西瓜，与买瓜人发生矛盾，被五里沟"地面"上人物张冠甲碰上了，过去济南有句老话"城里张冠甲，城外王宗法。在帮不在帮，得问聂鸿昌。"此三人是济南地界青帮大佬，张、王二人是聂的徒弟，曾去上海拜会青帮老大之一的张啸林，城里城外无人敢惹。正巧张冠甲从中山公园遛鸟回来，问明情况，把一担西瓜全部踩碎，撂下一句话："有本事就来五里沟找我张冠甲。"商贩回去后同亲朋好友诉说此事，大伙儿也是敢怒而不敢言，但这事却刺激大家知道了团结的重要性，后来大伙有事都愿齐心协力，住户也愿意往一起聚，东、西三里庄逐渐聚成了今天的三里庄，后来又有了三里庄西街、中街和东街。那时候两地年轻人经常干架，三里庄说五里沟是"五里沟、下崖子，没有一个好孩子"，五里沟攻击三里庄是"一进三里庄，心里就发慌，不是弹弓打，就是棍子夯。"直到20世纪70年代，大人们早已平安无事了，两边的半大孩子见了面还要"武行"一番。改革开放后，社会发展让人们变得越来越文明，生活越来越好，人们的精力多用在了学习和工作上，半大孩子们也没心思再打群架了。

1992年前的三里庄，东西两条街直通经二路纬四路和济南火车站，中街横向衔接两街，把经五路拦腰截断，中间穿插有数条胡同，交通十分方便。西街做买卖的很多，户户相连，店铺作坊一家挨一家，一直延续到纬四路"金银地"和火车站，衣食住行，商品百货，吃喝玩乐，接生婆婆幼儿园，一应俱全，从西街南头 1 号付家赁小人书开始，董家便衣铺、李明华中山装店、李洪堂西装店等，做各式衣服的铺面就有七家，再有老崔家甜沫、周家果子（油条）粥、王爪子锅饼铺、周家煎饼、老于家"酸酸的、辣辣的、麻汁大大的"面馆、肉店、酱菜店、烟酒糖茶店，光煤炭店就有四家。三里庄是老商埠最早用上自来水管的地方，"水楼子"就建在庄南头不远的高地上，宋大娘、杨大爷是两个水管的卖水人，一分钱一担。中街下大力扛大个的多，蹬三轮、拉地排的多，铁路局、邮电局的多，砸石子糊洋火盒的多。中街也有几家铺子，有"合适干"剃头匠、老李家麻线铺、唱戏的家庭剧社，靠北头是棺材铺。1963 年，人民政府开始为经五路铺沥青路面，道路两边栽法桐树，铺路用的石子就是三里庄人砸的。

三里庄东街原有六座德国洋房，过去东街上名人老板较多。如大观园内大北照相馆张老板和儿子张增冠，张老板原是济南市第一家"皇宫"照相馆的伙计，学成手艺后省吃俭用在大观园里开了这家能排济南府第二的照相馆，发财后在三里庄买了最气派的四合院。惠丰面粉公司老板穆伯仁，全国摔跤冠军、绰号"勾子王"谭树森，20 世纪 60 年代在全国第一个拉起"十字"架的体操冠军张文石、张文东兄弟等都住在东街上。济南最早说相声的来福如，天津人，1926 年就来到济南，也住在三里庄东街上，同谭树森家离得很近。1930 年大观园开业，来福如天天在那里撂地画锅，既说相声也说数来宝，全家一块演。他大女儿叫来小如，相声说得溜，人送外号"假小子"，喜欢穿西装，梳个飞机头，很新潮，很招观众喜欢。来小如是济南地上最早的女说相声的，那时候还没有人称呼他们是演员。

由于三里庄属南部山区缓坡带，比经七路低两米多，比经十路低接近五米，每年夏天都有洪水下泻，街道低洼本就是泄洪沟改造而成，所以每到雨季，街道上半米多高的洪水直泄纬四路，街上家家户户青石台门槛子都有半米多高，遇到大雨还要把大门"提搭"插上挡水。每到下雨天，兴高采烈的是孩子们，坐个木盆在水中划"船"，多数孩子则是拿竹筐在洪水中捞菜，从经十路、经七路冲下来的黄瓜、茄子、西红柿，半小时能捞一竹筐，捞一次能吃好几天。

　　或许应了那句老话——"盛极而衰"，今天的三里庄已经失去了往日的热闹，甚至有些默默无闻了。这种变化要从 1992 年三里庄拆迁改造说起，这一年也是百年商埠走下坡路的日子，三里庄的兴衰同百年商埠荣辱与共。老济南们素称经二纬四路是金银地，他们疑问"纬四路金银地为什么萧条"？金银地上的百货一零、万紫巷、亨达利钟表、泰康食品、瑞蚨祥绸布店、祥云寿百货店，哪个不是名震齐鲁，为何一夜间销声匿迹？三里庄老人们是这样回答的："是因为拆了我们三里庄这座财神庙啊。""拆了财神庙，挡了财神道。断了纬四路，毁了老商埠。"当然，这话中带着调侃、带着惋惜、带着无奈。"断了纬四路"是指建在经四经五路中间的济南工商银行，截断了纬四路，挡住了三里庄东西两条直通金银地到火车站的街。原来三里庄 5000 多户人家，拆迁搬走了 3700 多户，地界面积比旺盛时缩小了五分之四，原来济南南部的人群通过三里庄，直接去纬四路购物很方便，街上从早到晚，直到纬四路和火车站，每天都是人头攒动，川流不息。

# 四里村村名的由来

黄鸿河

山北地南皆弟兄，八不贴里情意浓。

民风淳朴互谦让，街坊邻居穷帮穷。

　　上面这首小诗是写四里村的。四里村是我小时候读书成长的地方，看网上介绍济南老街巷，说四里村是因为靠近四里山而得名，而且许多文章报刊也是以此版本转述。其实，这是望文生义、以讹传讹，真正四里村的来历是这样的：

　　20世纪30年代初,现在的四里村还是大军阀张宗昌主政山东时开辟新商埠废弃的一片旧窑坑，除了村西位置上有一块西关回族的公墓，地势较高也比较平坦外，到处都是一片荒芜乱岗。当时住着三四户看坟地兼做佃户的人家，最早有济宁逃难来的李大臭、李二臭兄弟，历城县南高尔村随母亲要饭来的王同和王同礼兄弟，以及北高尔的堂兄王振才，还有回民杨建功一家等。1931年春天，我同学的父亲，13岁的邱家奎也从嘉祥县老家投奔到姑父李大臭这里，帮忙看林种地，地主是西关里的回民马道成，另一位地主姓金，名叫金树鑫，也是家住西关。此时，四里村有个名字叫"小庄"，而真正的四里村并不在此处。

　　真正的四里村在哪里呢？在现在的经七纬二路口西南角，山东农业银行大厦附近，有二十几户人家，是自然形成的村落，多是从柳埠、西营、仲宫讨饭出来的佃户，也是租马道成、金树鑫的地种庄稼，因此处距济南老城西门大约四里路，马道成、金树鑫等人商量起了个名字叫"四里村"。

1937年7月7日日本鬼子侵略中国，20世纪40年代初日本人为了镇压抗日民众，在山东农业银行的后身原小纬二路附近设了一座大哨卡，在经七路小纬二路中间路西设了一特务机关，并拉上了铁丝网，佃户们外出种地，去六里山打石头跑运输都要走哨卡，每次进出必须给日本人鞠躬，弄不好还要被日本人搜身打骂。佃户们气不过，为了避免遭受日本人的凌辱和欺负，便陆续迁到西关回族公墓的南边和西边，挖地屋子聚住。所谓"地屋子"，就是在地上挖一个坑，上面弓形罩上草帘子用来避风挡雨。比较早搬过来的有市中区武装部原部长刘家祥的父亲刘永庆，刘家原籍历城县扳倒井村，有七个儿子一个女儿，刘家祥是最小的儿子，今年也已经84岁高龄，身体仍比较健康。随后佃户们大都迁了过去，有人便提议还是用原来的村名叫四里村吧，因地处原址的南边就叫南四里村了，因为叫的人多，所以后来小庄的名字基本上就无人再提了。而原来的四里村就变成了北四里村。因原四里村搬迁后基本无人了，剩下的几户也移到了路南新安菜市场街，该街20世纪80年代也已拆迁，所以后来就逐渐被人们淡忘了，而现在的四里村，直到20世纪80年代初门牌地址上还是写着"市中区南四里村某某号"。

新中国成立前，四里村的村民来自四面八方，可以说都是穷人中的穷人。新中国成立后四里村中间建起了英雄山派出所、粮店和副食品店、菜市场，建起了济南市英雄山小学。20世纪60年代末，小学操场东边上还有两座建得很规矩的坟墓，这些地方解放前则是西关里回族公墓，周围遍布废弃的砖窑坑，没有一条像样的路可走。后因村西边，就是现在的机床一厂宿舍、济南十四中学、原济南水泵厂、济南木器一厂等处地址上因建起了玉丰、玉记、大兴和永和等四家窑厂而变得兴旺起来。玉丰、玉记窑厂的老板姓冯，馆驿街人，是个高个大胖子，体重300来斤，拉黄包车的都不愿意拉他，嫌他太胖，坐车也不多给钱。大兴窑厂的老板姓董，永和窑厂老板是王月进，日伪时期当过几年保长，济南解放前夕逃到了青岛，后来就不知所终了。这几家窑厂解放后进行了公私合营，是后来成立的济南砖瓦一厂和济南石料厂的前身之一。

因窑厂兴旺窑工增多，也带动了其他产业。西关回民葛长玉等人就在四里村建起了几处大杂院，盖的都是草坯屋，伸手能够着屋顶，每院八九户人家，一间屋十几平方米，每月房租是 6 斤小米。房东葛长玉瘦高个，大鼻子，每月来收房租都是穿着笔挺的西装，头戴礼帽，戴金丝边眼镜，手里拿一根文明棍，坐黄包车，人很和气，他有一个习惯性动作，就是到了谁家门口都是用文明棍画一个圈，嘴里说一句："准备好了吗？6 斤小米。"再一个是西关赶马车的车老板陈稳当，好武功，爱摔跤，常穿一件敞领白汗衫，黑灯笼裤，圆口布鞋，上马车从不扶辕，而是两腿一抬往上蹦，人很仗义，爱打抱不平，因不满日本人的凌辱也搬到了四里村。邱家奎、刘家连、王振才等人都是租他的马车跑运输，把六里山的石头，信义庄南窑的石灰，玉丰、大兴窑厂的砖瓦送往老城里南门和大观园、纬四路等处。

原四里村村民主要由四部分组成：一部分是最早的佃户，大部分是从北四里村迁来，多来自南部山区泰安、柳埠、仲宫、西营一带，解放后加入了英雄山农业合作社；一部分是烧砖瓦的窑工，多来自黄河西的东阿、齐河、焦庙、聊城一带，解放后进了石料厂和瓦砖窑厂；一部分是赶马车、拉黄包车的，有些是佃户们的后代，解放后进了信义庄第五运输合作社，就是后来的济南市运输公司；还有一部分则比较复杂，多是白天开小铺摆小摊，晚上兼做"暗门子"，青黄不接时外出要饭，这样的人家也有十几户，多住在村东边泄洪沟沿上，就是现在的八一银座商城前面。1948 年济南解放时，又从太平庄等处迁来十来户人家，有曹思明、曹金玉父子，刘姜氏、刘汝金母子等，此时四里村已有村民近百户，到 1998 年第一次拆迁前村民已达 700 多户。第一批拆迁 200 多户都搬到了郎茂山小区北区；第二批拆迁 200 多户搬到了玉函小区北区；剩下的住户前不久也已全部搬迁完毕，但值得高兴的是他们回迁，这样便可以保留住老四里村的一部分血脉。

四里村人特别重视邻里关系，老人们常说这样几句话："越是经历过艰难困苦的人，越懂得体贴、友善、帮助他人。"四里村虽然是一个村民之间没有血缘没有渊源的八不贴村，但大家住在一起几十年都是互相关照，互相谦让，绝不为争利而相惩，这或许是因为穷人更能体会到帮助人和被人帮所得到的感恩和快乐，我想这应该同他们的艰苦经历有关。如今，即便是因为拆迁而使街坊们居住距离远了，但50岁以上的老人们逢年过节还是要挨家挨户拜拜年，或让儿女去看看对方的老人，谁家有红白喜事，大家还要聚到一起见见面，诉说一下彼此的牵挂。如果说到民风，这是四里村人最认可延续和传承的民风。

前几天我又一次漫步在四里村，这个我小时候每天都要走过的地方。英雄山小学及周围所有房屋都已夷为平地，不久的将来，这里将飞起一片高楼大厦。我突然想起经十路沿线三个老村庄——王家庄、信义庄和四里村，解放前原是一个联保。新中国成立后，随着城市的大发展，过去的村庄已逐渐被迅猛拓展的城市所吞没。30年前建山东省体育中心，王家庄已经彻底被埋在了体育中心脚下，20年前信义庄实施旧村改造，原来的村庄也已面目全非，而今天的四里村呢？我猛抬头，突然看到了我小时候就熟悉的那几株老梧桐树，这是几株几十年甚至上百年的大树，最大的那棵梧桐树树冠占地近半亩，它们在炎炎烈日下仍然顽强地活着，倔强地挺着身昂着头，似乎在告诉人们我才是这里的主人。此刻，我真诚希望能把这几株大树留下，作为老四里村存在的一个见证，让斑驳满身的老树记录起历史长河中走过的一段时光。

# 信义庄的来历

黄鸿河

六窑八井一面坡，西街东街有传说。

核桃院栽百年树，李家花园茉莉多。

马车社里忆驿站，将军楼前柳杨波。

信守承诺传乡邻，义气重情代代接。

上面这八句诗是描写信义庄的。信义庄坐落在四里山脚下，位置在经十路以南，英雄山路以东。作为生于斯长于斯的信义庄人，面对已经变得同我小时候完全不一样的街道，忽发奇想：信义庄是怎么来的呢？

新中国成立初期，在党和人民政府组织下，信义庄周边开垦荒地种植小麦和玉米，马鞍山路两边则分别栽种了大片桃、梨、苹果和核桃林。春天里果花盛开，从山上往下看宛如一片彩云，空气中弥漫着阵阵清香，仿佛置身仙境，令人心旷神怡。但在旧社会，信义庄以及现在的英雄山文化市场区域还是一片乱岗林地。当时，济南城里有位名叫王洪的绅士发善心买下了这块地方，供穷人免费做坟地用，这里被人们称作"王洪义林"。后因义林屡遭盗墓，他便雇了商凤联一家在山脚下看林地。商凤联是历城县邵尔人，挑一对破箩筐进的济南城，商家养有七个儿子，一贫如洗，先是住地窝子，后在山脚下盖起了几间土坯茅草房，因此商家是第一户在此居住的人家。

信义庄地处南部山区进城的必经之路，随后又陆续迁来几户人家。有从城里茅家祠堂迁来的茅彤基、茅振华父子，他家开了一间"茅家小铺"，供进出城的人们歇脚打尖；从大涧沟村迁来的段良友夫妇，他同茅振华是姑表兄弟；从杆石桥里迁来的回民张金奎、张挺山父子，张金奎在回民中辈分高，尊称张四爷，他家建了一家养牛场，位置在信义庄西街西边到八一立桥东边，当时是块野地；从德州平原县迁来，新中国成立后被定为逃亡地主的郭宇宽、郭振东父子一家；还有开粉坊的高德亮，历城县孙村人，高大爷是一位手艺非常高超的石匠，1964年四里山改名英雄山，在建革命烈士纪念塔时，他是主要石匠师傅并主持垒砌纪念塔塔身；还有在街东头开大粪场的刘胜三，在街南头开窑厂的潘长龙、王胜俊，从陈庄迁来赶马车跑运输的刘道典，再加上在邮电局干邮差的李树来，他们形成信义庄最初的几户人家，但此时信义庄还没有村名。

1945年抗日战争胜利后，国民党为日伪时期在邮电局工作的部分老职工发一笔补偿金，每人两个金元宝，我大爷黄圣祥、同事申德义和申俊卿兄弟、张庆和、侯宗周等人用这些金元宝相继在此置地买房，并请来老济南有名的瓦匠头马凤喜规划建设。从此，原本住的四分五裂的散户逐渐拢到了一起，有了村庄的模样。1946年夏天，家住自由大街的王玉瑞，邻庄四里村的保长王月进以及段良友等人在"茅家小铺"喝茶，大家闲聊时说起应该给村庄起个名字，于是茅振华提议请有文化的王玉瑞来起名。王玉瑞想了想说："这地方背靠四里山，是块风水宝地，你们又齐心协力建起了这个村庄，以后老少爷们更要团结互助，讲诚信，守道义，就叫信义庄吧。"大伙一听齐声叫好，信义庄的名字就这样定了下来。

信义庄主要分四块：信义庄西街、东街、北沟崖和南窑。信义庄有四个院落最有名：一个是街南头的核桃大院，因院中间有一棵百年核桃树而闻名；一个是街北头的马车社，院中有三口水井，过去是个车马店，供赶马车跑运输的车老板们饮马歇脚的地方；再一个是街中间的李家花园，以养茉莉花、月季花出名；最有名的是街东面的三座将军楼，住着三位将军，其中有济南军区副政委熊作芳中将、海军政委李耀文少将。新中国成立后，老信义庄人大体分为三部分：一是过去开荒种地的参加了农业社；二是过去干邮电局、铁路局的成为工人阶级，携家变成了城市户口；三是过去赶马车的，男人们进了济南运输公司，老婆孩子仍然在家种地，成了亦工亦农家庭，被戏称为"工农联盟"。

虽然时过境迁，信义庄已由最初的几户人家变成如今的六百多户，共有两条街十二条胡同，再加北沟崖和南窑组成，但儿时的记忆仍然深深地印刻在脑海中，街坊邻居的音容笑貌仍然时时传递到耳边，如瘦小精干，头戴瓜皮帽，脚穿棉靰鞡，留撮山羊胡的商凤联爷爷；鹤发童颜，五缕长髯飘胸前的刘胜三爷爷；牵着两只奶羊奔走在杆石桥里的张四爷，到现在也清晰地记得他老人家冬天背靠南墙，晒着太阳，讲从前的故事；印象最深的是我们家邻居段良友大爷，段大爷长得胖大魁梧，紫红面膛，两眼像一对铜铃，像极了电影《闪闪的红星》里的胡汉三，他总爱摇一把大蒲扇，见熟人就是两句话："走，家里喝茶去，吃了饭再走。"但我最熟悉的当数街对面的茅振华大爷，他说话幽默风趣，神采飞扬，是信义庄红白喜事的当家酒陪，两斤高粱酒下肚，绝不耽误第二天一早拉地排车，我小时候看过他在喜宴上陪酒，那拳划得神出鬼没，喊声能传半条街："螃蟹一，爪八个，两头尖尖这么大的个，三月三，六连关，七到巧来八洞仙。"女方是从北园请来的喝酒高手，几杯酒下肚后，自报家门外号"酒坛子"，茅大爷马上接了一句"咱俩是哥俩好，人家都叫我酒漏子"。见对方没有反应过来，便幽默地解释道："你酒坛子的酒往我这酒漏子里倒就行。"说得席上席下都大笑起来……

如今我文中提到的老人们都已作古，但我提笔时他们仍然历历在目，仍然鲜活地出现在我的眼前，仿佛在嘱咐我，一定要把信义庄的来历告诉大伙，不然孩子们都快忘光了……信义庄的来历其实很平淡，但这种平淡中却传承着千百年来中华文明讲求团结互助、诚信守义的人文底蕴，而这正是当前社会需要继承和发扬光大的。

# 群贤里的市井百态

### 黄鸿河

　　群贤里是经七路上最早的里分，也是最大的里分，地处经六路以南、经七路以北、纬五路以西、小纬六路以东。这里有民国时期济南开辟新商埠后最密集的里分群，从西往东分别是群贤里、纯德里、泰和里、进德里、振兴园、三思里，北面有春元里、晋阳里、蕴德里、历然里，路南有隆新里、德邻里、中心里、余庆里等，里分群中曾有两处幽静的小院，分别住过原山东省委第一书记白如冰，济南市委第一书记杨毅。群贤里街口是经七路，25年前，这里曾经有和今天历城区花园路相媲美的繁华闹市，只不过这一商贾云集、车水马龙的商埠因经七路拓宽和里分群的拆迁消失了，曾经非常繁华的街巷也已变成难以忘记的回忆。取而代之的是开发了十几栋面目相似，街道拥挤，一开始就不年轻的筒子楼。

　　里分，南方人叫里弄，北方人叫胡同，这种建筑形式古已有之，名词最早出现在元代，是蒙语"水井"的谐音。这种里分（胡同）一般在巷口都有一眼水井，民国时期达到鼎盛，40年前的济南还比比皆是。它是一种门户相对，院落独立，充分利用空间，或自住或杂居的多功能民用住宅。

　　20世纪初，群贤里一带还是一片荒草野坡，有少数外乡逃难的百姓在此搭建窝棚，南面太平庄周围是庄稼地，种的多是高粱和谷子，东面是安徽义林，因为坟地年久失修，到了晚上常有鬼火闪烁，其实是遗骸裸露日久生磷产生的荧光，非常吓人。1904年，直隶总督袁世凯会同山东巡抚周馥联名奏请清政府批准，在济南、周村开辟商埠，鼓励外国人和有实力的中国人在商埠租地搞建设，租期为 60 年。要求起点较高，规定只允许建砖瓦房不允许建土坯屋。此时的经七路是通往长清、泰安等地的官道。所谓"官道"也就是不足 8 米宽的土路，路两边是浅水沟，并行两驾马车而已。

民国十九年（1930）后，随着大观园、西市场蓬勃发展，群贤里在这种环境中首先开建，投资者据说是当时开元升货栈的老板兼"房牙子"李延文，东西方向建了第一条里分，共 6 处四合院。当时也不叫群贤里，因为里分东口有一眼水井，因此最早叫井里分，开始是租赁，后来老济南颇有名气的通利东信托贸易公司老板张谨祥在这里买下了第一套宅院，他侄子兼合伙人买下了对面第二套宅院。张谨祥是河北省安国县人，做物流托运生意，盛时买卖做到天津、北京、保定、沈阳、上海、南京等地，儿子张启运今年已经 88 岁，说话谈吐颇有少东家遗风，现住在群贤里拆后回迁的春元里小区。20 世纪 30 年代初，从外地迁来的崔际伍在此建起了群贤里最大的一处四合院，北邻是经六路小学，就是现在的市中区实验初中。崔际武曾在外地当乡长多年，颇积累了些钱财，是群贤里最富的住户之一，其孙女崔英也回迁到春元里小区。由泰安市朱阳镇桥庄迁来的孙兆明、从长清迁来的张庆玉等人也开始在此建房。孙张二人都是济南商埠区很有名气的瓦匠兼包工头，专给大户人家盖宅院，在一次落房竣工后，孙兆明、张庆玉及李文修、房印辰等人请经六路小学教书先生给扩建的 T 形新里分起个响亮名字，先生们便借用东晋大书法家王羲之《兰亭集序》中的两句话"群贤毕至，少长咸集"取名群贤里，并把牌子钉在胡同口的西墙上。为此，住在井里分的居民不满意，双方的纠纷一直闹到新中国成立后，不让群贤里的人来井上打水，群贤里的居民又在里分中间挖了一眼水井，新中国成立后改为自来水。1932 年，群贤里同南邻太平庄一起被编入《济南市市区图》。

20 世纪 30 年代中期，孙兆明、张庆玉两人用建房余料给自己盖起了一处四合院，两人各占一半，孙兆明还在北房加盖了群贤里胡同群中唯一的两层楼，铺上了木地板。七七事变后，井里分搬进来七八户日本商人，在这里住了七年，日本宪兵队队长靖江也在这里居住，他的儿子叫闹里苟江，同张启运老人是同班同学，如果活着也应该88岁左右，1945年日本鬼子投降后他们才一起搬走回国。

说起群贤里的老户，孙兆明是最著名的人物，老人们形容他：每天青裤、白褂、黑鞋、白袜，德国老飞鹰（自行车）裆里跨。说他是韩复榘时候吃香，日本人时候吃香，国民党时候还吃香，但共产党来了就喝辣（作蜡）了，只能又重新干起了老本行泥瓦匠。群贤里还有一老户名叫李全明，原籍禹城县狗留庄，身体干瘦，为人厚道，是老济南最有名望的补锅匠，仁丰纱厂的大染锅直径两米，坏了也必须得找他，现场钻锅底补，别人干不了。当年在群贤里胡同口，半个济南市的补锅匠都聚在这里补锅，共用一个焦炭炉，共化一锅生铁水，挣了份子钱大伙随便拿，剩下才是他自己的。如今会干的只有他徒弟杨奎元了，今年也已经81岁高龄。他也是群贤里的老户，"文化大革命"期间，他曾同他人在济南压铸厂共同浇铸了一座两米多高的毛泽东立体铜像，去省委报喜，据说是山东省第一座毛泽东铜像。另外还有从邹平迁来的索华美、索华帝兄弟，铭新池最老的员工王瑞琪等等，也是群贤里最早的户之一。

群贤里胡同群风风雨雨走过了60年，如今春元里小区30岁以下的年轻人，已经不知道群贤里在哪里了。老济南素有"九街十八巷七十二胡同"之说，本是指老城里，其实城外商埠区的胡同（里分）要比城里多很多。它们是老济南的脉络和触角，感受着岁月的沧桑，承载着时代的变迁和人世间的悲欢，它们记录着城市的发展，同时也被发展的城市所淹没，但它永远珍藏着人们难以忘怀的回忆和梦想。在此我想说一句话：地名镌刻着历史的烙印，散发着几代甚至十几代人的体香，我们要备加珍惜，不要轻易放弃。

# 式燕番菜馆，当年西餐业中的翘楚

雍　坚

　　"西餐馆则以式燕为最老，地方宽敞，应酬周到，各机关中人请客多利用之，惜其价格较各处为贵。"——上述记载见于民国十六年（1927）出版的《济南快览》（周传铭著）一书。该书共列有当时济南的西餐馆6家，其中"式燕"居首位，所在地为"萃卖场"，电话为"888"。萃卖场位于经三路小纬六路，主体建筑为一临街二层楼房。与万紫巷、新市场、西市场一样，是济南商埠有名的商场式市场之一。清宣统元年（1909），萃卖场建成开业，名称含义为"百货荟萃"。

　　作为济南西餐业中的著名老字号，在今天能查到的民国文献中，对"式燕"有数次记载，其名称有"式燕番馆""式燕番菜馆""式燕饭店""式燕饭庄"等。如民国八年（1919）《济南指南（修订版）》（叶春墀著）一书记载："西菜馆每客价目有三元、二元、一元五角、一元各种，但酒价在外。式燕饭店：商埠萃卖场；宜宾楼：院东；海会楼：普利门外；济南饭店：商埠十王殿。"民国二十三年（1934）《济南大观》（罗腾霄著）一书记载："萃卖商场，在商埠三大马路，与中山公园毗连。百货荟萃，内有茶楼、鼓姬及占卜问卦者，式燕番菜馆亦居于此。"该书所列西餐饭店有明记德西餐部、石泰岩等8家，"式燕番馆"列第三位。民国二十九年（1940）济南日本商工会议所编著的《济南华人商工名录》一书中，"西餐业"所列餐馆有新亚、式燕、五大牧场和美士林4家，其中位于小纬六路的式燕开业于1927

年，职员 25 人，资本金 3 万元，为四家中最多；该书"饭馆业"中所列饭馆有 93 家，其中位于小纬六路的式燕饭店开业于 1918 年，职员 18 人，资本金 18000 元，也是最多的。其余 92 家饭馆中，只有百花村、泰丰楼、燕喜堂三家资本金超过了 1 万元。该书对式燕（番菜馆）和式燕饭店的两处记载中，首次提到其经理人为雍少泉。

　　20 世纪 80 年代至今出版的十余种济南图书中，对式燕番菜馆均有记述。由于时过境迁，这些记述也存在一些彼此矛盾之处。如 1985 年济南市饮食服务公司编著的《济南饮食行业志》一书中，该书所附"日帝统治时期的济南饮食业"表格中，记有饭店餐馆 79 家，式燕饭庄列在第一位，营业所位于经三小纬六路 83 号，经理雍少泉，资本金 8000 元（为各饭店餐馆之最多），开业于民国七年三月，职员 19 人，组织形式为合资。该书在《解放前济南中西餐馆情况简述》一文中，主要介绍了胶济饭店、石泰岩饭店等 9 家西餐馆，其中，对式燕番菜馆的介绍为："式燕番菜馆：在经三路原萃卖场以南，是本市较大的一家西餐馆。楼上可办大型宴会，也卖零座。该饭店颇合中国人的口味，以炸大虾、煎鱼排、什锦蛋卷、牛尾汤等著名。解放后歇业。"

石泰岩饭店旧址被今天的山东宾馆所取代　牛国栋/摄

而在 1983 年《山东文史资料选辑》第十五辑中，有篇文章《济南市中西餐馆解放前后的演变状况》(作者张友鹍)，却称式燕番菜馆的经理为"李世铭"。笔者就此向居于济南的雍少泉之女雍君琦( 1926 年出生 )进行求证，据她回忆，现将式燕番菜馆的相关历史情况记述如下，以供有兴趣研究济南近代餐饮史的朋友参考——

式燕番菜馆创建于民国元年（ 1912 ），位于济南市经三路小纬六路萃卖场二楼，是由中国人在济南开设的第一家大型高档西餐饭店。此前，德国人石泰岩于 1904 年在经一路纬二路开办了济南首家西餐馆——石泰岩饭店。式燕番菜馆创立后，在相当长的时间里是济南唯一可以与石泰岩饭店分庭抗礼的西餐饭店。

式燕番菜馆最初是由十数位在青岛经商或在洋行供职的人合资创建的。清末，平度人雍少泉（ 本名雍文清，少泉是他的号 ）在青岛经商失利，意欲来济南寻找出路。当时济南刚开埠，他的一位挚友也打算来济南寻求发展，于是联袂同行。到济南后，他们感到最迫切需要解决的是，尽快找到一个合适的处所以便大家聚到一起，迅速开展工作。那时恰逢萃卖场已经建成一座三层楼房，仅一楼辟为商场，二楼、三楼都还闲置。这一地方恰好被来济急欲找房子的雍少泉和朋友看中。他们立即萌生出在此开饭店的念头，此想法得到青岛诸朋友的赞同。在西风渐兴的当时，他们决定开风气之先，建一座西餐饭店。因为，当时西餐馆在青岛已经是随处可见，且效益可观。

雍少泉的朋友当中，不乏有识之士，有的还刚刚留学归来，具有一定的新思想。一位精通诗书的朋友根据《诗经·小雅》鹿鸣篇中的诗句——"我有旨酒，嘉宾式燕以敖"，取"式燕"二字为饭店之题名，当时统称外国的饭菜为番菜，于是，拟创建的西餐饭店全名就叫"式燕番菜馆"。每人出资 100 银元，以股份制集资筹建，公推德高望重的雍少泉担任经理一职，当时他 39 岁。经过紧锣密鼓地筹备，式燕番菜馆于民国元年正式开业。

式燕番菜馆占用了萃卖场二楼的全部，正门设在小纬六路东的一个大门内，进门有一个比较宽敞的院落，锅炉房、储藏室、员工宿舍、厕所均在院中。院内还有可停放十数辆人力车的空间，夏季可在院内施茶，冬季严寒时人力车夫及贩夫等可就锅炉房取暖。二楼除账房、厨房、前台外，共划分为大小十二个房间，走廊以北为大房间，最东边两个大房间就在中山公园西侧，凭窗远眺，园中假山茅亭等尽收眼底。夏秋季公园中树木翁郁，清风送来花香草香，如置身于大自然之中。环境之优美，无与伦比。南边一排小房间更显小巧雅致，凭窗可尽赏萃卖场大广场上的耍猴等杂技表演。十二个大小房间总共可以容纳 100 余人同时就餐。店内从装饰到各种用具的摆放都经过精心设计，桌椅统一定制，整齐划一，高档的窗帘，名贵的壁画配以各色灯饰，处处显得高雅华贵。冬有暖气，夏有电扇，使客人无酷暑严寒之虑。员工共有 30 余人，都经过一定礼仪训练，统一着装，摆台者为白竹布大褂，熨烫平整，一日一换。最初的厨师是从亚细亚石油公司请来的，厨艺精湛，厨房设备以及各种用具包括刀、叉、碗、盘，均购自国外，各种罐头、洋酒、咖啡、奶油、炼乳、巧克力及烹调用料物无不是选用世界名牌。

在经营过程中，式燕番菜馆聘请的一位名叫王鹤文的大厨烹调技术之高，更是遐迩闻名。他所烹制的各种菜品，无一不是色香味俱全，如烤小鸡，首先选用半斤以内的小鸡，烤得外皮黄中透红，色调鲜艳，外脆里软，肉嫩骨酥，一刀切开，浓香扑鼻。炸大虾是通红的虾与翠绿的生菜相配，仅从感官上看就是一幅美丽的图画。加上诱人的香气，不仅可以大饱口福，也是一种美的享受。他所调制的汤，诸如鸡绒鲍鱼汤、牛尾汤、芦笋汤都是浓淡适宜，口味绝佳。烘烤的各种点心，更是别具风味，非常适合中国人的口味。每一个第一次来吃西餐的人，都会对这里留下深刻的印象。这对式燕番菜馆以后的兴旺发达起了举足轻重的作用。式燕番菜馆在七七事变前夕，经营达到鼎盛时期，当时每天晚上，店内都是座无虚席，候在店前、院内等待拉客的人力车则有数十辆。

自民国元年到民国三十七年（1948）去世，经理雍少泉一直苦心孤诣地经营着这个番菜馆。"以诚待人，取信于人"，是他一生恪守不渝的信条，也是饭馆的经营之道。对店中伙友，他一视同仁，从不以一店之主自居。每天与伙友同劳动，上座高峰前，他就站在前台迎来送往，接待顾客。他与伙友干同样的活，却从不与伙友一样分取小费。当时开饭店的不管中餐、西餐，顾客都要付小费。明文规定"小账加一"。所以每天小费的收入相当可观，生意兴旺时，尤为惊人。小费的分配不是按人平分，一般职务越高，拿得份额越大。当时店员的工资都很低，主要收入就是小费。小费一般都可达到工资的十几倍。有些有钱人一高兴，付小费时不是按规定"加一"，而是加二加三，有时甚至把零头补齐，索性给一个整数。而雍少泉本人只拿单纯的工资，从不参与小费分配。

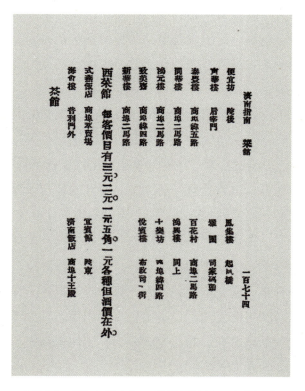

1919年《济南指南》一书最早记载了式燕饭店

值得一提的是，雍少泉经营西餐饭店几十年，从未吃过一道大菜。他一生素食，不吃肉鱼。虽然西餐中也有不少可吃的素食，但他也从不食用。他对子女的要求相当严格，不允许子女到店里来吃喝请客。他每天回家也从未把店里好吃的东西诸如点心、面包、罐头等带回家。他在店里主要的食物就是面包头。当时大面包的形状是两头尖，给客人上面包的时候，要把两头切下来，自己食用或用来做面包渣。他所吃的就是这种切下来的面包头。有时没有面包头就吃一盘炒米饭。

雍少泉对己简朴过甚，对人却慷慨有加。他对每一个伙友的家庭情况都了如指掌。每逢过年回家，凡家在农村有老人病人的员工，都会额外多给他们些钱，每遇员工家中发生了什么事，只要向他求助，他必然立即吩咐账房根据需要在他名下支取付给员工。所以在这个店里，伙友们爱店如家，把经理看作自己的长者，从来没发生过什么劳资纠纷。

20 世纪 20 年代的萃卖场，式燕番菜馆即设于其二楼

雍少泉的济人助人，不是限于一时一处，而是几十年如一日。受他救助过的人不计其数。如一汤姓男子因病赋闲，六口之家无生活来源，求到

他时，他满口应允，每月付给生活费，一救就是十余年。后来，汤的儿媳在严薇青先生家做工，被严先生知道了这件事，严先生就把救济这一家人的事情接了过去；他的一位尤姓友人之子，考入大学不久家庭突遭变故，面临辍学，他立即伸出援助之手，使其顺利完成学业。后曾被保送出国深造，这个人就是后来全国闻名的麻风病专家尤家骏。

记得七七事变后的一段时期，济南一度百业凋零，饭店更是难以维持。在这一时期内，凡在济南有家的老伙计都自动不来上班，每当有请大客的时候才来，为的是减少店内伙食开支。大厨主动离职，以减轻店里负担，员工们冬季停暖气，安装大炉，夏季停冰箱，节约开支。到新中国成立前夕，饭店已不能维持，全靠变卖设备、家具、刀叉原料等度日。在极端不景气的情况下，饭店曾短期出租给胡姓、李姓老板经营。雍君琦认为，张友鹍先生在《济南市中西餐馆解放前后的演变状况》（见《山东文史资料选辑》1983年第十五辑）一文，说式燕番菜馆"经理为李世铭"，该说后被多篇文章引用，估计是他当初调查此事时，误将短期承租人李世铭当成了式燕番菜馆的真正经理。

鲜为人知的是，雍少泉在济南餐饮业打拼几十年，没有购买房产，一生布衣粗粮，出门步行，困难时几乎无隔夜之粮，他去世前贫病交加，连看病的钱都没有。1948年初，他去世后没有发讣告，没有口头通知任何人，但次日从一早吊唁的人却排成了长队。1949年，因萃卖场房主张子衡（音）卖掉房子，式燕番菜馆最终宣告歇业。此时拖欠员工工资已相当可观，而最终无一人讨要。这件事当时曾在社会上引起极大反响。

# 清末民初，西医渐次登陆

雍　坚

　　清末民初，西医渐次登陆济南，以传统中医药治病的济南也因此发生了转变。清光绪十三年（1887），美国基督教长老会在济南东关设立教堂，而后洪氏提凡夫妇等在教堂内开办文士医院（实为诊所）。清光绪十六年（1890），美国长老会传教士聂会东来济，与洪氏提凡夫妇合作，将文士医院扩建为华美医院，这算是济南第一个真正的西医医院。

1925 年，同仁会济南医院

　　济南第一家中西医并存的综合医院名为山东省官立中西医医院，据

《济南卫生志》记载，这家医院建于清光绪二十六年（1900），位于江家池街秦琼故居内，分院位于舜井街舜皇庙内。早期由德国医生主管，后全部为中国医生，但仍旧以留学德国的为主，西医分内、外、花柳科，设有中西药房。另据1914年《济南指南》记载，中西医院设于清光绪二十九年（1903），院长陈世华。

1904年济南自主开埠后，新出现的医院起初仍位于商埠区之外。如1908年，英国基督教浸礼会与美国基督教长老会决定在南关南新街兴建共和医院，该医院初为共和医道学堂的附设医院，1910年建成，院长为聂会东。1917年，伴随着齐鲁大学的建立，北京协和医学堂三个班、金陵大学医科、汉口大同医科先后来济南并入医道学堂，改名齐鲁大学医学院。原共和医院在东双龙街扩建，并改称齐鲁大学医科附设医院，简称"齐鲁医院"。

1914年《济南指南》记载，当时老城内还有日本人创立的东华医院（城内娘娘庙街）和宫藤医院（大布政使大街），国人郑晖廷创立的博济医院。在商埠升平街，有一家森原医院。

民国时期，济南商埠的医院主要有济南医院、若瑟医院、三条齿科医院、德华医院等，此外还有数十家虽号称医院，实为诊所的小型医疗机构。它们一般没有分科，不设病房。

## 济南医院的"家底"是博爱医院

1915年前后，一家名为"青岛守备军民政部铁道部济南医院"的医院出现于济南商埠经三路纬八路一带。这家医院的"家底"来自德国天主教会创办的万国缔盟博爱恤学会医院（俗称"博爱医院"），该医院建于1897年，设在经二路纬二路东兴里。

"一战"爆发后，日本人在1915年接收了博爱医院，并将其迁至经三路纬八路一带，更名为"青岛守备军民政部铁道部济南医院"，院长为日籍医学博士管谷贯一。1917年起，日本人在经五路纬七路动工兴建医院的主楼、病房及配套建筑。济南医院新院址于1922年建成，总建筑面积1.6万平方米，设有内、外、妇、儿、皮肤、泌尿、眼、牙、耳鼻喉科以及化验室等，各类病床近300张。

1923年，青岛守备军民政部铁道部济南医院转交给济南日本侨民团管理。1925年，日本侨民团将医院更名为"同仁会济南医院"。同仁会是1902年在日本东京成立的一个医学团体，后来逐渐演变成为协助日军对外侵略的医疗团体。至1937年，同仁会济南医院占地面积已扩至10余万平方米，成为日本同仁会在华医院中规模最大的。当年12月，日军兵临黄河，山东省政府主席韩复榘撤离济南时，以"焦土抗战"之名，烧毁了济南老城和商埠的许多建筑，其中就包括同仁会济南医院。老照片显示，过火后医院主楼顶部坍塌，仅剩墙体断壁。日军占领济南后，院长外田麟造于1938年组织修复济南医院，直到1943年才告完工。

抗战期间，随山东省政府流亡至安徽阜阳的山东省保安司令部后方医院改名为"山东省立医院"。1945年日本投降后，山东省立医院迁至济南，接管了同仁会济南医院，留用了50余名日籍医护人员。此后，同仁会济南医院的名称成为历史，而山东省立医院名称沿用至今。

## 若瑟医院起家于五里沟天主教堂

1925年，当"同仁会济南医院"正式在济南挂牌时，有着欧美血统的若瑟医院也在经一路西首竣工了。这座医院的院址本是五里沟天主教堂。1901年，天主教济南教区主教申求福（荷兰籍），在济南城西五里沟庄西北角购地8.597亩，后在购地西侧修建一幢两层西式楼房和两排平房。1920年，美籍神甫白德峰在五里沟教堂以北建以小型诊所，委托教徒刘心田管理。此后，济南教区德籍主教瑞明干赴美募捐，与美国女修会达成合作协议，1923年由美国伊利诺斯州斯普林菲尔德市天主教堂派人来济出资，将原诊所在五里沟天主教堂的基址上加以扩建，遂成"济南若瑟医院"（"若瑟"系耶稣父亲之名）。与此同时，原五里沟天主堂又在经五路购了 20 亩地，另辟新堂。

若瑟医院的院长由美国女修会派来，第一、二任院长魏海模、艾文济都是德裔美籍人。建院之初，修女由美国派来，从 1927 年开始，先后培养了四批华籍修女。修女不拿薪水，保守姑娘（预备修女）也是尽义务。若瑟医院的医生，则多是外聘的，不一定非是天主教徒。如德国外科医生沈施博曾在若瑟医院工作十年之久，他便是一个基督教徒。1940 年受聘在若瑟医院主持内外科的名医马骥文，也没有宗教信仰。

若瑟医院的发展，多是艾文济任院长期间完成的。在其所聘名医中，范相如大夫最为有名。1935 年，刚从上海震旦大学医学院毕业的范相如第一次受聘来若瑟医院工作。他与德国医生沈施博共事一年，业余学习了德文，就自费到德国威斯堡专修眼科。一年后回国，受聘到北平中央学院眼科，不久就颇有名气。河北邢台有位波兰眼科医生，很有名气，因病号极多，便邀请范相如过去帮忙，范为他解决许多疑难症候。1940 年前后，若瑟医院再次聘请范相如来医院工作。此次他重点主持眼科，兼看耳鼻喉科。很快，若瑟医院的眼科便声名鹊起，求医病号络绎不绝。

1953 年，人民政府正式接收若瑟医院，改名为"济南市立第二医院"，朱晓亭任院长，刘汉修为副院长，范相如被正式任命为眼科主任。眼科至今为济南市立二院的重点专业，因其历史渊源和精湛的技术，该院亦名"济南眼科医院"。

## 三条齿科医院培养出一批牙医

1913 年，日本牙医三条慎吾夫妇由青岛来到济南，他们以日本高等齿科专门学校毕业医学士以及先进的牙科医疗器械为招牌，在商埠经二路望平街创办三条齿科医院，一年后迁至经二路小纬二路西路南的一处前后有院的西式二层楼房营业。

三条齿科医院济南第一家齿科医院，其创立人三条慎吾夫妇著有《简明口腔外科学》一书，在口腔医院理论和技术方面有较高声誉。伴随着医院业务的兴盛，收费也越来越高。如镶一个金牙最初为 10 元，后来涨到 15元，镶满口牙则高达 60—80 元，只有上层官僚绅商才敢做其"院上客"。有次山东军阀潘洪均请三条等人到济宁出诊，仅镶了三颗金牙，就得到了300 块银元的赏赐。据日本领事馆"五三"惨案前的财产调查，三条的财产已达 5 万元以上。由于他开拓了"淘金"之路，日本牙医先后到济南来开办的口腔门诊多达 9 家。

1928 年"五三"惨案发生后，济南人仇日情绪加重，为安全起见，三条遂在次年夏天将齿科医院迁往青岛。其日本弟子木板、原清先后在济南开有木板齿科医院和原清齿科医院，前者维持时间不长，后者则持续到1945 年抗战胜利。从三条齿科医院出来的孙庆云、蔡延寿、俄守发、任天增等几位中国人也先后开有齿科医院或镶牙馆。其中，1929 年孙庆云在经三路纬六路 280 号（门牌号后改称经三路 180—1 号）开设的庆云齿科医院较有声望。1940 年，孙庆云长子孙书九去同仁会济南医院，在齿科医长中岛幸男指导下学习 4 年，后返回庆云齿科医院主持诊务工作，成员有孙岱峰、王成祥、孙书兴，业务大为好转。1952 年，庆云、渤海、东海三家济南有名的牙科诊所在经三路纬五路西侧路南共同成立"济南市牙科联合诊所"，这个联合诊所，便是今天济南市口腔医院的前身。1983 年孙岱峰从济南市口腔医院退休后，于民国庆云齿科原址开设"孙大夫牙科诊所"，2003年改称"槐荫尚豪口腔诊所"。

## 德华医院在济南曾经有两个

1927 年出版的《济南快览》，在"外国人在济市营业之医院"一节中，有如下表述"其三为四马路德国官民所补助所设之德华医院。日德战后，业经收束，复于一千九百二十二年再立之。院址虽不大，然其院长为德国专门之眼科。并未分科，各病皆治。然现在完全为营业性质，故诊断费较各处稍昂，挂号费亦须三元，然至完好为止也。"

此记载说明，德华医院在济南有前后两个。前一个德华医院大概建于清末民初，因为在 1914 年《济南指南》一书中，就有对它的记载——"德华医院在商埠二马路，专治眼耳鼻喉各症，内外两科……"

今天，各种文献记载中提及的德华医院，多是指后一个德华医院。2009年济南出版社出版的《济南市卫生志》记载说，德华医院"由德国人科武资及其夫人何福德于 1931 年创办，地址在经六路以南小纬二路仁爱街西头。其设备条件和医疗水平较先进，尤以眼科为著。30 年代科氏夫妇回国后，由沈惠远接管。1942 年，沈将德华医院连同男女护士各 1 人转让给若瑟医院。"此说对德华医院创办时间的记述可能有误，因为 1927 年《济南快览》上已经有德华医院，并记有该医院于 1922 年重新建立。

# 进德会：济南旧时的文化中心

耿 仝

进德会大门

经七路路南、小纬六路南段，也就是过去济南机床一厂一带，在老济南人口中它有另外一个地名——进德会。所谓"进德会"，是 1933 年国民政府山东省政府主席韩复榘下令成立，提倡四维八德、戒嫖戒赌，"砥砺德行，促进文化，戒除一切恶习，养成健全人格"，进行正当娱乐。成员基本都是政府公务人员和军人，另有一小部分工商界、教育界人士，几乎涵盖当时山东所有的"社会精英"人群。当时还有一种东裕隆烟草公司出品的香烟，取名就叫"进德会"。

进德会之所以"落户"这一位置，是因为这里之前就是一处游艺园，非常适合进德会活动。在民国初年的济南，游艺园是非常有名的一处游玩场所，1925 年开园时，还专门请到山东督办张宗昌莅临剪彩。济南游艺园占地 58 亩，由上海商人季海泉联络在济南经商的周村人王盛三、亳州人薄苇村等耗资 25 万大洋建成，由桓台县荆家镇营造场负责建设。季海泉常年在济南经商，受上海大世界的启发，早就有在济南开游艺场的打算，筹办了足有 3 年的时间，因为资金不敷使用，遂变买地为租地，建起了"济南游艺园"，并自任经理。

游艺园采取通票游园的方式，入园需洋 3 角，内有剧场、书场、露天电影场、溜冰场、中西餐馆等项目，经营方式效仿上海"大世界"。游艺园优待军人，凡穿着正式军服的游人，门票减半。在季海泉的疏通下，军警各机关也都经常性的派人维持园内秩序。游艺园内设有两处剧场，第一剧场上演老式戏曲，第二剧场上演文明新剧（即话剧），日夜连演，观看时需要另购门票。游艺园的戏剧演出是男女同台表演，这在当时的济南是非常少见的。游艺园内的大鼓书场，是不需要另缴纳费用的，但只能站着听，座位需要缴纳 2—4 角钱的茶资。游艺园还有一处露天电影场，也不额外收取费用，播放的是上映已久的电影旧片。园内的文人游艺社，以猜谜为主，猜中一定题目还有奖品。此外还有博彩性质的电机场、气枪射击场、掷圈场，以及不定时的魔术表演。每逢周末，游艺园的广场上还释放烟花，举办灯火游园会。为人所称赞的是，园内的中西餐馆、咖啡馆、小吃部中销售的饮食味道都非常好。游艺园开业以来，每逢夏日，人多结伴品茗，日均游客都在 3000 人以上。唯入冬后，天寒地僻，游人比较稀少。"五三"惨案后，社会秩序混乱，季海泉回沪避难，游艺园由当时的《济南晚报》社长郭伯洲等人暂理，经营已是日趋式微。

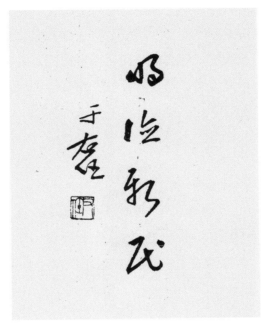

于右任给进德会的题词

1932 年春，韩复榘到南京述职，其间参观了南京的"励志社"。韩受此启发，回到山东后就着手筹办"山东进德会"，指定由省府秘书长张绍堂、建设厅厅长张鸿烈与教育厅厅长何思源负责组织筹备，拟定了《山东省进德会组织章程》，并提交山东省政府委员会通过。1932 年 8 月 18 日，山东进德会正式成立，总会设在济南，各县设分会。指定山东国民党党政军上层人物 21 人为委员会委员，委员会下设干事部，部下设俱乐、庶务、会计、文书、纠察 5 股。会员分为当然会员、普通会员和特别会员三种：文官荐任职以上、武官校官以上的，均为当然会员；其他军政人员、工商业者、学校教职员，经过当然会员 2 人以上介绍为普通会员；特别会员为特别邀请，只有法国人何宜文、青岛市长沈鸿烈、胶济铁路委员长葛光庭 3 人当选。在进德会第一届会员中，济南的当然会员有 492 人，普通会员为 1422 人。

省进德会成立后，各县纷纷效法，省内先后成立了 108 处分会，另在兖州、周村、烟台设立了 3 处驻军分会，分会遍布全省各地、各界。新生活运动兴起后，韩复榘把进德会当作新生活运动的大本营，向公务人员和知识分子灌输传统道德思想，同时开展多项政治、学术、娱乐活动。

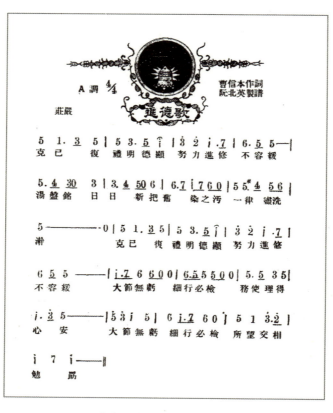

进德会的会歌《进德歌》

山东进德会的会址最早始设于皇亭，继而移于铁公祠，旋即又迁移到了警官学校。1933 年春，逢游艺园以极低价格出售产业，山东省政府与游艺园代表薄苿村几经交涉，购买下来，改成了进德会的活动场所。进德会在游艺园原有基础上，增设了动物园、杂艺园、大会场及各种体育运动场所，大门口增设了军警。进德会大门最上端写着"天下为公"四个大字，下面写有"进德会"三字。进德会也是一票通游，进德会员可凭证免买门票，平民需要花 5 分钱购票入园。大门内有旋转的铁铸记数器，可显示每天的游客人数。凭进德会的证章，在园内参加打球、溜冰、听书、看戏等收费项目时，票价享受一定优惠。而在会内中餐馆和美记大菜馆吃饭，则一律九折。诸如学术讲演、名人报告，则必须凭进德会的证章才能入场。每逢年节假日，官方还在进德会举办同乐演出、花灯会及丰富多彩的游园活动，与民同乐。因进德会由山东省政府直接管理，经费充足，举办活动时不惜成本，演出则邀请国内的名家名角，很快就成为了当时济南的文化中心。

进德会把游艺园作为活动场所后，韩复榘规定所有在济公务人员，每逢星期一均要到进德会参加"总理纪念周"活动。"总理纪念周"最早兴起于广州国民政府时期，1926 年 12 月，国民党中央正式公布《总理纪念周条例》，这一活动被逐渐推广至全国。进德会举办总理纪念周活动时，礼堂正中悬挂有孙中山的大幅画像，画像左侧悬挂国民党党旗，右边悬挂青天白日满地红国旗，画像下横写着"革命尚未成功，同志仍须努力"两行大字，再下面写着《先总理遗嘱》。活动开始后，全体人员肃立，向孙中山像三鞠躬，然后演唱山东进德会会歌《进德歌》："克己复礼明德显，努力进修不容缓，汤盘铭记日日新，把旧污染一律尽洗干。克己复礼明德显，努力进修不容缓，大节无亏，细行必检，务使理得心安。大节无亏，细行必检，所望交相勉勖。"演唱完毕，由主持人选读《先总理遗嘱》，默哀三分钟后，再开始演说或政治报告等活动。

进德会台球房

进德会台球房内景

　　每次总理纪念周活动，韩复榘都逢会必到，亲自训诫在济的公务人员。他在总理纪念周活动中经常说："人在社会做事，务须足踏实地，万勿徒求虚名及伪名誉，而不注重实业。若图虚荣，即是妇人之行为，公务人员更宜切戒。"

进德会露天电影场

　　讲演是进德会日常的一项重要政治活动，基本都在总理纪念周当天进行。韩复榘在这方面非常积极，经常邀请国内名流，如靳云鹏、沙月波、陈立夫、张之江、梁漱溟、刘书铭、江亢虎等人，到进德会讲演。靳云鹏做过北洋政府的国务总理，是段祺瑞手下"四大金刚"之首，下野后热心佛学，韩复榘就请他来进德会讲佛学，因为枯燥无味，只讲了两次就草草结束了。沙月波是原西北军老人，后被韩复榘请来做省政府参议，专门讲经、史、诗、传。陈立夫，是国民党 CC 派头目，他在进德会讲过"唯生论"；张之江是中央国术馆馆长，他到进德会讲过"论新旧道德"；梁漱溟当时正在山东倡导乡村建设运动，他在进德会讲演的题目是"政教合一""乡村建设";刘书铭是齐鲁大学校长,他做过"意亚战争""法西斯蒂之命运""门罗主义"等演讲;北京师范大学教授江亢虎,在进德会大谈"孔孟之道""忠孝仁义""温良恭俭让"等封建道德。

进德会大会场

韩复榘对进德会的政治活动,特别是"总理纪念周"要求极严,"其有执行不力或阳奉阴违或任意缺席者,一经查出,定当惩处,决不宽限"。在省城的公务员都被要求必须按时参加,每周一的朝会早 5 点开始,冬天 6 点或稍晚些。许多基层公务人员,居住远的一般 4 点就要起来赶路,迟到就要受罚。民政厅一位 60 多岁的黄秘书，一把大胡子，有一次在各机关集合队伍跑步时跑不动了，只好大步走。韩复榘看到后当众训斥："你特别，别人跑你不跑，胡子长，该有多重？能压得你跑不动？老也不行，干，就得听我的，要不就别干！"这个公务员被当场开革。时人张希由评论说："这真是对小职员的一种虐政。"

进德会高尔夫球场

除了政治活动，进德会还经常开展体育活动。进德会院内有许多体育设施和活动场所，体育器械如双杠、单杠、木马、秋千、浪木、滑梯、铁饼等一应俱全，体育场所如篮球场、网球场、台球房、高尔夫球场、保龄球场、溜冰场、儿童游戏场、游泳池等，是当时济南最全、最先进的。那时，济南只有两处网球场，一处在普利门外的青年会，一处就在进德会。进德会的台球房、保龄球房内部装饰豪华，台球有象牙球和化学合成球两种，这两处球馆的门票都是每半小时 2 角，进德会员半价。溜冰场的票价非会员 2 角，会员半价，季度票非会员 2 元，会员折半，最晚可营业到晚上 12 点，周日还有化装表演及不定时的比赛。进德会还有高尔夫球场，当然，与真正的高尔球场比起来非常局促，票价非会员 1 角，会员 5 分。进德会新建有华北最好的室内游泳池，游泳池长 50 米，宽 20 米，设有高低跳板，水泥看台可容纳 500 名观众。因为它有一个玻璃房顶，所以济南老百姓称之为"水晶宫"，只对进德会会员开放。进德会每年都会利用这些体育设施和场所，进行会员间的体育比赛。

进德会保龄球房内景

进德会内，还设有国剧研究社、鲁声话剧社、《进德月刊》社，以及各种业余研究班、进德小学、图书博物馆、金石书画古玩展览室、杂艺场等文化场所。

国剧研究社是供京剧研究、演出的机构，由省政府交际处交际员兼进德会俱乐股干事傅靖远主持。国剧研究社附设一处京剧场，后来扩建为上下两层的进德会大会场，除了演戏，也作为省府开会及"总理纪念周"活动的场所。著名京剧科班北京"富连成"，京剧名家梅兰芳、荀慧生、高庆奎、谭富英、马连良、李万春、金少山、程砚秋、马富禄、尚小云、李多奎等，都曾在这里表演过京剧。进德会京剧场演出阵容的豪华，我们从民国 1936 年 11 月 30 日夜场的节目单上就可以管窥一二：梅兰芳、金少山的《霸王别姬》，杨宝森的《洪洋洞》，杨盛春的《白水滩》，慈瑞泉、于莲仙的《入侯府》。该场的票价，位置靠前的法币 4 元，最廉价的也要 1 元，而那时济南的物价，3 元可以买一大包洋面。除传统京剧演出外，进德会剧场还上演新式戏剧，如公演山东省立剧院院长王泊生编导的新歌剧《岳飞》等。

1924 年"双十节"，进德会核心成员合影

进德会内的鲁声话剧社，成立于 1933 年，以"宣扬新学说、新文化"为目的，曾演出《阿 Q 正传》《天晴了》《放下你的鞭子》《民族魂》《流亡三部曲》等新编话剧。鲁声话剧社由王玉瓒主持，他与范铭枢过从甚密，通过鲁声话剧社不断宣传新学说、新思想、新文化，深受观众欢迎，场场演出爆满。

鲁声话剧社

　　除了京剧和话剧，进德会还演出大鼓、快书、评书、相声、双簧、唱歌、魔术等"杂艺"。京韵大鼓名家白云鹏、张筱宣，五音戏泰斗邓洪山（艺名"鲜樱桃"），有"坠子皇后"之称的乔清秀，山东大鼓艺人鹿巧玲，梨花大鼓杜大桂，评话大家王少堂，"丝弦圣手"王殿玉，滑稽大鼓名家富少舫（艺名"山药蛋"），北派魔术演员张敬扶等都曾经在进德会长期演出过。这些曲艺名家中，有一大半是山东本土的曲艺艺人。

　　邓洪山，艺名鲜樱桃，济南人。他9岁登台，曾在济南、北京、天津、上海等地演出，以演村姑、农妇著称。邓洪山的唱腔甜中带酸、酸中带甜、声情并茂，"飘眉、送目、飞老鸹"，形成了他独特的表演风格。在他饰演的《王小赶脚》中，二姑娘抱包袱、骑驴和数钱等片段，可称得上三绝。著名京剧大师梅兰芳先生在看过他的表演之后，盛赞说："社会上捧我们叫'四大名旦'，其实你的表演比我们高，你如果是在北京那就是'五大名旦'了！"山东大鼓名家鹿巧玲，是继"四大玉"后梨花大鼓女艺人中之佼佼者，"铁嗓钢喉，鸣金锵玉，皇后当选，允无愧色"，擅演书目有《鸿雁捎书》《黑驴段》《凤仪亭》《王二姐思夫》《昭君出塞》《宝玉探病》等。杜大桂，山东汶上人，是山东梨花大鼓晚期著名艺人，出身鼓书世家，专唱《红楼梦》书段，时称"杜派"。

盲人艺术家王殿玉，被人们誉为"丝弦圣手"，能弹奏古筝、古琴、三弦、扬琴，以及拉奏京胡、二胡、坠胡等多种胡弦。他在坠琴的基础上，创造出一种新的丝弦乐器——雷琴。1933 年来济南参加中国社会教育社第二届年会的著名作家芮麟，就记录了王殿玉在进德会的一次三弦表演："王殿玉三弦拉戏的功夫，确是名不虚传。他的一只手，三条弦，大凡名伶喉咙里所发得出的声音，他的弦上都发得出来；而高到极处，低到极处，大到极处，细到极处，名伶喉咙里所发不出的声音，他的弦上仍能应付裕如。歌声，鼓声，乐声，人马声，干戈声，都从他的指上弦上发出来。他的手能引人入胜，他的弦能令人神往，真是'初听还看他指法调头，既而便耳中有音，目中五指，久之，耳目俱无，觉得自己的身体飘飘荡荡，如随长风浮沉于云霞之间；久又久之，身心俱忘，如醉如梦'了。"

进德会室内泳池

1933 年 11 月，由省府秘书长、进德会委员张绍堂发起倡议，向各界征集金石书画玉器展品，在进德会内设立"古玩玉器展览室"。从 4 日起至 11 日止，仅七八天，即征集到展品 500 多件，又联络本市的古玩店铺参加，展览室始得成立。古玩玉器展览室除了日常展览外，还进行古玩玉器交易。

进德会内还有"山东省进德会图书博物馆"，创办的反而非常艰难。青岛市市长沈鸿烈成为特别会员后，带头捐赠了两大玻璃橱动物标本，这就是博物馆的主要展品。图书部分，仅有几套山东各地的县志和机关公报，以及《中央日报》《华北日报》《申报》《山东民国日报》《华北新闻》等报刊。

进德会内还有进德月刊社，出版《进德月刊》作为进德会的宣传读物，"专搜集鲁省各地最新时代之新闻所编成，是提倡旧道德、新文化唯一刊物"。进德月刊社由郭清甫任社长，董绥青、段凌辰、张敬民任编辑。封面由韩复榘题名，内容有论文、诗歌、文艺、戏剧、漫画、公牍、专载、各县名胜古迹、古物、特产、婚葬习俗、大事记等。每份定价 5 角，会员八折。《进德月刊》的第一期出版于 1935 年 8 月，到 1937 年 7 月停刊，共出版了 24 期。

进德会室内游泳池刚建成的景象

为倡导新文化，进德会内还设有业余研究班，总干事由进德月刊社社长郭清甫兼任。课程有国学、英语、日语、数学等，学生多是初中程度。由于研究班办学形式不伦不类，生源寥寥，办了几期就停办了。

进德会附近，还设有进德小学，位置就在今天的经八路小学。学校设董事会，郭清甫任董事长，校长和教师由董事会聘任，首任校长张希铨，继任校长孙维新。进德小学开办时招了初级生四个班，后来逐渐扩充为完全小学。

韩复榘特批购买的"千里驹"

在进德会的院内，还有花圃、动物园、餐馆等供人游览休闲的场所。花圃在院内南部，养植有奇花异草。章丘孟氏家族曾移送给进德会 4 株大铁树，据称有 300 余年的历史。每年仲秋时节，进德会都会举行菊花展览，院内摆满了各色菊花，蔚为大观。动物园中，有东北虎、狮子、袋鼠、四不像、鳄鱼、猩猩、大蟒、外国鸡等，堪称是济南最早的综合性动物园。动物园中还有一匹"千里驹"，是韩复榘亲自过问从天津购得的，"驰骋迅捷，行态奇异"，据说每分钟可跑一华里。重点是这匹马能听得懂人说的口令，会握手、鞠躬、叩头、左右转、各种步伐等简单动作，与其说是"千里驹"，倒不如说是驯马表演。进德会除了建有中餐馆、西餐部外，还专门建立了一处招待宾客用的宴会厅，只有当然会员和特别会员才能进入。

进德会表演魔术的幻术场

著名京剧表演艺术家袁世海记叙了在进德会的见闻："进德会与北京的城南游艺园相似。里面种有花草树木，还喂养了一些动物供游人观赏。天气虽寒冷，游人始终络绎不绝。我们每天都提前去剧场，顺便在里面游玩一番。比较吸引我们的是喂养老虎的地方，那里出售'非同寻常'的'长命锁'。看守老虎的人，手拿竹竿夹着这'长命锁'放在老虎嘴前，老虎听话地冲着锁吼叫一声，于是，锁就有了'特殊功能'，可与小儿镇惊压邪。价钱也不贵，一毛钱一个。看虎人不停地往老虎嘴前放锁，老虎一次又一次地吼叫，挺有意思。围观的人很多，买锁的人也很多，我和师兄弟们都买了一两个'长命锁'，准备携带回京馈送亲友的小孩，这也算是此地的土特产吧。"文章中提到的关老虎的地方是"虎楼"，5米见方、高约3米，是青岛市市长沈鸿烈成为进德会特别会员后捐赠的礼品。

除了花圃和动物园，进德会里还有许多可供观赏的景观，院内南北两条大路中间，穿插着许多小路，路面用彩色石子铺成，拼有不同的花纹及文字。小路两旁植有大量的冬青、柏树，葱郁环绕成行。而一场命案，就曾发生在这条清幽雅致的小路上。

1935年1月2日，中统系重要成员、国民党中央候补执行委员、山东省党部负责人张苇村被杀于济南进德会内。当天正赶上国民党山东党政机关举行"新生活运动"提灯游行大会，进德会内张灯结彩，游人如织。晚6时，省党部主任张苇村在皇亭体育场对提灯晚会人员训话后，偕同省府顾问马千里、省府参议赵允协乘车赶往商埠进德会。当张苇村与侍卫沿京剧场向北行至孔雀亭时，遭遇到埋伏在柏树丛中刺客的枪击，三名刺客从背后连开5枪，张苇村当场毙命，卫兵亦中弹受伤。

张苇村遇刺的原因，众说纷纭，大都认为张苇村是韩复榘与蒋介石之间矛盾的牺牲品。自1930年韩复榘驻防山东不久，蒋介石就派张苇村接替刘涟漪，以国民党中央执委候补委员兼任国民党山东省党务整理委员会委员和肃反委员会专员的身份，搜集情报、镇压革命分子，并兼监视、控制韩复榘的行动情况。张苇村自恃其势，又有蒋介石、陈果夫为其后台，根本不把韩复榘放在眼里，经常秘密向蒋介石报告韩复榘截留中央税收、扩充军队、拥兵自重等情报。韩对张苇村的逼人气势当然十分不满，只是表面隐忍，背后却愤愤地骂张为"党棍子"。与张苇村同时派来山东的，还有一个中统特务名叫谌峻岑，身份是国民党山东省党部调查统计室主任，一方面监控韩复榘，另一方面又对张苇村进行监视。在谌峻岑的挑拨下，韩复榘、张苇村两人矛盾愈演愈烈，终于爆发了命案。

《申报》号外：张苇村遇刺殒命

张苇村被刺后，谌峻岑也在劫难逃。韩复榘亲自率领公安局长王士奇、军法处长史景洲、副官长雷太平、手枪旅长于凤军及两连士兵，包围了国民党山东省党部，将省党部大部分委员和谌峻岑等特务一律拘押至军法处。搜查中，在谌峻岑办公桌内搜出全新手枪一支，枪口有新放烟迹，枪弹与刺张现场吻合，谌峻岑因此被控为重要嫌犯人，栽赃之意十分明显。南京方面催促将谌峻岑送南京审理，韩复榘置之不理，并于 1936 年 1 月 14 日在狱中处死了谌峻岑。直到 3 月 14 日，报纸才登出消息："谌畏罪自缢，身亡狱中"。张苇村被杀案至此不了了之，韩复榘与蒋介石的对抗因此由暗转明，为他 1938 年的死埋下了伏笔。

1937 年七七事变以后，日军侵入山东，韩复榘率部不战而逃。撤退前，下令将进德会总会主要建筑放火烧毁。日寇占领济南后，将进德会改名为"昭和园"。这期间，华北交通株式会社济南自动车营业所开辟了一条公交车路线，东起院前，经西门、普利门向西沿经二路至十二马路，全程长 5.5 公里，后增辟进德会站点，进德会终于通了公交车。而这时的进德会，早已人去楼空，丧失了文化中心的功能。太平洋战争爆发后，日本侵略者又将进德会改为"昭和园工厂""山东工厂"，成了军事禁地。日本投降后，这里先后改名为"山东政府机械厂""山东省机器工厂"。济南解放后，在此基础上建立了济南第一机床厂。

进德会"黄河赈灾亭"

　　进德会大火后，还曾保留了一少部分建筑。如紧邻经七路的一处两层建筑，就曾是韩复榘兴办的"裕鲁当"分号，日伪时期改名为"裕民当"，抗战结束后又改为"惠鲁当"，新中国成立后一直作为济南机床一厂的办公楼，1998年拆除。前些年还保留着进德会的一座石质建筑——黄河赈灾亭，门楣上有韩亲笔题写的"永澹沉灾"四字。20世纪90年代中期，这座亭子也被拆除了。如今，进德会一带已经变成了居民区，看不到一点过去的影子了，进德会永远停留在了老济南人的记忆里。

# 新市场：平民的游乐园

耿　仝

　　济南有句俗话，是这么说的："南岗子吃饭，北岗子下店。"过去，普利门外往西，快到了纬一路这片，有两个土岗，塘子街往北至小纬北路一带是"北岗子"，往南就是"南岗子"。为嘛要在"北岗子下店"呢？因为在民国时期，那里都是廉价旅社和低等妓院。住店之前得吃饭、听书、泡澡啊，那就要去南岗子了，因为这里还有另外一个称呼——新市场。

　　开埠前，南岗子、北岗子一带都是坟地，又有一部分安徽义地，济南人管这里叫"乱葬岗子"。开埠后，就在老百姓还没闹明白"商埠"是什么、能带来什么利益的时候，袁世凯的嫡系军阀张怀芝看中了南岗子一带25亩大小的荒地，它北接经二路，南至魏家庄，西邻纬一路，东近普利门。这块地虽然荒冢累累，但它正处在老城与新辟商埠之间，紧邻火车站，是老城去往火车站的必经之路，实打实的黄金地段。张怀芝以极低的价格买下了这块地，建起了市场，因为不同于旧式市集只在"集日"营业，所以老百姓直呼为"新市场"。

　　说起张怀芝，济南人的第一反应就是想到了万竹园，那是张怀芝辞职闲居济南时耗巨资兴建的私人宅邸。除了万竹园，张怀芝在济南还有许多产业，在万竹园完工前，他于魏家庄同生里建造过"松菊花园"，1920年9月，又联合王占元、靳云鹏等人在东流水成立了民安面粉厂。他既是一个政客，又是一位精明的商人。济南开埠后的半个多世纪里，商埠一带先后建过五座市场：麟祥门外的人民商场、五里沟的万紫巷商场、经四纬二路的大观园、经二纬十路的西市场，以及经二纬一路的新市场。张怀芝所建新市场，开济南新式市场营建之先河。

张怀芝，1861 年出生在东阿刘集镇皋上村，因家中贫穷辍学务农，是个苦出身。1881 年，张怀芝到舅父家借年受气，决定外出闯荡，跟随族亲张在信去往天津谋生，后从军饲马七年。1885 年 6 月，张怀芝考入天津武备学堂第一期炮兵科学习，结业后被编入新建陆军。1900 年 8 月，八国联军入侵北京，张怀芝率炮队借调于武卫中军攻击东交民巷使馆。因护驾有功得到赏识和重用，历任北洋常备军第一镇第一协协统、北洋陆军第五镇统制、山海关巡防营统领、甘肃提督、天津镇总兵、帮办直隶防务大臣、山东督军、山东省长等职。

1905 年，张怀芝买下了南岗子的坟地，把地面整饬平整，新市场就这么草草开张了。开业之初的新市场，形式上跟老式的庙会市场没有多大区别，全部都是地摊，那真的是一个市"场"啊。而此时的商埠，就是一个大工地，众多劳动力每日的吃喝娱乐需求非常大。张怀芝利用权势，把北岗子、穆家林子一带的小商贩和江湖艺人赶到了南岗子，使新市场很快便有了人气。随着经营的日益繁荣，市场逐渐从地摊、席棚，到木板屋，后来又建起了起砖瓦房、电影院。1934 年兴建趵突泉自来水厂时，又将趵突泉南侧市场上的商户都迁至南岗子新市场，使新市场成为当时济南最为繁盛的市场。那时的新市场，集商店、饭店、说书场、影剧院及农贸集市于一体，有鞋帽、杂货、皮货、估衣、洋货、委托店、书店文具、水果糕点、酒馆饭店等各类商号 200 余家，剧院、茶园、书棚 20 多所，济南的许多老字号如赵家干饭铺、玉记扒鸡都是在这里起家的。

玉记扒鸡是济南的特色名吃，老济南人也称之为"魏家庄扒鸡"，因玉记扒鸡店开设在新市场后身儿、魏家庄西首而得名。"玉记"字号的创始人叫张玉孝，这一名吃是他父亲张诚研制出来的。据说，张诚曾在山东巡抚丁宝桢府内帮厨，后辞职在县东巷开设了一个饭庄，并研制出了脱骨扒鸡，深受欢迎，一时门庭若市。张玉孝得到父亲真传，在新市场开了一家店铺专门制售扒鸡，并在名字中取一"玉"字，将字号定为"玉记"。玉记扒鸡店开业后，生意兴隆，成了遐迩闻名的地方名吃。玉记扒鸡造型如寒鸭浮水、雁叼翅箭，外皮焦黄、色泽鲜艳，吃起来皮滑肉嫩、余香透骨。从制作工艺上来说，玉记扒鸡源于禹城口蘑脱骨扒鸡。它的妙处在于火候恰到好处，焖煮时间视鸡的老嫩及大小灵活控制，扒鸡趁热提起一抖，骨肉分离，鸡皮却能保持完整。过去，每逢年节或探亲访友，手里拎一只油纸包裹的玉记扒鸡那是一件很体面的事。

新市场的赵家干饭铺，在济南也是久负盛名。赵家干饭铺卖的是济南名吃"大米干饭把子肉"，过去的济南人但凡吃大米，必然要配着把子肉同吃，所以名为"干饭铺"的店面基本都是卖把子肉的。赵家干饭铺的创办人名叫赵殿龙，最先是在普利门外空地上挑担摆摊，后也在北岗子（馆驿街西首）及万紫巷经营过。1905 年，赵殿龙在新市场租了一个摊位，在这里卖起了米饭把子肉。后来，又在摆摊的地方搭起了两间木板房，以姓为字号，叫作"赵家干饭铺"。1932 年，赵殿龙病故，他的儿子赵忠祥继承了铺面，1934 年在大观园市场开设了新店。从挑担、摆摊到设店、开馆，赵家干饭铺迄今已有百余年的历史了。

赵家干饭铺的干饭、把子肉、大丸子、菜菇鸡、菜菇肉等，制作精细、口味独特，颇受老济南人的欢迎，曾有顾客专门赠送过"名驰历下"的牌匾。赵家干饭铺不仅菜品优良，服务也十分周到。比如店里没有要汤菜的顾客，都会免费送上一碗加了芫荽、胡椒的高汤。赵家干饭铺还设有"外卖"，顾客只要告知自己所需饭菜及住址，准时送到。赵家干饭铺最红火时，还经常在报纸上刊登广告。20 世纪 30 年代，济南销路最广的报纸是《华北新闻》，赵家干饭铺在该报刊登宣传"三大"的广告，即"干饭碗大、把子肉块大、丸子个大"。

赵家米饭铺的饭菜之所以深受欢迎，得益于其制作过程精益求精、一丝不苟。赵家干饭铺的米饭选用北园"大水地"出产的大米焖制，所谓"大水地"就是指上面进水、下面出水的活水稻地，这种水稻田里出产的大米，米粒发青、透亮，黏度高。大米买来，要先过筛，把碎米、碎砂筛出去，再人工把大米挑干净。在赵家干饭铺吃饭吃了多少年客人，就没吃出过一粒砂子。把子肉的制作更为讲究，生猪的大小要适中，每头宰好了的"白条猪"带皮重约 80 斤左右最好。割下来的肉要选不肥不瘦的部分，切成重量、大小相同的块，每斤 8 块，重量不够的要用小肉块凑够数量，用蒲草捆起来，"把子肉"的名头也由此而来。肉要用清水洗两遍，白水煮至变色，再捞出放入装了铁底的大口坛子里。坛子里要用排骨垫底，放葱、姜及十三香料包，用坛子炖出来的把子肉肥而不腻、瘦而不柴，吃起来醇厚而有余香。赵家干饭铺炖肉从来都不用盐，而是用自己爆的酱油。所谓"爆酱油"，就是挑选最好的上等酱油，在日光下曝晒，等酱油面上晒起一层盐花，即将盐花搅入缸底再晒，反复搅晒，一缸酱油晒得只剩大半缸时才使用。

新市场南口附近，过去还有一家包子铺，专卖鼎鼎有名的"长清大素包"。长清大素包源自清光绪年间，最早是长清县城关西门附近回民出售的素包。把长清素包引入济南、发扬光大的人名叫赵君祥，他原是长清西关摆摊的手艺人，到济南闯荡改行经营素包，起名"长清大素包"。后来，这家包子铺并入了新市场的新梅村饭店。新梅村饭店是一座仿古二层楼，这里的"长清大素包""蟹壳黄"以及"状元饺"均是为人所称道的风味小吃。20 世纪 80 年代以后，新梅村饭店每况愈下，停业后改作他用。

长清大素包个大、皮薄、馅多、味香，制作过程中要用大量的粗粉条和白胡椒，独具特色。素包里的豆腐要先蒸透晾凉，剁碎后放入油锅炸至金黄，再将炸豆腐丁、姜片和包有八角、桂皮、花椒的纱布袋加水同煮，煮至豆腐丁入味后捞出，与碎粉条、菠菜、胡椒粉、芝麻油一起调成馅。这样制作的素包口味独特，颇受平民欢迎。

除了美食，新市场让人念念不忘的，还因为它是一处非常繁盛的娱乐场所，说书场、戏院、电影院、杂耍摊子繁多，仅说书场就有五六家之多。

20世纪20年代开始，新市场内曲艺鼎盛，名角云集，曲艺形式有评书、西河大鼓、山东琴书、河南坠子等多种，颇具"曲山艺海"的大气象。

过去在新市场的东面，有一家金声茶园，上演王云卿、王云宝姐妹演唱的京韵大鼓。它附近的光裕茶园，演出石振邦的木板大鼓，以及刘泰清演唱西河大鼓。

石振邦，出身鲁北的山东大鼓艺人，他是南口犁铧调一代宗师范其凤的徒弟，擅唱《响马传》《刘公案》两部中篇书目。当时有句顺口溜是这么说的："三大将——苟、黄、杨，石振邦后续祁锦堂（西河大鼓名艺人，马兴旺业师）。"石振邦感到山东大鼓伴奏格律过于严谨，难以适应赶集、赶会说唱的需要，遂丢掉三弦，自创唱腔，改以单鼓木板形式演唱木板大鼓。他于1915年进入济南，在北岗子、南岗子等处茶馆演出达20年之久。因其体形高瘦且微有驼背，与其表演的《刘公案》里面的刘墉神似，济南人称其为"活罗锅"。

同在光裕茶园表演的，还有西河大鼓名家刘泰清，他与山东评书名家傅泰臣同出于山东大鼓"老北口"代表性人物何志凤门下。当时，西河大鼓还是一种新兴的曲艺形式，虽唱者众多，却无出刘泰清之右者。他嗓音洪亮，表演风趣，既擅演金戈铁马的历史演义，又喜唱富于生活气息的书段，书路子极宽，时有"盖山东"的雅号。

新市场西墙下，有一块从南到北的大空地，被称为"杂把地儿"。北头是泰臣书场，午场由傅泰臣演出评书《龙衣案》《三剑侠》等书目，晚场由王大玉演出西河大鼓《五代隋唐》。空地的南头有一溜小书棚，杨凤山、尚五等山东快书名家都曾在此演出过，还有杜春田的落子，黄春才的西河大鼓，苟春盛的山东落子，张凤池、张凤辉、王三妮的山东琴书，黄春元的木板大鼓等等。后来，这一块场地成了相声的聚集地，20世纪30年代，由京津来济南的相声艺人黄金堂、常连安父子、李寿增、孙少林、王凤山等名家都曾在此演出过。

山东快书，以说唱为主，语言节奏性强，朗朗上口，通俗易懂。那时并不叫"山东快书",而称为"唱武老二的"或"唱大个子的",因早期主要演唱武松故事,故名。杨凤山是山东快书名家,他功架好、板火爆,唱起来口正活脆,赶劲解气,动作洒脱,一个飞脚能踢到鼻子尖,是当时的"书坛三大将"之一。他说武老二时,身着长衫,斜披大褂,虽说个子不多高,但大辫子往脖颈上一盘,卖相英武帅气,所以就有了"杨大辫子"的外号。杨大辫子的玩意好、买卖火,很快就置办起了自己的杨氏说书棚,设于新市场西南角大墙下。据说,杨凤山一场武老二说下来,挣的铜子得拿洋面袋子装,雇人往家扛。好景不长,一场无妄之灾令杨凤山英年早逝。这么一天,有死刑犯被押着从新市场南门过,被搅了场子的杨凤山也挤到路边看热闹。这位死刑犯一眼瞥见了杨凤山,便大喊一声:"杨大辫子,下辈子再听你的'武老二'了!"军警一听,立马将杨凤山视为"好汉爷"的同党而逮捕。书词公会赶紧出面具保,这才被释放回家。杨凤山受惊过度,遂一病不起,半个多月后就去世了。

这一时期,新市场还出了一位名叫史得金的革命烈士。史得金,字独清,济南人。1925 年 7 月,身为共产党员的史得金代表鲁丰纱厂工会领导工人进行了罢工斗争。1925 年 8 月初,张宗昌派警察强行封闭工会、解散工人夜校,并开除了包括他在内的十几名工人。1926 年 11 月,史得金在新市场茶馆不幸被捕。1927 年 1 月 5 日,张宗昌以"第三国际赤化党"的罪名将他判处死刑。

那时,同在新市场西墙下说书的还有评书名家尚五,他与济南的傅泰臣、济宁的张善仰同为山东评书的代表人物。尚五,原名尚国科,艺名尚明五、尚笑五,因排行第五,人多称之"尚五"。尚五是利津县盐窝镇东村人,长期在惠民、滨县、沾化、无棣等县演说评书。1928 年,因眼疾双目失明,遂落脚济南,在新市场、游艺园等处设馆说书。尚五说书,口齿清楚,嗓音圆正,讲古论今,敷衍故事,夹评夹议,情趣横生。他注重说书与表演相结合,善用戏曲手法表演人物,说到壮阔处像大河磅礴,扣人心弦,说到细微时如溪水潺潺,引人入胜。擅长演唱书目有《说岳》《杨家将》

《包公案》《聊斋》《三国演义》《水浒》等。

新市场西墙下撂地的黄春元、黄春才是哥俩，黄春元绰号黄大牙，擅长木板大鼓，黄春才则擅长西河大鼓。这哥俩一开始撂地演出，后来建起了自用的双春茶园。黄家哥俩的演出唱腔流畅，韵味甘美，上演木板大鼓《杨家将》《响马转》等，很受观众欢迎，曾有听众送上"高山流水"的牌匾。

20 世纪 30 年代，评书艺人傅振海在新市场西边修了"振海书场"，傅泰臣盖了"泰臣书场"。傅泰臣，山东平原人，14 岁从师山东大鼓艺人王增豪学艺，后唱木板大鼓和西河大鼓，1939 年改说评书，定居济南。傅泰臣表演感情真挚，吐字清晰，擅长贯口，喜用歌、赋、赞、语刻画人物，形成"说、学、做、白、评"五艺俱佳的艺术风格，代表书目有《隋唐演义》《杨家将》《秦琼下海州》等。

新市场的南面，有崔金霖、吴景春、吴焕文、黄景利等说相声，变魔术，以及山东快书创始人于传宾的山东快书。吴景春、吴焕文是济南早期的相声前辈。吴景春早年拜裕德隆（"相声八德"之首）为师，擅长文哏、单口相声等。吴焕文为景春之弟，师承崔金霖，后拜师杨凤岐，1948 年收女徒吴萍（艺名"小苹果"）。吴焕文招人有一个绝活，惯用"白沙撒字"，就是用拇指食指捏起磨细的汉白玉石粉在地上撒字，写得相当漂亮。黄景利又名黄德利，1912 年生于济南，其父"黄小辫儿"蜚声曲坛，其母是唱天津时调的。黄景利 10 岁拜崔金霖为师，1933 年出徒后就一直在南岗子表演相声。

新市场北侧，有同乐小剧场，大鼓艺人刘宝全、鹿巧玲、姬素英、谢文英等曾在内演出过。鹿巧玲，夏津县的梨花大鼓艺人，其母傅大传、其姐鹿巧云都是梨花大鼓演员。鹿巧玲擅演《鸿雁捎书》《黑驴段》《凤仪亭》《王二姐思夫》《昭君出塞》《宝玉探病》等书目，因其姿容俏丽，歌喉甜美，声情动人，备受观众称道，被誉为"鼓界皇后"，是继"四大玉"后梨花大鼓女艺人中的佼佼者。

新市场中间的空场上，有刘剑秋、杨秀峰等演出方言相声及双簧，另外还有洋片、杂耍。刘剑秋，在济南的名声大过侯宝林，有"滑稽大王"之称。他说济南方言相声，内容难登大雅，但很受市民欢迎，场子周围经常是里三层外三层的。刘剑秋的开场活视观众多少而定，人少时打竹板，用以招揽客人；人多时，则先用白粉撒一个大圈，然后是一段开场白："各位父老乡亲、兄弟爷们，今天人缘好，我多说几段拿手活，说完了您老高兴给个毛儿八兮。没钱不要紧，有钱捧个钱场，没钱捧个人场。您老千万别早不走晚不走，要钱时您再走了。混顿饭钱养家糊口，在这里给您老鞠躬啦！闲言少叙，咱现在开说。"

因为演艺活动的繁荣，新市场这个巴掌大小的地方，相继出现了几家戏院和剧场。建于 1918 年的民乐戏园（1966 年停业）、风裕茶园（1945 年停业）及晚一年建起的风顺茶园（1956 年停业），都是平房，每处都能容纳近 300 人。建于 1920 年的商乐舞台（1935 年停业）及建于 1930 年的天庆大戏园（1982 年停业）、开明戏院则都是楼房，可容纳 500 人以上。天庆大戏园，1930 年建造，可容纳 500 人，后改名为天庆戏院、天庆剧场、红旗剧场，1977 年后又恢复了"天庆剧场"的名字，1982 年停业。开明戏院位于新市场北门，后来变成了电影院，它或许是济南改名次数最多的电影院，曾先后叫过明星电影院、明光电影院、青年电影院、中苏友好电影场、反修电影院，以及胜利电影院。

鲜为人知的是，新市场的演艺园子在吕剧形成发展过程中，也有非常重要的地位。吕剧，是山东最具代表性的地方剧种，最早被称为"山东琴书""化妆扬琴"，新中国成立后才定名为"吕剧"。随着济南商埠的开放，化妆扬琴也挤入了这里的娱乐场所。同京剧发展中"徽班进京"一样，化妆扬琴进济南也是吕剧发展中的重要一环，化妆扬琴在济南得到了很大发展，丰富了曲目和表演技巧，培育了一大批忠实观众。1917 年，广饶县化妆扬琴艺人张凤辉等人组成的车里班首先进入济南市演出，此后，大量的"化妆扬琴"剧班也纷纷进城表演，最早就是以新市场为活动中心的，后来才又扩大到西市场、大观园等地。

当时较有影响的化妆扬琴班子，有黄家班、张家班、同乐班、庆和班、共和班等。1921年前后，化妆扬琴戏班黄家班由广饶县来济南，在新市场凤顺茶园演出。黄家班由十几人组成，主要演员有黄维祯、黄维信、黄维范、黄子修、刘力贤、马成业等。当时的凤顺茶园还是土台子，主人张凤池和刘力贤是亲戚，也是唱琴书出身的广饶人。在他们和力经营下，不几年张凤池就把席棚换成砖瓦房。20世纪20年代末，博兴刘官庄艺人组成张家班来到济南，在新市场北的民乐茶园演出。张家班演员有几十个人，如张家宇（班主）、张玉生（张大牙）、张传河、张文忠、张翠霞、张翠云等。30年代初，胶东的老牌戏班庆和班也来到济南，在新市场凤顺茶园演出多年，主要演员有殷毓庚（领班）、殷毓汉、郑江田、刘全中、朱春盛等。七七事变以后，化妆扬琴的多数艺人都回到了家乡，留在济南的艺人则组成了一个义和班，主要演员有殷毓庚（领班）、郑江田、殷毓庚、程立孝、张连祥、阎宗先等十几人。义和班在新市场凤顺茶园演出时，经常和五音泰斗邓洪山（艺名"鲜樱桃"）搭班同演，促进了化妆扬琴在演唱方面提高。直到40年代初，义和班才去了大观园的新新舞台演出。

新市场曾经有一处建于1921年的涌泉浴室，1949年1月，国民党飞机轰炸，炸死炸伤顾客数十人。济南解放后，新市场曾一度成为自行车、五金、电料等行业的集中售卖地。自60年代中期开始，新市场的商业开始衰落，到90年代末已名存实亡。

一朝繁华成春梦，如今的南岗子已变成了一片高楼大厦。但曾繁荣一时的新市场，仍保留在老济南人的记忆深处。

# 几经沉浮大观园

孙学敏

　　"观趵突泉，登千佛山，游大明湖，逛大观园。"在济南，曾经流行着这样的说法。正如东安市场之于北京，夫子庙之于南京，城隍庙之于上海，大观园在济南的传统经济文化版图上，亦有着非常重要的象征意义。

　　说起几经浮沉的大观园，还得从百年前的民国初年谈起。

　　济南自开商埠之后，随着经济的逐渐繁盛，人流、物流日益集聚，孕育了购物、游乐、餐饮等各种消费需求，大观园就是在这种大环境下诞生的。大观园始建于1931年，位于经四纬二路交通大干道的中枢，地处经四路、经五路之间，东临纬二路，西接小纬二路。

　　大观园之所在，曾经是一片低洼地，少人居住，属于棚户聚集地。1913年8月，时任山东都督的大军阀靳云鹏在今大观园的周围购得100余亩荒地准备开发利用。到1916年靳云鹏卸任离济时，百亩荒地除开拓马路占用部分外，穷苦百姓在此搭设窝棚，开荒种植，无人过问。1930年，靳云鹏之弟靳云鹗来济，意在此进行商业开发，计划在经四路、经五路和纬二路、小纬二路之间约四五十亩面积的地段创办一集休闲娱乐与购物消费于一体的市场。

　　当时为了学习开办市场的经验，靳云鹏派两路人马到北京和上海考察，北上的人认为应把市场建成古典式的，南下的人认为应该把市场建成西洋式的，并以上海知名的"大世界"为模板。最终靳云鹏决定效仿上海，建一个济南的"大世界",并且请了一位德国工程师负责设计工作。

借用《红楼梦》中"大观园"的名字来命名,无疑给大观园商场增添了丰富的遐想空间。大观,形容事物美好繁多。如此美丽的名字,应当是饱含了创办者对其未来的期待,不过也有人说,它源于"误打误撞"的一句话。

究竟是怎么回事呢?据说,济南要建"大世界"的事得到了很多商人的关注,但他们大多不了解"大世界"的功用,因此询问的人很多,这也让筹建人员颇为不耐烦,就在这种不耐烦中,"大观园"的名字诞生了——"大世界就是大观园"。这句话具体是什么人说的,又是什么时候说的,已不好考证,但有趣的是,这个回答算是给诸多询问者解了惑。《济南古建筑轶事》详细记述了此事:"一听'大观园'三个字对方就不再询问了,满以为自己懂了,这大概是询问者想起了《红楼梦》中大观园的原因吧?此后只要有人询问什么是'大世界',筹建人员就回答:'大世界就是大观园。''大观园'的美名越来越被人们所熟知,连靳云鹏都不得不接受这个现实,认可了'大观园'这个名称。"

20 世纪 90 年代的大观园北门　牛国栋/摄

　　1931 年 3 月初，大观园商场动工，首先建设的是第一剧场、共和厅书场和中心花园。当时在经一纬四路当过"同兴义"粮栈经理的张仪亭见有商机可乘，即于 1931 年初与靳签订租赁合同，年租金 450 元（旧币），租期 20 年，期满地上建筑全部无偿移交给靳所有，同年 2 月 3 日破土动工。在建设过程中，张仪亭为急于回笼资金，在第一剧场和共和书场基本建成、中心花园有了雏形时，又在东北角上搭起了布棚，建一马戏团，内有虎、豹等动物展出。在第二、第三剧场之间，有三五个说书场，还有一些小商小贩摊位摆列园内。大观园商场于 1931 年八月十五吉日开业。

　　大观园创建之初，并不以商业见长，而是一个"游乐场所"。据 1934 年 6 月出版的《济南大观》一书记载："大观园在商埠四大马路纬二路西，免收门票。第一剧场，京剧；第二剧场，有声电影；第三剧场，评剧。入门为共和厅名姬书场，如筱月楼之京韵大鼓，张筱轩、包和甫之快书大鼓，以及各种杂耍，莫不新巧。门外为杂技艺场，如幻术小戏、卖艺打拳者……"到了 1938 年，大观园日渐红火：拥有 200 多家业户、400 多个地摊，经营内容涉及杂货、绸布、鞋帽、文具、食品、钟表、照相、理发、饭馆等 20 多个行业，成了一所综合性的大卖场。娱乐场所众多且门类丰富，有 3 个剧场，还有新舞台、民生戏园、连升舞台、永乐剧场等，后又建起新剧场；还有大观、国泰两家电影院，前者放映有声电影，后者放映无声影院；有歌舞厅、烟馆、咖啡馆、酒吧、茶馆、算卦馆、妓馆等，包罗万象，就像是一个光怪陆离的万花筒。

　　大观园诞生了济南历史上的诸多"第一"。如济南最早的台球厅丽华台球厅，济南第一家有声电影院大观电影院。大观电影院的放映机是用一架无声手摇放映机在上海改装的，1932 年 10 月 25 日，《济南晚报》刊登大观电影院放映《狼狈为奸》的消息，并说此片为"环球公司最新伟大出品有声对白"。

　　共和厅书场，被当时的知名媒体《申报》称为贵族娱乐场，文曰："在这里有贵族化绅士阶级的娱乐场——共和厅鼓书场。共和厅鼓书场就在大观园的北门内。夏日在厅后扎了高的天棚，南花墙下，扎着彩台，前面摆着百十张小茶桌。白桌布、藤椅子，布置倒也清雅，济南鼓界皇后鹿巧玲和许多鼓姬们，每晚来鬻歌。连票钱和茶资，每人约在半元上下。所以劳动阶级者，是裹足不前的……"共和厅书场，也叫"四面厅"，设有藤椅茶座，演唱歌曲、曲艺相声和京剧清唱等，名流会聚。文史专家张继平在《共和厅记》中如此描述了曾经的盛况，"白云鹏、小彩舞之京韵大鼓，声声宛转；阎茹华、鲜樱桃之京戏鲁剧，珠落玉盘。相声单弦，字字声脆；十样杂耍，莫不新巧；落子鼓书，百听不厌；羯鼓一声，轰然雷动"。

20 世纪 50 年代初的大观园

20 世纪三四十年代，相声界流传着"北京拜师，天津练艺，济南踢门槛"的说法，就是说，到北京去拜师学艺，学成后去天津卫练艺，而能否练成就要看在济南能不能经受住考验了。这也充分反映了济南作为华北曲艺重镇的地位。而老商埠区的"大观园"则是济南最热闹的"曲山",其中最叫座的非"晨光茶社"莫属。1943 年,孙少林的妹夫赵大成,花费 100 包面粉,赁下了大观园东门内狗不理包子铺旁边一个原先演出皮影戏的场子,为孙少林提供了固定演出场所。大观园里知名的晨光茶社开门纳客,马三立、刘宝瑞、白全福等业界大咖都曾来此献艺,据说马三立来茶社,最爱吃的就是济南的芝麻锅饼和五香花生米。

活跃在大观园的武林好手则有"一撮毛"刘仲山的飞叉、"老杠子王"王少臣的杠子、"大力丸"佟顺禄的摔跤等。可以说,当时的大观园,确实是一派文化荟萃、艺人竞芳的繁荣景象。

旧时的大观园还是一个吃者的"天堂",各地的风味美食,令人大快朵颐、流连忘返。譬如济南有名的风味小吃高汤米粉、涮火锅、绿豆切糕、油煎包以及鲁西南的糁、京式烧麦、西安羊肉泡馍、长清大素包、兰州拉面等,简直是应有尽有。其中至今仍让老济南回味的当数清真马家馆、"狗不理"包子铺和赵家干饭铺。这里的"狗不理"并非正宗的天津老字号,而是当地人以天津"狗不理"的做法炮制的,但也吸引了不少客人。赵家干饭铺的掌柜叫赵殿龙,起先在普利门起家,后在大观园开设了分号。他去世后,少掌柜赵忠祥将整个家业移到大观园,不仅保留了传统项目大米干饭把子肉,而且还增加了大丸子、排骨。其主要做法是:用上等带皮五花肉切成长方块,用蒲草或白线将几块捆在一起,放进排骨垫底的大坛子里,酱煮而成。做大米干饭时先将大米过筛,洗净后滚水反复搅匀,先急火,后文火,慢慢烧熟。蒸好的米饭一粒粒的,浇上肉汤佐食,口味绝佳,这一口当时被济南人称为"最过瘾的饭"。直到今天,济南许多做大米干饭把子肉的业户,还是按当初赵氏的做法。

购物听曲、杂耍美食,应有尽有、无所不包的大观园也见证了济南人的夜生活。1936 年的《济南》一书曾经如是记录商埠一带的夜晚:"附近一带游戏场内的锣鼓声和卖唱声,一片一片的传出来,直要到午夜方才停息,把一群疲惫的观众从各个游戏场的大门口吐了出来。午夜以后，市街才算静寂下来。"

1937 年 7 月 20 日的《申报》，刊登了一篇名为《济南，平民娱乐场大观园暮晚的动态》的文章，其中鲜活生动地描述了大观园众生相。

"夏日的暮晚，劳动了一天的市民，除昼伏夜动的报馆编辑，风雨不休的警察们和夜晚工作的艺人外，都要找个地方娱乐娱乐。大观园遂成了一般平民和少数有钱阶级的消夏场所。每至暮晚，有千百的男男女女来此闲逛，大观园立即活跃起来。直到夜十二时许，才渐渐沉寂了……大观园北门外，东北角落有两个小说书棚，几条板凳围成正方形，靠墙放着一张小条桌。桌上一盏电石灯，一把茶壶，两个茶碗和一部旧小说。说书的是个半路出家的，只是按着书本念，有时念七侠五义，有时念刘公案，听书的都是苦力，听一段回头要钱时抛一分钱。东北角落的书棚，比这个稍高级一点，因为他们还有一个布篷。最热闹的要算大观园东门的两家了。一个在路东的小戏院内，一个在空场内，搭了个极大的布篷，都能容纳一二百人，他们连唱加说，都是两三个人合说。听说一晚上，也可赚两三块钱。"

不过，大观园包罗万象却也藏污纳垢，1937 年冬，日军侵占济南，大观园进入畸形繁荣时期。各地来谋生的小商小贩和杂耍、江湖艺人蜂拥而至，店铺房租飙升了 10—30 倍。日伪统治时期，大观园内还有好几家大烟馆，其中最大的"龙云阁"土膏店，可供几十人开灯吸鸦片，还有女招待十余人代客烧烟。大烟馆多数是朝鲜人打着日本人的旗号开设的。

济南解放后，对大观园进行了一次大变革，名字也多次变更，旧时的大观园渐渐消失在岁月中。大观园有些不健康的东西被肃清，妓院、大烟馆和算命馆被取缔了；摔跤的、唱戏的、说书的、杂耍的艺人也都加入了各自的文体组织。1954 年，大观园内的私营工商业户开始接受社会主义改造，逐步完成公私合营。1958 年，济南市商业局将其正式命名为"济南市大观园商场"。1966 年，大观园商场更名为"东方红商场"，1979 年 1 月，东方红商场再次改为"济南市大观园商场"。

改革开放以来，大观园也在变革中寻找自己的定位。近年来，商场正在组建旅游队伍，全力推介庭院式、园林式、古城化的大观园旅游模式，把大观园打造成济南又一张特色旅游"名片"。大观园商场北区改造按照上海城隍庙、南京夫子庙古建筑风格进行，2005 年以来已建成仿古商业街，消失已久的用来招徕顾客的"幌子"又重新悬挂在商店门前，成为大观园一道亮丽的风景线，凸显了大观园商场的老商埠特色，再现"黄河岸边城隍庙"景象，成为集餐饮、娱乐、休闲、购物于一体的综合性商务中心。

喝茶、听书、听相声、看电影、品小吃、观杂耍……如今的大观园，传统文化的基因渐渐被强化，在现代的车水马龙中，用它的古色古香书写着不一样的济南特色。

# 商埠，基督教堂的聚集地

耿　仝

商埠，是济南基督教教堂最为集中的地区。西方宗教很早就已经传入济南了，清顺治七年（1650），西班牙籍神甫、方济各会士嘉伯乐来济南传教，并于翌年 8 月在将军庙街创办济南第一所天主教堂。相对于天主教，基督教传入济南的时间较晚。清同治六年（1867），英格兰圣经会代理人韦廉臣以售书为名来到济南，但未能立足。一直到光绪年间，美国长老会传教士文璧等人于在东关租地建堂，济南才有了基督教教堂。此后，英国浸礼会传教士怀恩光兴建广智院及南关教堂，基督教的其他差会诸如圣公会、浸信会、卫理公会也相继来济南建教堂、办学校、开医院。济南开埠后，基督教多集中在商埠及周边活动，教堂、聚会点、布道所遍布商埠地区，整个商埠就仿佛是一个教堂建筑的博物馆。

济南历史上较早的教堂之一是广智院西侧的南关教堂。清光绪三十三年（1907）英国牧师怀恩光将青州的博古堂迁来济南，创立了广智院，同时，又创办济南浸礼会。同年，建成一座可容纳 500 人的礼拜堂，占地 1800 平方米，建筑面积 625.9 平方米，被称为 "南关教堂"。教堂坐南朝北，主立面北山墙上开一硕大火焰式双心尖券大门，两侧附壁上端及山墙尖端皆有西洋神龛式石做券窗，东西侧墙也开有火焰式尖券窗，具有晚期哥特式教堂的特点。

济南浸礼会自开办至 1951 年，一直接受英国浸礼会的津贴，该教派采用浸水洗礼，在教会制度上具有民主色彩，往往被人们视为较典型的自由教会。1928年4月3日，浸礼会与东关长老会联合成立了"中华基督教会山东大会"，并加入中华基督教总会。教会先后由怀恩光、刘寿山、张思敬、张仁、孙守信、蔡重生负责，信徒400人。曾在纬十二路和筐市街设有分会，并建礼拜堂，附设有小学、幼儿园、儿童识字班及妇女学道班。所办广智院（后改为山东省博物馆）和军人广智院（后改作教堂）以及其他附属事业，新中国成立后均由国家接管。1959年联合礼拜时，南关教堂是全市保留的3个堂口之一。后来它的宗教活动被停止，20世纪70年代还曾一度被作为街道工厂的厂房，现在是齐鲁医院的营养食堂。

自立会礼拜堂

南关教堂南侧的齐鲁大学，诞生于1864年，是由美北长老会、英国浸礼会共同发起，来自美国、英国以及加拿大的多个基督教教会联合举办。过去，在齐鲁大学校园中心，矗立着一座宏伟的教堂，名为康穆堂（全称"康穆纪念堂"），是齐鲁大学的标志性建筑，也是济南当时最为豪华的基督教堂。1917年9月，齐鲁大学在济南正式开学，为避免齐鲁大学校内各教派的传教活动相冲突，英国、美国、加拿大3个国家的15个教派，发起了联合礼拜。1923 年 6 月，该校14 个教派（另一教派圣公会已有独立教堂）联合修建了一座可容纳 500 人的礼拜堂，即济南联合教会康穆堂，因康穆捐款修建故称"康穆堂"。它是齐鲁大学六座主体建筑中体量最大的，据说其建筑费用比柏根楼和考文楼两者加起来都多。教堂由青石垒

康穆礼拜堂内景

砌，其上耸立着高约 20 米的塔楼，二层塔楼底层是一座大演讲厅。康穆堂的教会牧师由教职员中的外国牧师担任，教务委员会则多半由中国教职员工组成，负责具体教会事务。每星期日上午举行中文礼拜，下午举行英文礼拜，齐鲁大学教职员工的婚礼、葬礼都在堂内按宗教仪式举行。1935 年以后，各教派牧师分别在自己家中举行具有各自教派形式的礼拜，发展教友，联合教会遂自行解体。

康穆礼拜堂侧影

历史上的齐鲁大学，唯有燕京大学可以与之媲美，故有"北燕南齐"之称。而当年齐鲁大学的"康穆堂"也和燕京大学的"未名湖"一样，是学校的文化中心、活动中心。20世纪20年代之初，英国罗素、美国杜威、印度泰戈尔等世界著名人物访华来济，都是在这座康穆堂里进行演讲的。新中国成立后，康穆堂被拆除，原址扩建起教学八楼（医学院）。

自立会礼拜堂落成时的影像

在齐鲁大学北门的西侧、圣保罗楼的北侧，是1917年由齐鲁大学的英国圣公会教派修建的小教堂"圣保罗堂"。圣保罗教堂为砖砌，北墙中间部分，并排砌出五扇拱门造型，上部开有三扇拱形明窗，屋顶北侧两端分别砌罗马塔柱，屋顶南侧则垒砌一个小钟楼。除圣公会外，齐鲁大学的其他14个教派都在康穆礼拜堂联合举行礼拜，只有圣公会的神职人员在此礼拜。圣公会，是和天主教差别最少的一种新教，除了和其他新教教派一样不崇拜偶像、不陈列耶稣受难像以外，使用的《圣经》、教职人员服装、宗教仪式等都和天主教一样。1941年末太平洋战争爆发，外国传教士相继回国，该会一度停止活动，并中断了同英国圣公会的经济关系。抗日战争胜利后，外国传教士返回，该会恢复礼拜。教会采用主教制，实行点水洗礼和婴儿洗，经费由英国圣公会拨付至1951年。1950年在上新街另购民房做会址，1958年由学校补偿部分资金在建国小经五路另建礼拜堂。

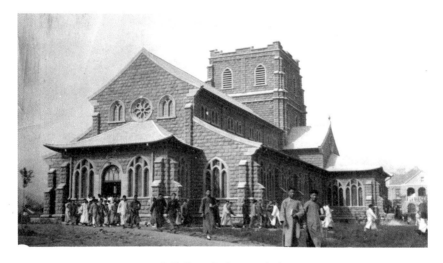

康穆礼拜堂（1924年）

商埠现存最大的基督教堂，是位于经四路425号的自立会礼拜堂，它是山东基督教自立活动的见证。当时，怀有民族自尊心的中国教牧人员，对教会的人事、经济、管理等权力操纵在外国人之手深以为耻。1885年，山东的邹立文等人发起创办了"山东酬恩布道会"，致力使基督教从形式上、人事上和思想上逐步实现中国化和民族化，建造中国式教堂，采用自己创作的赞美诗歌和民族曲调，制定适合本地特点的教会礼仪，培养自己的教会领袖和教务人才。1912年，刘寿山、刘思义、袁曰俊、李道辉、王光德等人在青岛创办自立教会。1913年，青岛、济南、烟台、潍县等地教会代表在济南集会，决议成立"山东中华基督教自立会"。同年，刘寿山等呈请山东行政公署在济南商埠拨官地 20 亩作为会址并永远免租，获准。随即建起临时礼拜堂，袁曰俊为首任牧师。1915 年，山东中华基督教自立总会在此处成立。1920 年，山东中华基督教自立总会有教徒 102 人，多系商人，年捐款 800 元。1922 年向全国募捐，建造自己设计的大礼拜堂，由李洪根牧师设计，1926 年竣工。这是第一座完全由中国人投资、设计、建造的大型基督教建筑，开中国人自建大型教堂之先例。

山东中华基督教自立总会主礼拜堂，建筑面积 1331.35 平方米，可容纳 1300 人同时礼拜。这座教堂运用了西方"现代建筑"的创作手法，机制砖墙、红瓦顶，建筑色彩活泼，门窗及檐口作水平抹灰线脚，无过多装饰，造型质朴稳重。南立面有两个对称式钟楼，教堂四角各有办公室 1 间，平面图形为十字架。教堂由济南永德源营造厂承建，杨长利、杨长贞负责施工。永德源 1896 年在济南挂牌营业，1916 年正式注册，资金 1 万银元，厂主孙学源是桓台县荆家乡人。永德源在济南修造的建筑有很多，如齐鲁医院、普利门外吕万聚、大明湖边上的财政厅以及爱美中学等。永德源造就了一批出名的建筑工匠，有"七十五弟子"之称。杨长利、杨长贞是亲兄弟，属于桓台杨氏建筑世家，这个家族有 5 代人从事建筑施工。杨长利排行老三，后来在济南开办了永利营造厂。杨长贞行四，拜青岛一建筑师为师，学习设计和绘图。杨长利后来在济南主持修建的工程更为出名，如省府礼堂、东元盛染厂、成通纱厂、体育场看台、新生浴池、中国影院等。

自立会不受外国差会支配，实行长老制，采用点水洗礼，一切经费由信徒捐献。曾先后经办进德小学和幼稚园。1941 年，又在经七纬四路新安菜市场处建立分会，称为"小塔教会"，并建造礼拜堂。1954 年 3 月，中国耶稣教自立会在上海举行全国代表大会。同年 8 月，基督教三自爱国会正式成立。1958 年，各种不同信仰礼仪背景的教会实行了"联合礼拜"，消除了基督教的宗派组织。当时，济南全市 30 多个基督教堂口合并为 3 个，该堂为保留堂口之一。现在，自立会教堂仍是济南非常重要的基督教活动场所之一。

三里庄灵恩会教堂，位于市中区三里庄 13 号。教堂坐东朝西，1934 年由管晓峰主持建造，所用资金均为教友捐献，建筑面积 180 平方米，可容纳 400 人。灵恩会最初在经五路新华里租房一所，作为信徒临时礼拜堂，1937 年又迁至经五路小纬二路颐恕里。主礼拜堂自 1934 年就已经开始筹建，因为经费不足，时停时建，直到 1939 年才建好。灵恩会是基督教教派之一，由美国神召会（五月旬节教派之一）演变而来。1930 年，山东费县牧师杨玉林受神召会影响倡议创立灵恩会，1933 年由牧师王长泰、长老管恩昌（又名管晓峰）主持创立，名曰"山东中华基督教灵恩会"。灵恩会自称："我们独得圣灵恩惠"，主张即使是罪大恶极者，只要进堂痛哭认罪悔改，圣灵便进入心中，使人能见异象做异梦，并心情愉快度过终生，其宗教节日和礼仪与长老会相仿。教会分别在官扎营、东箭道、北大槐树、南大槐树裕忠里、道德三街、经三纬八路、大同路建立 7 处分会。教派采用浸水洗礼，1959 年有信徒 850 人，礼拜堂 2 座。1958 年，三里庄礼拜堂还做过一段时间五里沟天主堂的聚会场所，1959 年实行联合礼拜后停止活动。2001 年 12 月 26 日，三里庄教堂正式恢复宗教活动。

南上山街浸信会教堂，位于经七路纬一路附近的南上山街 20 号，1923 年由美籍牧师娄约翰主持、美南基督教浸信会国外布道部出资建造，在南上山街购地 1.4 公顷，盖起了礼拜堂及住房，并附设真光女子中学和妇女学道班。教堂占地面积 14000 平方米，建筑面积约 500 平方米，可容纳 500 人。南浸信会教堂自建立至 1951 年，一直接受美国南浸信会津贴。1937 年，鉴于老城区发展的南浸信会教信徒到南上山街教堂做礼拜较远，由在济南老城区居住的美国信徒 May 出资 1 万元，在后宰门街购买民宅，建造了后宰门礼拜堂。1985 年，南上山街教堂因年久失修，不能使用，遂将旧堂拆除建成现在的新堂。1986 年 12 月，南上山街正式复堂。

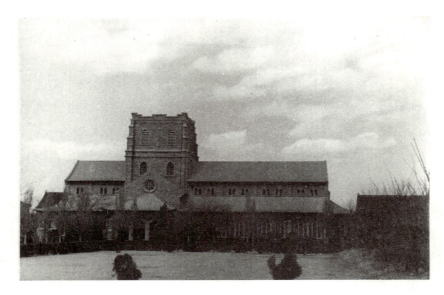

康穆礼拜堂（1941 年）

安息日会教堂，位于经四路，1917 年由美国传教士温候·雅各购地 0.39 公顷，建起礼拜堂及住宅楼。安息日会，1915 年在济南魏家庄创办，该教派接受美国安息日会津贴，由设立于北京的华北安息日会领导。着重宣传基督复临、谨守安息日（星期六为安息日），采用浸水洗礼。每逢安息日举行礼拜之前，先进行安息日学（专为安息日方面的布道），然后再行崇拜，每次圣餐礼之前举行洗脚礼（进堂后教友彼此洗脚）。1938 年外国传教士相继回国，逐渐由中国教徒接管，1959 年停止活动。

救世军礼拜堂，位于经二路长春里，1933 年由救世军购地 1.7 亩兴建。救世军，1918 年由丹麦人窦维华在经二路创办，接受英国救世军津贴，并以此为队部。救世军采用军队形式，实行军官制。军官分别有不同军衔，相当于其他教派的牧师、长老、执事等。救世军只有入队仪式，没有洗礼。济南救世军每天开门布道，并组织音乐队，打着军旗。每次结束时在街头散发卡片，广收军徒。1922 年曾在经六纬一路、纬十二路、曾家桥等处分别设立济南救世军南队、西队和北队。抗日战争时期，队部曾被日军占领。

抗日战争胜利后，由军中的中国军官高道平主持恢复宗教活动。1959年实行联合礼拜后，停止活动。

耶稣家庭教堂，位于岔路街，1947年建成，可容纳400多人，并有住房52间，共1220平方米。耶稣家庭是中国自办教会，1942年由复继方、刘月英在济南道德三街创办。后经3次迁移，1945年在岔路街购地1公顷，建成教堂及活动场所。该教派实行家长制，家庭成员自愿破产入家，入家后集体生活，共同劳动，成员间互称弟兄姊妹。家庭内一切事务如生产、生活、婚姻等，均由男女家长负责安排。教会采用浸水洗礼，经费自给。家庭设有大厨房、小厨房、针线房、鞋工部、婴儿室及男、女宿舍和医务部，生产部门有铁工部、农工部、运输队、瓦工部、木工部、粉房、磨房等，并在北园刘家桥租地6.4公顷从事农业生产。耶稣家庭强调吃粗穿破、生活朴素，重视异梦异象。1953年耶稣家庭成员成立三自革新运动委员会，通过"分家"，使所有入家者均恢复了各自的家庭，教堂留作礼拜用。

以上说的都是基督教的礼拜堂，济南商埠还有少数几座天主教堂，比较早的是位于经一路的方济各会五里沟天主堂。清光绪二十七年（1901），天主教济南教区方济各会的德国传教士，在五里沟胶济铁路济南站西邻（今市立二院处）购地7亩，建起天主堂。教堂由一座二层小楼和两排平房组成，外面的一排是闻津小学，里面的一排为教堂。1923年，第一批美籍修女来华，欲将五里沟诊疗所扩建为医院，由洪家楼天主教堂的一位德国籍庞修士主持，开始兴建主楼和辅助建筑，1925年竣工后，定名为"若瑟医院"。天主堂又在经五路购了20亩地，建立新堂，1928

康穆礼拜堂祈祷的女生（1940年）

年新建西式圣堂完工。由天主堂改建的若瑟医院医院主楼呈"工"字形，共三层。主楼后面新建一排西式平房，分别是西餐厨房、中餐厨房、修女餐厅和男餐厅。平房最西端为新建的小教堂，俗称为"若瑟天主堂"，供医护人员使用，原来的教堂则改成了眼科病房。小教堂平面是 T 字形的，坐南面北，主入口北门内是一个木制的螺旋楼梯，由此可以直上二楼夹层的平台，那里是唱诗班的位置。主堂一开间五进深，四分肋骨拱穹隆，神坛位于南侧，也是由四分肋骨拱穹隆构成。两侧墙上的窗子上镶嵌有各色的彩色玻璃，宗教气氛浓郁，是一座较为典型的罗曼式教堂。新中国成立后，这里成为了济南市第二人民医院。

一百多年过去了，经四路上的礼拜堂仍有赞美诗的声音传出。仿佛，有些事情并非时间能够改变，就如经纬路上的车水马龙一样。

# 逝去的武林：辉煌一时的
# 山东省国术馆

耿 仝

山东国术馆

对于济南人来说，"武林"其实从来都不遥远，它就在中山公园南门对过。民国时期，山东省国术馆在这里成立，神秘莫测的"武林"就在这里凝聚成形。它以"提倡国术，增进民众健康"为宗旨，打破了千余年来"武林"中门派的狭隘观念，开枝散叶，成为民国时期国术教育的摇篮。

　　时至今日，山东国术馆的影响仍很深远。以"太极拳"为例，在民间流传最广的并不是传统流派的拳法套路，而是 1956 年由国家体委编制的"简化太极拳二十四式"和"八十八式太极拳"，这两种套路都是以山东国术馆编纂的《太极拳讲义》为蓝本的。旧日山东武术的地位，由此可见一斑。

　　山东人自古就有练武强身的习惯，辛亥革命后，民间习武之风日盛。军政当局为了训练军警及体育师资，也积极倡行国术。国民政府奠都南京后，成立了"国术研究馆"，1928 年改称"中央国术馆"，由国民党著名将领张之江任首任馆长。自此，各地纷纷成立国术馆及分馆并举行不同级别的国术比赛，以选拔人才，推行国术。1929 年 4 月，山东省国术馆成立，所有费用皆由山东省政府支付。最初拟于纬九路租"戴公馆"做馆址，后将馆址定为济南商埠四大马路小纬五路，今中山公园迤南。

　　说到山东国术馆，那就不能不提大名鼎鼎的"马良军事武术传习所"及"山东省武术传习所"，这两者是山东国术馆的前身。军士武术传习所，又称"马良技术大队"，成立于 1914 年，山东省武术传习所则成立于 1917 年，都是四十七旅旅长兼济南卫戍司令马良所设立，均聘请当时的武术名家担任教习。山东国术馆承袭马良武术传习所之利，所习拳种多由济南镇守史马良军中武术传习的老教员传授。这些拳师，都是北派拳术的著名武师，如长拳、少林拳名家常秉章、摔跤名家李培义、形意拳名家李膺勋、太乙门传人窦来庚等。馆内所习拳术包括北派拳脚及太乙门拳脚，兵器则包括长短兵两种：短兵有刀（鬼头刀、柳叶刀、斩马刀、峨嵋刀）、剑、护手钩、七

窦来庚

节鞭、峨嵋刺、拐、棒、三节棍等，长兵则有棍（齐眉棍、哨子棍）、枪、二郎刀、春秋大刀、朴刀、月牙扁铲、钩镰枪、戟（单戟、双戟）等，又有大刀进枪、锐进枪、双刀破枪、哨子棍破枪、三节棍破枪、单刀拐了破花枪等兵器对打。

山东国术馆的馆长最初由李景林担任，副馆长为李景林的旧部赵宝箴，教务长是李书泰，宋乃干负责总务。李景林（1885—1931），字芳宸，号广古川，直隶枣强（今河北省枣强县）人。李景林曾任直隶督办，是当时奉军五虎上将之一，后被张作霖罢免所有职务，退出军旅。1929 年，曾一度执教浙江国术馆，后任中央国术馆副馆长。1930 年，阎锡山、冯玉祥联合反蒋，李景林奉国民政府之命在济南策动反击。12 月中旬，上海铁路局为李景林特发一列北上济南的专车，李景林到济后，即刻宣布恢复因战争而停止活动的山东国术馆的正常活动。

李景林

李景林精通武当剑和内家拳术，他"幼承父艺，从学技击"，学习燕青门、二郎门武术技法，14 岁时受教于武当剑"丹"字派第 9 代传人宋唯一，因此有"武当剑仙""神剑李"的美誉。后又拜在太极宗师杨露禅的三儿子杨健侯门下，成为杨家稀有的外姓徒弟之一，深得太极拳精髓。李景林对太极拳有深刻的研究和认识，他认为太极拳"一举一动一进一退，都含有很深的哲理。从实际的功效上说起来，太极拳，也算是修心养性，增长智慧，健强体魄的唯一好方法，但恐学者不易领悟其奥妙，所以我们山东省国术馆编辑科的初步工作，先从事于太极拳的研究，然后再继续编著其他拳术和器械"。1929 年冬，在李景林的主持下，国术馆编辑出版了《太极拳讲义》。其中，太极拳歌诀、拳谱部分邀请杨式太极拳第三代宗师杨澄甫编著，图片部分则根据当时山东省国术馆教务科主任李玉琳的演示绘制。《太极拳讲义》出版后畅销全国，供不应求，很多人把《太极拳讲义》中的太极拳称为"李景林式太极拳"或称为"杨式太极拳新架""新杨式"。

李景林非常重视对包括太极拳、八卦拳、形意拳、武当对剑、散剑对击和少林拳等在内的各种传统套路的推广，他制定了一套正规的武术教学规则，并对教师提出了严格的要求。例如，要求教师每月要亲自给学员做一次示范表演，包括拳术、器械、对练等等。李景林的一系列措施，有力地推动了国术的发展和普及。李景林在武林声望颇高，其入门弟子有 500 多人。然而，就是这样一位"英雄"人物，却因为痢疾坏了性命。1931 年 12 月，李景林在纬九路寓所去世，年仅 47 岁。

李景林病故后，山东国术馆先后由韩建秋、赵宝篯等负责馆务。1932 年 8 月，根据中央国术馆规定的由各级行政长官担任馆长的要求，韩复榘兼任馆长一职，窦来庚任副馆长。

韩复榘（1891—1938），字向方，直隶省顺天府霸州（今河北省霸州市）人，冯玉祥手下的十三太保之一，国民党山东省政府主席。韩复榘与武术结缘，也是因为太极拳。1930 年，韩复榘因调养慢性病的需要而练起了太极拳，经过一段时间的练习，他的病渐渐好转。韩复榘大为高兴，拨出专款重印山东国术馆编著的《太极拳讲义》，并为之作序。韩复榘在序中讲道："余于国术，夙所崇尚。而国术教官于君鹏九，精太极拳三十七势，能图其姿势，道其意义。所编太极拳一书，深切著明，余心滋惬。爰集公务人员，从事演习，果能神而明之。"他除每天坚持练习太极拳、太极剑外，还要求济南市的公务人员都要练习国术拳脚，尤其要练习太极拳。为了推广太极拳，他让省国术馆举办太极拳师资训练班，甚至下达行政命令，让民政厅、财政厅、建设厅、教育厅的所有人员一律学习太极拳。当时的山东省政府在省体育场举行过两次太极拳大检阅，韩复榘和四位厅长先打一遍，以示表率。随后，四大厅所属各机关单位列队进场，集体打太极拳。动作不到位者，当场予以处罚。

山东国术馆的日常工作，是由副馆长窦来庚负责的。窦来庚（1900—1942），字峰山，山东省临朐县营子乡窦家洼村人，武当太乙门派嫡传弟子。窦来庚自幼尚武，1919 年考入济南一中，当年转入山东省武术传习所学习。1932 年窦来庚任山东国术馆副馆长，任副馆长期间，组织了 18 个班。他编写了武当、少林和太乙派各类拳论 300 余篇，培训师范班两期，并与各县国术馆馆长一起组织了全省国术考试比赛三次，还兼任济南一中和齐鲁大学的武术教员。窦来庚还增设了大众国术班，每天早上都会派国术馆的教习去中山公园授课。

韩复榘兼任山东国术馆馆长后，通令各县成立国术馆，由县长兼馆长，副馆长由精于武术者充任。截至 1935 年，山东省内公立国术馆、国术分馆、国术社、国术训练所共计 236 处。仅济南就有 22 个武术分社，分布在经四纬九路、苗家巷、徐家花园、北园等处，共计会员 1300 多人。省内民众练习国术蔚然成风，山东的武术体育进入到一个繁盛时期。

自 1933 年开始，山东国术馆每年都会举办国术考试，以"选拔国术人才，以备参加中央国术考试及各级运动比赛选手，借以比较观摩提高国术程度，并革除国术界向来安自尊大之陋习"。国术考试于每年的 5 月 14 日至 18 日，在旧城南圩壕外的山东省民众体育场举行。应试人员以所在单位为团体，应试团体须为本省各市政府、县政府、县国术馆、县公安局、省会公安局、各路民团指挥部、省陆军各营营部、省国术馆及在本省立案的各国术单位。考试对各应试单位选送应试人员的数目有明确规定：各市、县政府、国术馆选送 3 至 5 人，各公安局选送 1 人，省会公安局选送 10 人，各民团指挥部选送 5 人，省属军队各营营部选送 1 人，省国术馆选送 20 人，各国术团体选送 3 至 5 人。

报名的单位，要在每年的 5 月 5 日之前到山东省国术馆报名，将应试人员数目、姓名等情况造册，送交考试委员会，并于 5 月 10 日之前赴会报到。应试人员不论年龄，不分性别，按比赛项目和体重编组。比赛期间的往返路费由原报送团体承担，而比赛期间的膳食、住宿费用则由考试委员会承担。

比赛项目分拳脚（搏击）、摔跤、短兵（剑术对击）、长兵（枪术对刺）四项，依照的是中央国术馆所颁布的比赛规则。摔跤分三个回合，胜两场者为优胜；短兵也为三局，以得点多者为优胜，劈中、刺中要害部位（头部、胸部、喉部、左右肋、持剑的小臂）得全点，非要害部位得半点，犯规者减点；长兵比赛的要害部位略有不同，分上部（眼、喉）、中部（左右上肋）、下部（左右下肋、股）三部分。考试依照体重编组为五级：重量级（182磅以上者）、轻重量级（165磅以上至182磅以下者）、中重量级（148磅以上至165磅之下者）、轻中量级（132磅以上至148磅以下者）、轻量级（132磅以下者）。低重量级的应试选手，经申请后可以参加高一级别的比赛。

比赛过程分为两试。第一试为预试，即表演赛，凡第一试不及格者将被淘汰；第二试又分为初试、复试、决试三场，第一日考试拳脚、第二日考试短兵、第三日考试长兵、第四日考试摔跤。比赛时，应试双方同时登台，要先向孙中山先生遗像行一鞠躬礼，并相向行一鞠躬礼。为公平起见，比赛所用的防护用具和比赛器械，一律是由试场提供。比赛终了，由评判员将优胜者右手举起，向观众示意。比试结束后，比赛双方再向孙中山像行一鞠躬礼，并相向行礼，依次退场。

比赛每项选出最优等1至3人，优等4至6人，中等7人至12人，由山东省国术考试委员会发给省考试证书。国术考试最终选出12名最优秀者，授"武士"称号。每次比赛结束后，兼任馆长的韩复榘都会亲自给优胜者发奖并进行训话。

在1933年山东省第一届国术考试中，济南张登魁、杨春智、谢得标、金福泉、杨奉玉、马守智、周子和、马清河、何占元、金胜利、崔凤岐等获得最优等奖。1934年山东省第二届国术考试中，济南左锡五获第一名，刘锡珍、马春善、金殿生等获最优等奖。1935年山东省第三届国术考试中，宛殿文获摔跤第一名。1936年举办了山东省第四届国术考试后，又接连举办了两届山东省各县国术馆馆长训练班，以选拔、培养武术人才。到了1937年以后，随着日军侵占黄河以北地区，国术考试即告终止。日军统治期间，于济南城里后宰门重建了山东国术馆，由潘雪峰出任馆长，但国术考试已不复存在。

1937年七七事变后，山东国术馆闭馆，馆中人员包括第三期师范班毕业生改编为国民革命军第三集团军司令部警卫武士大队，窦来庚任上校大队长。1938年，警卫武士大队在临朐被改编为国民军义勇队，赴鲁西南开展抗日活动。同年秋天，国民军义勇队改编为山东省保安第十七旅，窦来庚任少将旅长，率部与日伪军作战20余次。1942年7月18日，日寇调集日伪军3000多人包抄保安十七旅。8月29日凌晨，日伪军分多路向窦部发起进攻，激战到下午4点，2000多人的十七旅只剩不足100人，窦来庚亦中弹负伤，十七旅伤亡惨重，窦来庚下令誓死不降。最终，防线被日寇突破，十七旅将士全军覆没。窦来庚举枪自尽，誓死不当俘虏，壮烈守节，年仅42岁。山东国术馆的这段历史向我们证明了：中国的武人并非只有莽夫，中国武林向来都是有血有肉、以忠义为根本的。

如今，对于生活在当代的人们来说，武林很遥远，南拳北腿、东棍西枪，刀光剑影里，有英雄、有侠客。而对于济南人来说，武林其实很近，就在平时所说的旧闻轶事里，就在晨练太极拳的套路里。济南人对武林的记忆，永远停留在经四小纬五路上。

# 万紫巷商场：商埠的"菜篮子"

耿　仝

　　万紫巷，位于纬四路和纬五路之间、经二路以北，分为万紫巷东街和万紫巷西街，两街交会处便是万紫巷商场。济南商埠，华洋杂处，但不论是中国人还是洋人，都是要吃饭的。吃饭就要买粮、买菜、买水果、买油盐酱醋，过去但凡买吃的，那就要去万紫巷。

　　济南开埠前，距府城西门五里有个村子，名叫五里沟。五里沟的东面是一片荒地，旁边是一大片菜地，雨季积水在这里冲出了一条大沟。在这个大水沟旁边，是一个存在已久的集市，每逢"集日"，周围村镇的乡民都来此交易农副产品。随着商埠的开辟、胶济铁路的通车，商埠沿火车线一带成了火热的建筑工地，大批工匠及商人每日生活所需成了问题，这就给五里沟带来了商机。每隔五日才有的集市，逐渐变成了每日上午都营业的市场。每日天刚蒙蒙亮的时候，乡民们推着小推车、担着菜担子来到水湾边，买家也是早早的来，买了菜回去好开工干活。中午还没到，集市上的人就差不多都散了。

　　这种情况到了宣统二年（1910）就有所改变了，因为德国人看上了这个菜市场。阿基米德说："给我一个支点，我将撬动整个地球。"德国人说："修一条铁路，我将获得整个山东。"1898 年，德国强迫清廷订立《胶澳租借条约》，强租胶州湾，第二年便着手修建胶济铁路，直到 1904 年胶济铁路建成通车，德国人靠一条铁路谋得了整个山东省的利益。老谋深算的德国人认识到，掌握菜篮子、面袋子，在一定程度上对掌控济南商埠是有益处的，并可以保证胶济线场站的后勤供应，掌握住市场至少不会被人卡了脖子。于是，德国人在要求划出领事馆驻地外，又向清廷加了一条要求：开设洋人专用的市场。开领事馆需要讨论，开菜市场嘛，对清政府来说那不叫事。顺理成章的，山东巡抚指令济南商埠局将这个市场的管理权交给了德国人，辟为外国人专用的商场。德国人在市场内建起了一座德国式的四面亭，作为外国人副食买卖的专用场所，这里是济南最早的洋人贸易场所。亭子之外，仍是中国乡民自由买卖的市场。因为四面亭是固定的交易场所，营业时间就延长到了傍晚。

20 世纪 40 年代万紫巷心平菜市

随着商埠建设的日新月异，水沟被填平，周围建起了民居和商铺，形成了一个以四面厅为中心的巷子。这个巷子一开始被居民称为"湾子巷"，后来因为四面亭的平面是呈"卍"字形的，所以厘定街道地名的时候就给它起了个名字"卍字巷",后来写作"万字巷"。日伪时期,万字巷被改名为"鹤字巷",抗战胜利后又恢复了"万字巷"的名称。1953年,万字巷分成了万字巷东街、万字巷西街两处地名。1966年,万字巷商场被改名为"太阳升商场",万紫巷东街改名为"太阳升商场东街",万字巷西街被改名为"太阳升商场西街"。1975年,又改为"万紫巷商场",附近两条街道也被命名为"万紫巷东街"和"万紫巷西街"。

1914年,第一次世界大战爆发。1917年,北洋政府发布《大总统布告》,正式对德、奥宣战。一年后,德国战败,德国政府在济南的财产被没收,济南商埠局顺利接管了万紫巷市场。中国人韬光养晦的智慧,至少在菜市场这件事上战胜了德国人。在商埠管理当局接手万紫巷后,做的第一件事就是——收税!除对四面亭内部重新划分外,又核算了商场内的菜摊及摊位的占地面积,对商场内85户散租菜摊和门前设摊的34户菜商,按每平方米4角5分收租,整个菜市场每月收租约为220元。随着市场的繁荣,商场内又增建了其他建筑,工商业和小商小贩也相继进入经营。《济南大观》中就列举了当时重要的菜市:"一在商埠万字巷,一在纬一路新市场,一在城内刷律巷。陈列鸡鱼鸭肉、海味蔬菜,每晨购者拥挤。"围绕着万紫巷,形成了居民聚集地,它附近有平心里、思豫里、集贤里等里弄。万紫巷过去还有一处清真寺,创设于1940年前后,是由万紫巷市场内经营牛羊肉的穆民捐款,购买万紫巷商场四排平房中第二排西侧房屋,以供穆民礼拜之用。

1937年济南沦陷后,日本人趁机侵占了万紫巷商场。他们将德国人修建的四面亭改建为四排平方,容纳了更多的商户。并在商场及周边开设20多家妓院、烟馆等。这一时期的万紫巷商场,已经不再是单纯的副食品市场了。日本战败后,万紫巷商场疏于管理,恶霸横行。有菜霸长期盘踞在市场内,不但强行向商户收保护费,还操控市场菜价,从中牟利。

1948年秋,济南解放,万紫巷迎来了新生。人民政府惩治了恶霸,对万字巷环境大加整顿,使万紫巷商场重现生机。经过几十年的经营和建设,万紫巷商场变得万紫千红起来，这里曾是济南最大的综合农贸市场。20世纪90年代以前，万紫巷是济南人购买蔬菜以及副食品的首选之地，买家总能在这里找到最合适的商品。周末，尤其是春节前，整个商场内熙熙攘攘，牛羊猪肉、山珍海货、各种罐头、豆制品、油盐酱醋一应俱全。20世纪50年代，万紫巷商场专卖一种荣成石岛产的蠓子虾砖，称为"济源号虾糕"。虾砖比豆腐干大些，包装的红纸上用木戳印着"蠓子虾砖"四字。虾砖味道较虾酱浓郁，买回来掰下一块就能用，炖出来的菜味道鲜美，故风靡一时。万紫巷西街上有济南冷食糖果一厂，夏天制作冰糕，冬天则制作糖果。一到夏天，整条街上都能看到批发冰棍的商贩。万紫巷东街上有一家煤店，供应着万紫巷一带的生活用煤，每到冬季，煤球机日夜不停，送煤的、拉煤的地排车络绎不绝。

作为济南曾经最大的农贸副食品市场，万紫巷与济南饮食行业中的老字号有非常紧密的联系。如当时济南非常有名的汇泉楼饭庄，它的菜品在济南是出了名的精细、讲究，在原料上也是下足了本钱。汇泉楼所需的调料必须要出自醴泉居酱园的，海产品、干货、肉类、禽蛋、粮油必须是出自万紫巷一带的商号。万紫巷不仅有优良的烹饪原料，还有名吃烤鸭子。济南制作烤鸭的历史非常长，在明末就出现了专门经营烤鸭的商铺。清朝嘉庆年间，一对薛姓兄弟在县东巷开设了文和楼和德合楼，专门制作烤鸭。清道光年间，德和楼搬到了万紫巷。德和楼制作的烤鸭，色泽红艳，肉质细嫩，味道醇厚，肥而不腻。除了烤鸭，万紫巷还与济南名吃把子肉有过交集。光绪年间，有位叫赵殿龙的年轻人在济南万紫巷一带摆摊，专卖大米干饭把子肉和大肉丸子，这个饭摊后来搬到了南岗子的新市场，这就是济南鼎鼎有名的"赵家干饭铺"。据说，万紫巷过去还有一家正泰恒饭馆，经营的也是大米干饭把子肉。正泰恒饭馆的前身是位于纬十二路的正泰恒饭铺，民国时期迁来万紫巷一带，新中国成立后成立了正泰恒合记，迁去了经二路。

商业繁荣的地方，必然就有金融业的伴生。1931年，洪兴源银号在万紫巷开张，但很快便随着 1933 年和 1935 年的两次币制改革而关门歇业。万紫巷商场东侧有一家青岛中鲁银行的分号，1931 年 4 月设立，经营存放汇及各项银行业务，并兼办储蓄。因为该银行的前身是中鲁钱庄和中鲁银号，业务沿袭银号的做法，非常迎合旧式商人的需要，故业务量在同业中位居中上。万紫巷附近还有一处日本商人建立的典当行，1928 年 10 月开业，名为"大宝当铺"。日商典当比华商典当利率高，当时华商典当月息 2 分，外加保管费，共合 3 分，大宝当铺则 50 元以下月息 5 分，100 元以下月息 4 分，100 元以上月息 3 分，当值愈小利息愈高，平民被剥削最甚。

民国初期，这个繁荣的菜市场还出过一件大事情。1911 年，就在万紫巷生意红红火火之时，山东末代巡抚孙宝琦宣布山东独立。11 天后，同样是孙宝琦，又突然宣布取消独立，吴炳湘等人派兵镇压革命党人。12 月 10 日晨，济南巡防队长聂宪藩率领军警搜查经二路西头路南的宜春轩照相馆和万紫巷的万顺恒洋货铺，逮捕了革命党刘溥霖、杜瑠等 14 人，在万紫巷当场用枪托砸死万顺恒洋货铺的东家蓝盛九，并抢劫了这两家店铺的财物，这一事件被称作"宜春轩惨案"。对于此事，孙宝琦曾致函电袁世凯，表达了他对革命党人强烈报复的担心："聂道因巡防队缉捕党人，抢掠一空，在营复私刑拷讯，与缉匪同，并大干物议，虑有暴动。"事发后，济南商、学等各界提出质询，当局被迫于 12 月 12 日公开审理，聂宪藩被迫辞职。

旧社会，万紫巷不仅有"革命党人"的惨死，还有封建把头在诈骗钱财。旧社会，民间有名目繁多的借贷组织，如摇会、标会、认会等多种，通称为"合会"。一般是以发起人为会首，与会者为会脚，商定交钱多少和用钱次序，此类组织多为互助性质，但也有的组织为少数会首把持利用。1924 年前后，商埠一带多有会首划分地盘，各吃一方。万紫巷、胶济铁路车站、天桥、馆驿街、小纬六路等地各有会首把持，一方面利用合会汇集资金，一方面又高息放贷。万紫巷的会首把头，利用标会骗取钱财，先是许以优厚利息，骗到钱财后即席卷而逃，工人、店员、学徒和女佣受害最多。其他帮会首领群起效尤，蔓延全市，时人称之为"会王之祸"。

万紫巷的"热闹"还遗留到了现在。2017 年 5 月，万紫巷附近施工过程中，挖出 40 枚炮弹。有人猜测是济南解放战役期间的，有人猜测是日本人败退时期所遗留，众说纷纭。回顾万紫巷的历史，张宗昌督鲁期间，曾在商场的东南部建了一处军械仓库，名为"济南兵工厂办事处军械分库"。日伪时期，拆除了军械仓库，建起了一座名为"心平菜市"的农贸市场，这些炮弹就是这处军械仓库的遗存。一处繁荣的市场，在一堆炮弹上经营了 70 余年而平安无事，似有神助。

时光辗转，100 多年过去了。如今的万紫商场已失去了原有功能，但它仍以自己的存在，守护着商埠曾经的辉煌。

# 华北第一池——铭新池

牛国栋

铭新池鸟瞰

与旅馆业一样，开埠以后，济南的洗浴业规模和档次有了较大提升。而 20 世纪 30 年代初，位于经三路紧邻魏家庄的铭新池将济南洗浴业又向前推进一大步。

铭新池掌门人张斌亭祖籍黄县（今龙口），16 岁开始到青岛谋生，先在源泰布店当伙计，后到前海沿早年德国人开办的亨利王子饭店干了 10 年，做了厨师。英美烟草公司青岛分公司招兵买马时，他便又一次跳槽，靠着自己的勤奋还当上了经理。很有商业头脑的他，后来自己开设了东合利土产店，有了不少积蓄。他看到岛城的玉德楼、三新楼、中新池等澡堂生意兴隆，决定创办一处更加气派的浴池，并将投资目光转向省城商埠。1931年，张斌亭来到济南，与几个当年同在亨利王子饭店的同好及其他几个胶东人共17位股东一起筹建浴池。当时济南老城及商埠内已有大小浴池30多家，见过洋场面的张斌亭力求做得更好。他相约青岛市工务局工程师、铭新池设计者张索文先后到北京、天津、大连等地，参观考察了许多知名浴池，并将设计方案反复修改。浴池遂于1933年12月建成开业。注册时取名"积善堂"，但最后定名为"铭新池"，为何起此名有两种说法，一是取周代青铜大鼎"铭新"二字；二是说两个字的偏旁部首拆开来读，即为"金名亲近"的谐音，吉利、亲切。

铭新池是座"回"字形楼房，地上两层，地下一层，日本原装进口的蒸汽锅炉安装在地下室。外面看似整体楼房，里面却形成院井，最大限度利用空间的同时，运用天然采光设计，即采用大玻璃窗走廊，朝阳面为单窗，背阴面为双窗，既保持室内光线充足，又达到冬暖夏凉的目的，还节省了燃煤和电耗。店内辟有玻璃花房，种养盆栽花卉，使各区域常年见绿。门厅左右两侧是长长的通廊，通廊及大厅的木质吊扇是西门子的，通廊中间是条一米多宽的过道，两边则是通铺。每两个铺位一组，中间设罗汉腿大漆茶几，上有水壶、水杯，需另付费。每组铺位之间，以半臂高的大漆木作花隔断遮挡，在此免费供应白开水，客人可自带茶叶，如点茶及茶点干果则需另付费用。而客人换下来的衣服则用竹竿挑着挂到吊柜上。二楼是雅间和雅座，空间较为宽阔。悬挂着金菜等名人书法，陈列着各种古玩，摆设着玻璃鱼缸，给素净的空间平添了几分书卷气，让人心旷神怡。这里共有246个床位，另有40多张加床用的带围挡的小竹床。浴池分为男部和女部。为方便女宾洗浴，女部另设西便门，没有浴池，只有浴盆，故也称"女盆"。有6个房间，12个浴盆，18个床位，房间里既有双开门大衣柜，还有梳妆台、穿衣镜，是当时全省最大最豪华的女浴池。客人多是日本的侨眷和演艺界人士。

我采访过曾经担任过铭新池副经理的杨中华，他的父亲杨兆山一开业就进入铭新池做工，当时只有 15 岁，主要负责大厅通铺的服务，业内称之为"茶柜"。"文革"前他还曾担任过六七年的门市部副主任，1979 年退休后，由杨中华"顶替"。杨中华介绍说，建成之初到 1956 年公私合营之前，铭新池有青砖院墙，院门是两扇黑漆木门，院子东侧为董事长张斌亭的座驾——一辆黑漆红布篷洋马车的存放地。

20 世纪 80 年代的铭新池

铭新池一贯秉承"一尘不染，水清池净"的管理理念。店内规定，每日卫生三次清理，做到"亮、光、净"。踏步上压着黄铜条的木楼梯、木扶手、木地板、木隔扇及桌椅、沙发、茶几、立柜等家具擦得干净，没有浮尘。铜水壶、铜脸盆、水桶、熟铝痰盂、提鞋拔子、门把手等金属制品每天擦防锈油，使用几十年后仍油光锃亮。木门窗框也是每年油漆。常来洗澡的人都知道，铭新池通风、排气、采光都好，浴池的顶部不凝结汽水，更不会滴到顾客身上。大厅四角都设有进气孔和出气孔，大浴池的房间也是透光的双层玻璃，浴室显得明亮。洗脸间的条凳是大理石做的，瓷砖墙上穿插的陶瓷壁画是日本富士山等地的风景画。澡堂里的搓背、修脚、敲腿、理发等雅称"肉上雕花""掌中风雷"之类的服务，业内称为"下柜"，但这几样服务被顾客称为铭新池"四大绝活"，样样做得棒。铭新池建成后的最初几年，女盆没有女服务员，洗浴者也多为日侨、官宦及有钱人家的太太、演艺界人士。为这些女顾客服务的男生，必须遵守"目不斜视"的服务规范，如有客人投诉会马上被解雇。洗浴业在旧时被视为"下九流"的行当。为防止地痞流氓寻衅滋事，各家浴池都寻找自己的靠山。为博得时任省主席韩复榘的欢心，1934年，铭新池在北楼二层修建了一个豪华套间大浴室（后来称1号大房间），内设3个盆，4张床位，铺着纯毛牡丹花地毯，平时不对外营业，只归韩及其随从专用。浴室还聘用时任手枪旅旅长吴化文的表弟曹辅臣负责上柜（账房）业务，后来还聘任他为副经理，由他协调地盘上的事。作为高档浴池，铭新池的各项收费较同行要高。从抗战胜利后直到20世纪80年代，这里的票价楼下池座一律2角4分，楼上雅座2角6分。据说这样一张价格的洗澡票可买一袋子面，而小房间高达8角。

公务、商务间的交往，或外地来了亲戚朋友，请来这里洗个澡、搓个背，绝对有面子，不掉价。当年晨光茶社的老板孙少林，就把铭新池作为接待同行和朋友的地方。他还专门在二楼指定了一个僻静的单间，并与负责这个单间的一位姓马的大胖子伙计建立起友谊。据孙少林的儿子孙小林讲，有一年秋天，孙少林请天津相声名家冯立铎来这里泡澡，也不失时机地与其聊天"抒活儿"（向对方学习），一时间他们二人从水池子里起身，站在池边围着浴巾一人一句，说起名段《卖布头》，引来池子内外的阵阵喝彩。新中国成立后，京剧名角方荣翔也爱到这里洗澡，他喜欢在二楼靠近理发和修脚处58号床休息。

百姓们也为到此洗浴而沾沾自喜。一些家境较好、有钱有闲的中老年

人，还有专门爱"混澡堂"的，几人相约，来这里泡泡澡，抽抽烟，吹吹
牛，甚至自带点五香花生米、酱黄瓜之类的小菜和老白干，披着白浴巾，
在床上半坐半躺，喝上几盅，体验赛过活神仙的滋味。深秋以后，尤其到
了年根儿，不管是星期天，还是节假日，铭新池里人满为患，"下起了饺子"。
因为济南人都有年前洗澡，除旧迎新的老习惯。那时的铭新池有两道门，
二道门里则有几把连椅，供买了洗澡牌子的人排队等候，大家只好耐着性
子等，并不时地挪着屁股前移。大堂里还不时地传来服务员巧妙的逐客令：
"人多屋子窄，前客让后客，晾晾穿衣裳！"

　　由于铭新池规模大、设施好、服务佳，不仅在省内同行业中执牛耳，
而且在省外也打出了名堂，被誉为"华北第一池"。1945 年，国民党军中一
个叫傅作军的旅长，山东人，曾担任上海山东同乡会会长，他联合上海、
南京两地山东字号的同人作为股东，在南京城大行宫附近建起高三层的大
明湖浴室，建筑风格、室内装潢和服务规程效仿济南铭新池，店员也是清
一色的山东人。这里专门开辟的女子浴室，是当时南京洗浴业的一大亮点。
因大明湖浴室池清水深、宽阔疏朗，赢得了众多爱好"晚上水包皮"的南
京"乖乖"们的称道，生意十分红火。据说浴客中不仅有何应钦这样的头
面人物，而且在国民党总统选举时，参加副总统竞选的程潜还在大明湖浴
室设立了联络处。

　　1993 年，铭新池举行了 60 周年店庆，全体职工喜气扬扬在营业楼外
拍摄了"全家福"。四年后，保存完好的铭新池被拆除。铭新池的一位员
工，眷恋自己的企业，注册了"铭新池"牌蒸馏水，一直经营到 2000 年
之后。

# 八一广场春秋

黄鸿河

　　八一广场，风风雨雨，经历了 66 个春夏秋冬，过去广场很大，东到自由大街，西到现在的八一立交桥中心线，南到现在经十路中间线，与信义庄隔路相望，北到经九路。

　　广场是家庭延伸的庭院，是人与人之间交流的客厅。20 年前，这里曾经是济南历史上最大的广场，在那个火红的年代，八一广场作为济南人的大客厅，承担着齐鲁大地几乎所有的大型活动，利用率远比今天的泉城广场多得多，每年国庆都要迎接十几万人在这里聚会，庆祝伟大祖国的生日。一代代济南人都曾多次来过这里，目睹过广场的喜怒哀乐，八一广场凝聚了老济南几代人的悲欢，给他们留下了难以磨灭的印迹。当年，这么一个重要的广场是谁组织建设的呢？答案是原山东军区司令员许世友将军。

　　新中国成立后的 1950 年春天，许世友司令员站在这片沟壑纵横，野草丛生，遗骸垃圾裸露的土地上，做出一个重大决定：在今天的八一立交桥北，大纬二路西位址上建"八一礼堂"，礼堂对面建一座宏大的广场。经过三军将士和广大群众一年多的艰苦奋斗，一座中西合璧，颇具欧式风格的大礼堂拔地而起，同时，填平壕沟，深埋尸骨，平整土地，建起了朴实无华又宽阔平坦的八一广场，并在广场中央竖起一根高 15 米的木旗杆，随后 30 年又分别三次更换为水泥杆、金属杆和 20 米高不锈钢旗杆。

1959年，庆祝国庆十周年济南八一广场集会游行

　　1952年国庆节，山东省党政军民在八一广场举行了隆重庆祝活动，在大礼堂前扎起了巨大的主席台，悬挂着伟大领袖毛泽东巨幅画像，广场对面是马、恩、列、斯和孙中山先生的画像，广场周围汇聚了三十万工人、农民、解放军指战员以及各阶层人士。庆祝大会结束后举行夹道游行，广大人民群众手持花环、彩带喜气扬扬地从纬一路、经八路、信义庄南路和现在的二七新村、英雄山路列队走过主席台，沿途歌声、笑声、口号声此起彼伏，走到经七纬二路路口处，然后秩序井然地左右分开，感情饱满地回到各自单位，从那以后每年国庆节都要在广场举行隆重的庆祝活动，那真是激情燃烧的岁月啊。到了晚上，人们兴高采烈地赶到八一广场，等待

幸福快乐时刻的光临，隐蔽在广场四周的礼炮纷纷向广场上空打礼花，火树银花把广场照射得五彩缤纷，孩子们更是手忙脚乱地在地上摸找没有点燃的礼花药，好拿回去摆成花样重新燃烧一把。

1958年全国掀起大跃进运动，大跃进运动的显著标志就是大炼钢铁，"家家点火，户户冒烟"。八一广场摆下了大炼钢铁的战场，广场上堆满了铁矿石，周围街巷号称"一脚踢"的炼铁炉和小高炉随处可见。所谓"一脚踢"就是一种高约1.5米、宽约1.2米的小炼铁炉，外形很像一个地瓜炉子，炉膛用7成黏土配3成钢砖粉末捏成，周围砌上钢砖，外设保温层，中间留一圈小通风孔，下部留一碗口大点火孔，周围堆满燃烧的焦炭，接风葫芦往里鼓风，火势大旺后有专门技术员操刀封炉，五天后开炉出铁，铁表面多有废渣，雅称"海绵铁"，炉子不用时一脚就能踢倒。群众自发地把家中的铁锅饭勺、门鼻铁钉都捐献冶炼，结果多数炼成了废铁渣，然后集中用地排车送到东郊铁厂。群众性的大炼钢铁持续了半年多，最终以失败告终，但人们处在兴奋中自觉加班加点，熬红双眼，热火朝天的革命干劲变成了难以割舍的历史回忆。但是，谁也不能否定，我国门类齐全的工业基础，特别是钢铁工业基础，正是在那个年代中诞生的，山东省最大的两家钢企济钢、莱钢就是例证。

紧接着是三年困难时期，先是大炼钢铁荒芜了庄稼，熟透的粮食未及时归仓，公共食堂使老百姓没有了储备粮，全国上下闹粮荒，紧接着是苏联逼债，全国自然灾害频繁，水灾殃及全国大部地区，政府号召生产自救，连续举行了9年的"国庆"庆祝大会暂时停办。此时，八一广场变成了老百姓的庄稼地，周围信义庄、四里村、自由大街的居民纷纷在这里开荒种地，掀起"生产自救"，有种玉米、高粱的，有种小麦、南瓜、黄豆的，八仙过海，各显其能。三年困难时期，八一广场给周围居民奉献了救急粮，给百姓摆脱饥饿带来了实惠。

1962年国家渡过了最困难时期，八一广场又恢复了往日的生机，每年一度的国庆节庆祝活动重新举行。八一广场是学生放学后的乐园，大伙把书包放在广场中央保护旗杆的水泥台上，在那里玩游戏、砸毛驴、推铁环、掷沙包、磕拐、跳皮筋，玩啥的都有，没有谁家父母寻找叫喊，没有谁家孩子被拐丢失，直到天黑玩饿了才恋恋不舍各自回家。70年代初社会回归平静，广场又成为大人们教练汽车、踢足球、放电影、高唱革命歌曲的快乐驿站，盛夏大人孩子在广场上纳凉过夜，冬天在广场上堆雪人、打雪仗，孩子们围着旗杆取暖挤油油。

　　过去的八一广场，地势较低，下雨容易积水，造成雨后泥泞好几天，为此20世纪六七十年代广场曾借用当时村街挖防空洞的坑土和城市建设废弃的渣土，两次运土垫地，使广场地面抬高一米多，平行甚至略高于周围的路基，同广场东、南、北三面的杨树林浑然一体，彻底解决了广场雨后积水的弊端。

# 秦琼老家怀智里

雍　坚

　　纬五路及小纬六路一线是槐荫区和市中区的分界线。大致是，此线以西为槐荫区，以东属市中区。由济南市经七路小纬六路路口南行约 130 米，是一个小十字路口。南面岔路街小区的居民往北去经七路，或者西面聚善街社区的居民东行去纬五路，这个小十字路口是必经之地。由小十字路口往东通往纬五路的是一条相对僻静的无名巷，街长 150 多米，两侧各有一家单位宿舍的大门。

　　"这条小巷是 20 多年前，岔路街一带改造时形成的。小巷北面是济南市人民银行经七小纬六路宿舍，就是在它施工时挖出了秦琼父亲秦爱的墓，并出土了墓志铭。"2017 年 7 月，60 多岁老居民崔兆森先对笔者说，他从小就住在小纬六路南街（位于经七路以南，现在并入小纬六路），小时候虽然在评书隋唐演义中多次听到秦琼的故事，也知道秦琼是济南人，可从没想到，秦琼故里就在这里。

　　崔兆森所说的秦爱墓出土于无名小巷的西首路北，也就是小十字路口的东北角。那是 1995 年发生的事情：当时，崔兆森在省人民银行办公室工作时，一天，他接到市行基建办打来的电话，说宿舍楼施工中貌似挖出了一座古墓，济南市博物馆工作人员随后赶到现场，对古墓进行了清理。

秦爱墓志铭拓片

"当时是我去的现场，济南市人民银行经七小纬六路宿舍工地挖出的古墓是个石室墓，有明显的历史被盗痕迹，墓室内只剩下墓志铭和一些残破陶俑。"济南市考古研究所所长李铭（当年任市博物馆考古部副主任）回忆说，因为考古部人手紧张，当时就直接把石碑拉回馆里存放，最初以为是南北朝时期的一座普通墓葬，并没留意其具体内容。直到几年后仔细查看碑文时，才赫然发现这竟然是秦琼父亲秦爱的墓志铭。2001 年前后，他和曾任市博物馆考古部主任的韩明祥先生、济南文史专家张昆河先生先后发表文章来解读墓志铭，一时引起广泛关注。

"回忆 20 世纪末期，本人曾赴魏家庄市博物馆图书馆借阅图书，突然看到图书室窗下横卧着一通墓志，经仔细审视碑文，令人大吃一惊，于惊喜间，发现了'左武卫大将军翼国公叔宝，委质府朝，功参王业'之句，不仅悚然。顺便询问了一下传达室陈师傅，他回答：几年前由李铭捡回馆里存放……"省文史研究馆馆员韩明祥先生曾撰文回忆秦爱墓志铭发现始末。

"2001 年，我从报刊上才知道那个墓原来是秦琼父亲的。这让我感到很自豪，原来秦琼和咱是真老乡。"崔兆森先生说。

据李铭先生撰文回忆，秦爱墓距地表二米余，坐北朝南，为单室墓，平面呈刀把方形，约九平方米，墓壁用加工的长方块石砌筑，厚约 40 厘米；墓顶用石板叠涩砌筑，攒尖顶，墓室通高两米许，东南角设墓门，外有墓道，内有石门两扇，门楣刻浅浮雕羊头纹饰。墓顶大部已塌陷，仅存西南角一小部分。出土残损彩陶俑数件及碑形墓志铭石一通，高 84 厘米，宽 40 厘米，厚 10 厘米，石已折为两段。从墓室内出土的器物残碑情况分析，该墓早年似曾被盗。

秦爱墓志铭除叙述官爵里居之句外，文章体裁为自六朝以来至唐前期的骈体文，均为整齐对偶的辞句。四字一句，每八句为一节。八句换一韵，共六节四十八句。全文用典恰当，情文并茂，当出自初唐的高手。如在记述秦代世家时，有"汉室功臣，简侯懋山河之绩；魏朝令望，中郎擅瑚琏之珍。名器并隆，徽猷无绝"之句。张昆河先生解读认为，秦氏在汉代有开国功臣彭简侯秦同，在魏朝有蜀国的曾任左中郎将、长水校尉、大司农的秦宓，都是名望官爵并高。攀援历代同姓名人为祖，是汉魏六朝以来各家族的风气。但以上句子，用于秦爱并不空泛，而且恰当。

据志文记载，墓主人姓秦，字爱，号季养，齐州历城人。秦爱之祖父名孝达，魏广年县令；父方太，北齐广宁王记室（五品官），秦季养与父亲同朝为官，曾被北齐咸阳王之孙斛律武都召入幕府，任录事参军（六品官）。北齐灭亡后，秦季养告归故里，归隐 37 年后，于隋大业十年（614）终老于齐州历城县怀智里宅，终年 69 岁。秦季养之子为唐代左武卫大将军翼国公秦叔宝（秦琼）。唐武德八年（625），唐高祖下诏赠秦季养为"上轻车都尉"，唐贞观元年十一月（627），唐太宗再次下诏加赠秦季养为"持节瀛州诸军事、瀛州刺史"，"上轻车都尉"的称号不变。参照《旧唐书》记载，这应该和秦琼在唐武德九年（626）的玄武门之变中立有军功，协助李世民顺利上位有关。因父亲接连受到两朝追封，因此，在唐贞观二年正月，秦琼将父亲改穸（改葬）于齐州历城县怀智里，以光宗耀祖。虽然志书未署撰文、书丹者姓名，根据秦琼当时的官职，当出自唐初高人之手。对碑帖较有研究的韩明祥先生认为，审视墓志拓本字体，颇像唐初书法大家虞世南（时任弘文馆学士）之书法。

关于秦琼的家世，通俗小说提供了多种版本，如《隋唐演义》说，其父秦彝是北齐大将，封武卫大将军，北周伐北齐时，奉齐主之命镇守齐州（济南），城破不降，自刎而死。济南地方志、诸家诗文和民间传说中，提供的版本更多。

版本 1：乾隆《历城县志》记载："秦叔宝宅，在西关沙苑。"清王初桐《济南竹枝词》、董芸《广齐音》均云秦宅在西关沙苑。

版本 2：清后期尹廷兰《华不注山房文集》谓秦琼宅在花店街。沙苑原在今泺源街道北端的上元街，与花店街挨得很近（中间仅隔着福康街），花店街是清末街名，原来这一带统称"沙苑"。

经考，清初顺治年间，济南秦氏始建宗祠于此，奉秦琼为始祖。地方志与诸家诗文遂误以为是秦琼故里。

版本3：民国《续修历城县志》一说秦琼故里在秦家道口（今遥墙附近）。

版本4：民国《续修历城县志》又说在城南仲宫。今卧虎山水库原有北草沟村，又称聚仙村，1958年因修水库南迁。当地传说北草沟为秦琼的姥姥家，少年秦琼常住于此。

经考，秦家道口之秦氏，是自元代方居此。仲宫秦氏，是清末咸丰年间才居此。两者均是将分支误作根源。

版本5：清乾隆年间学者桂馥，曾为文以五龙潭为秦琼故居，至今五龙潭尚有"唐左武卫大将军胡国公秦叔宝之故宅"的石碑。

鉴于隋唐时五龙潭尚是一片汪洋的大明湖，此说也难以令人信服。

版本6：据严薇青先生《济南掌故》一书记载，济南秦氏后人说，花店街为秦氏家祠，而非秦琼故宅。秦琼的故居，在现在济南西郊大槐树一带。传至若干年后，家道中落，大家准备把老房子卖掉，分居另炊。但因故居立有秦叔宝故宅的石碑，没人敢买。后来只好把石碑移到秦叔宝的祠堂门内，使老房子买卖成交。

版本7：据严薇青、严民著《泉城百年·老照片》记载，一说秦琼是历城县太平庄人。清光绪壬寅年（1902）《省城街巷全图》中有标注，太平庄位于西圩壕以西，今经四路与顺河街交界口西南。

秦爱墓志铭的出土，在一定程度上澄清了扑朔迷离的秦琼故里传说。研究者认为，里在中国古代既是长度单位，也是基层居民组织。不同时期，一里所代表的户数也不同。《尚书大传》中记载："八家为邻，三邻为朋，三朋为里"，当时，一里为72家。依照唐代的村里的组织，以四户为邻，五邻为保，百户为里，五里为乡，每里置里正一人。杜甫名篇《兵车行》中有诗句："去时里正与裹头，归来头白还戍边"。秦爱墓志铭中两次提及的"怀智里"，就是当时这样一种基层居民组织，人数相当于现在的居委会，范围可能与现在的办事处相近。

崔兆森先生说："就是建这栋楼时出土了秦爱墓志铭。"　　雍坚/摄

　　旧时济南城西大槐树庄，以北大槐树为核心，范围扩大为北大槐树、中大槐树、南大槐树等三大槐树聚居区。今北大槐树（开埠之初是商埠西界）距秦爱墓只有 2 公里，按唐代里的范围，当年这里可能属于怀智里的范围。秦爱墓出土于经七路小纬六路，其住址在北大槐树一带是有可能的。不过，但从距离上确认北大槐树是秦琼故里还不是很充分，因为经七路小纬六路距离太平庄的距离尚不足 2 公里，据沙苑的距离也不过 2 公里多一点。

　　在众多小说、戏剧、评书中，秦琼留给世人的山东好汉形象都是非常深刻的，如小说《说唐》，评书《隋唐演义》和京剧《秦琼卖马》等等，这甚至一直影响到今天外地人对山东人的印象。在济南籍历史名人中，秦琼可以说是民间知名度最高的人物。从晚唐五代起，秦琼还被神化，与尉迟恭一起成为民间知名度最高的两位武将门神。

　　秦爱墓志铭的出土不仅印证了秦琼是实实在在的济南人，还足以说明，近现代史上的济南商埠区与唐代秦琼故里——怀智里在范围上有很大交集。

# 寻根之旅：杆石桥与
# 山东大学的渊源

孙学敏

　　台北故宫博物院，地下三层的清代密档室，气氛庄重肃穆，参观者的激动与恭敬宛然在目。这是 2010 年 11 月 3 日，时任山东大学校长徐显明，见到期盼已久的珍贵文件——《山东试办大学堂暂行章程》折稿时的情景。

　　为了这份珍贵文件，山东大学校史工作人员辛苦寻找了多年，辗转奔波，多方打听。

　　史若平在《山大建校"百年"的来由》一文中提到，"1981 年秋，山东大学校史组张君侠、李华擎、郭延萍、葛兆江等四人去北京，在首都图书馆查到了 1901 年山东巡抚袁世凯上奏光绪皇帝的《奏办山东大学堂折》及《山东试办大学堂暂行章程》的汇编排印件及奏折照片"。然而，后面的寻访之路并不顺利。山东大学校史工作人员，遍寻第一历史档案馆、国家图书馆、首都图书馆、北大图书馆等地，却都未果。2000 年，时任山东大学副校长徐显明率队访问台湾，特地去拜访了曾任"美龄号"机长和台湾空军"情报署长"的衣复恩，让山大的寻访之途柳暗花明，衣复恩又给徐显明推荐了曾任台湾大学校长和台湾"国防部长"的孙震，而孙震的一个学生恰好在台北"故宫博物馆"工作，并为此事提供了很多帮助。几经波折后终查实，《山东试办大学堂暂行章程》折稿确是在台湾，保存在台北故宫博物院里。

《山东试办大学堂暂行章程》为什么如此重要？因为它是山东大学的前身"山东大学堂"的来源，也是山东大学建校于 1901 年的明证。

时光回溯到 1901 年。光绪二十七年八月初二日（1901 年 9 月 14 日），光绪皇帝正式下令全国各地书院分别改为大中小学堂。上谕云："人才为政事之本，作育人才，端在修明学术……除京师已设大学堂，应行切实整顿外，着各省所有书院，于省城均改设大学堂，各府及直隶州均改设中学堂，各州县均改设小学堂，并多设蒙养学堂。"

各地督抚纷纷遵旨办理，很快在全国范围内掀起了一个书院改学堂的热潮，山东省第一个官办大学堂就是在这种背景下创办的。

山东大学堂开校时师生合影

山东大学堂由当时山东巡抚袁世凯奏请创办。光绪皇帝的上谕发布时，山东巡抚袁世凯正在河南老家休假，看到皇帝的谕旨后，回济南组织有关人员起草了试办山东大学堂的奏折及暂行章程，于光绪二十七年九月二十四日上奏光绪皇帝，奏请先在省城设立大学堂，称"国势之强弱，视乎人才；人才之盛衰，原于学校。诚以人才者，立国之本，而学校者，又人才所以出之途也。以今日世变之殷，时艰之亟，将欲得人以佐治，必须兴学以培才"，"先于省城改设大学堂，以为之倡"，并且拟订了《山东大学堂章程》，把宣谕变成了具体可行的细则。

光绪皇帝于十月初六日朱批："知道了。政务处暨各该衙门知道。单并发。"奏陈得到清廷的照准。山东大学堂十月正式开学，成为继京师大学堂之后，在各省最早兴办的官立大学堂。

1907年山东高等学堂毕业生与教师合影

《山东大学堂章程》细述详尽，为如何创办大学堂提供了一个具体而可操作的模式，在当时影响非常大，成为各省改建学堂最好的样板，各省即使有所增减，总不脱其大致。许多地方督抚学政在书院改学堂的奏折中，多称以《山东大学堂章程》为据，有的"仿照山东章程，就本省情形、现有财力"变通办理，有的学堂，"课程、等级、班次不外山东章程。先从正斋、备斋入手，再习专斋之意"（《光绪谕折汇存》卷二十二）。

《章程》共分 4 章 96 节，包括了学堂办法、学堂条规、学堂课程及学堂经费等诸多内容。《章程》规定，所招收的学生应在 15 岁以上 23 岁以下，"通解经史，文理明顺，身家清白，体质强实，并无习气疾病嗜好者"。考试为"策论经义"。毕业后，由总办、总教习选择心术端正、学术渊博者，资遣出洋留学。详细规划了学校设施，藏书楼、博物馆、病房、浴室一应俱全，甚至规定学生"每七日沐浴一次，凡遇停课日期，有愿沐浴者，亦听其便"，规定之细致可见一斑。

山东大学堂第一批招收学生 300 名，分专斋、正斋、备斋。备斋相当于各州县小学堂，学习浅近知识；正斋，相当于中学堂，学习基础学科；专斋，相当于大学堂，学习专门学科。名为大学堂，本来只应设专斋，但是，考虑到"各府直隶州设立之中学堂、各州县设立之小学堂，尚未能一律聚设，虽有大学堂之名，而一时无所取材，惟有先设立备斋，次立正斋，初学易于造就"。

袁世凯请来登州文会馆馆主、美国耶稣教长老会传教士赫士为总教习（相当于今日之教务长），聘有教习 110 余名：清末进士宋书升等 30 余人任经学教习，归国留学生沙庆、孔祥柯等任科学教习，还聘有英、美、德、日等外籍教习 8 人。

山东大学堂的课程设置中西合璧，多学科并举，在当时有明显的进步意义。学堂重视体育运动，认为其"不但借以卫生，并可兼娴武备"。每日下午功课余暇，学生都到操场练习体操，并派一名西方人教习督操。备斋学生练柔软体操，正斋学生加练器具体操，专斋学生再加练兵式体操，"以循序渐进"。在课程设置上，山东大学堂除传统经学外，还开设了 20 多门课程，包括文学、历史、地理、法制、理财、兵学、格致、心理学、算学、物理、化学、博物、地质矿物、英文、德文、法文、日文、图画、音乐、体操等等，颇有一番学界清新改革之气。不过，尽管设立了许多西学课程，在当时"中学为体，西学为用"的教育框架下，主要课程仍是固"中学之本"。当时开设的第一门课叫"经学"，即四书五经，孔孟之道；在礼仪上，要打躬作揖或磕头。那时的教师除外籍教师和少数留学生西装革履外，多数人仍长袍马褂，还拖着一条长辫子。

值得一提的是山东大学堂先后办了 14 年，其中近 11 年的时光都是在杆石桥度过的。

1904 年（光绪三十年）在济南杆石桥路北购地 140 余亩，修建了 2700 多平方米的校舍和 900 多平方米的操场，同年冬季迁入新址。大学堂改名为山东高等学堂，在"藩库税契项"名下拨白银 8 万两，作为常年经费。1906 年（光绪三十二年）将原来的正斋、备斋改称预科。1910 年（宣统二年）又增设附属中学，学生来源由各中学转入，同时附属中学也招收小学毕业生。1911 年（宣统三年）再改称山东高等学校，把高等正科作为大学预科。1912 年中华民国成立，实行全国设立大学区、各区中心城市设大学、各省设专门学校的新体制。山东隶属中心城市北平，按章大学堂应予裁撤，因等正科两班结业，至 1914 年停办。学校停办后，部分师生分别转入清末民初陆续成立的法政、工业、农业、商业、矿业、医学六个专门学校。杆石桥的校舍为法政专门学校使用。1926 年，省立山东大学由这六个专门学校合并而重建。

作为中国受西方文化影响，在山东兴建的第一所高等学府，山东大学堂为齐鲁教育的发展做出了独特的贡献，在创建 14 年的时间内，培养了具有现代科学文化知识和素养的新型人才 770 人，有 59 名学生被选送到欧美和日本留学。其中，徐镜心、张伯言留学日本期间参加了同盟会，被孙中山委任为山东同盟会负责人。

说到山东民主革命先驱徐镜心，他与杆石桥山东大学堂还有一段惊心动魄又颇为有趣的故事。

1906 年 6 月，当时的山东大学堂，已经更名为山东高等学堂。徐镜心去高等学堂拜访革命党人孙丹林。两人饭后散步，恰逢清廷派学部侍郎清锐来学堂视察，性情刚烈的徐镜心怒火中烧，从提包中掏出六轮枪欲将三人毙命，被孙丹林阻止。就在这时，戏剧性的一幕发生了。几个满清官员下轿后，只见卸任学台载昌脑后花翎突然脱落坠地。尽管徐镜心仍然为不能动手扼腕叹息，不过这尴尬之景也颇为解气。

孙丹林在《山东辛亥革命之经过》一文中，详细描述了这一过程。

1907年6月，徐访我于杆石桥学堂。当时，适值清廷派学部侍郎清锐到山东查学，新提学使者为连甲，卸任学台为载昌（三人均为满洲籍）同到学堂会齐。徐闻之不禁发指，"君不能溅血于五步之内，以祛此满奴异种耶！"我急掩其口曰："何孟浪如是！岂不知事机不密则害成？吾赤手空拳，曷堪任此？轻举偾事，谈何容易！"徐曰："史坚如以一粒炸弹炸粤督德寿于广州省辕；吴樾炸五大臣于正阳门车站。彼丈夫也，我丈夫也，有为者亦若是！君果有斯胆略，我立即赠君以六轮手枪以葳此事。"而三人自宿舍前甬道经过大客厅，联步前进。载昌脑后之花翎，忽而坠地。徐旁观笑曰："此不祥之兆，满洲王气黯然销矣，君努力前途，好自为之！吾辈分工合作，有志竟成。"

在山东大学堂十几年的办学岁月中，为新式教育播下了一粒粒种子，也培养了大量助力社会发展的人才。

如今坐落在杆石桥附近的，颇有名望的育英中学，也是诞生于山东大学堂学子之手，并且还保留了山东大学堂的部分校舍。1913年3月，以李允峰、朱建桂、李秉元、杜友荑、刘清沂为首的一批山东高等学堂临近毕业的热血青年，立志创立一所高教学质量的学校，同年获准筹备，取"得天下英才而教育之"之意，校名定为"山东私立育英中学校"。校址定在前布政司经济厅署（今山东省人民政府大院内东南部）。1919年春，政府将拨给育英中学的原地址收回，将奉令停办的山东高等学堂西偏院的两座楼房和30间平房拨给育英中学做新的校舍。于1919年7月迁入新校址（即今育英中学校址）。今存东西两座楼房，成为育英中学办公楼和校图书馆。1922年9月16日，在中国共产党一大代表王尽美的主持下，社会主义青年团山东省地方团在西楼召开成立大会，因此这里也成为山东地下团省委的诞生地。

# 济南历史上最早的博览会

孙学敏　　张继平

有"城市面包"美誉的会展业，是现代城市经济发展的助推器。展览作为会展业的组织形式，其重要性自不待言。其实早在 1914 年，山东就有了大型的展览。

时间回溯到 1914 年 6 月 15 日，济南商埠公园一带，"马龙车水，途为之塞。游客联翩，趾踵相接"，济南历史上第一次盛大的博览会在此举行，展览厅门上的这次博览会的名称是"山东第一届物品展览会"。

商埠公园，也就是今天的中山公园。据《续修历城县志》，清朝光绪三十年（1904），胶济铁路告成，山东巡抚周馥会同北洋大臣直隶总督袁世凯奏准朝廷在济南、周村、潍县三处自开商埠，商埠县内设关、署、局以及菜市、公园等。在济南商埠规划中，确定在经三路与经四路、纬四路与小纬六路之间 8 公顷的范围内设公园。这是当时国内在商埠区最早设立的公园，名为商埠公园。商埠公园之所以改名"中山公园"，这与孙中山有关。1925 年 3 月 12 日孙中山在北京逝世，4 月，他的遗体被护送至济南，就安放在"商埠公园"内，济南人民于 4 月 4 日在公园召开追悼会，连续三天祭奠者达 10 万余人。为了纪念孙中山，商埠公园遂改名"中山公园"。

"山东第一届物品展览会"，在济南乃至山东的民族经济发展中，都可称得上是浓墨重彩的一笔。民国初期，百废俱兴，国货生产，日渐繁盛。

实业界人士和政府官员普遍认识到举办产品博览会可以扩大国货产品的影响，促进实业进一步发展。1913年春，山东实业司司长潘复"立意创办展览会以为提倡实业之先导，但事无先例，又困于经费，而各县之物产又乏精良之品，无敢望其成者。潘君运之以宏才，济之以毅力，卒将展览会经费三万元列入（民国）二年度预算案内。是年冬，北京筹备巴拿马赛会，催办各省出品，乃并两机关为一，延揽各省人才，就预算所列经费，撙节开办，而三万元之经费，亦无不给之虞。各县亦以为山东未有之盛举，故出品极为踊跃，乃有今日之盛况。"上述文字引自1916年版的《济南指南》，它简明清晰地说明了当时山东第一届物品展览会的筹备背景，并特别强调了山东实业司长潘复在筹备过程中的积极作用。事实上，这次博览会规模之宏巨，影响之深广，均可谓济南历史上前所未有。

中山公园内的四面厅

　　展览会的主办参与者是山东有史以来人员规模最盛的一次，其参与范围涵盖了山东工商农学军各行业，任职（兼职）人员上至山东都督，下到各县商会、农会会长，可以说当时山东各界精英尽在其中。当时，为成功举办好这次展览会，还专门成立以山东巡按使（相当于后来的省长）蔡儒楷（我国著名演员英若诚的外公）为会长的"山东展览会兼办巴拿马赛会出品协会"，下设总务科、陈列科、庶务科、会计科、文牍科等五个办事机构。协会还聘请了山东都督靳云鹏为名誉会长、省内务司长龚积柄为名誉监理。

20 世纪 20 年代的中山公园

　　商埠公园内原有陈列馆一座，为办好这次展览，又耗资 9000 多元在陈列馆后面新建一座长 30 丈、宽 8 丈的大型展厅，并将原陈列馆粉饰一新。同时，还在公园外马路两旁搭建了数千平方米的临时市场和游乐场所，颇有现代会展的韵味。

　　展会上，展品种类之繁、品质之优令人叹为观止。据《山东物品展览会章程》所载：这次展会 6 月 15 日开会，会期为期一个月。"所有展品以山东本省天产物、人为品为限。物品陈列分为十部。第一部：教育及学艺。

主要为省垣高校学生所作模型及标本及科技图书。第二部：美术及美术工艺。其中尤以省立第一女子师范油彩画画法生动，设色鲜丽。第三部：农业及园艺。凡五谷杂粮及蔬菜水果、各种草药及各种木材无不具备。第四部：染织工业、棉织物。以爱国布为大宗，其他出品有电光布、提花布、白粗布、丝织物、毛织与交织物、被服及裁缝品类。第五部：制作工业。主要有金属制品餐具、仿古制品；周村信纸、信封及人造纸花；省城商号自制皮鞋及日用品。第六部：饮食品。各地名产纷纷登场，如洛（泺）口之陈醋，滕县之玫瑰，济宁之点心，烟台张裕各种葡萄酒，平度各种罐头、洋面粉。第七部：化学工业。包括陶瓷器，如泗水之拓窑花瓶；博山之瓷器与玻璃制品；蜡烛及石碱类，如周村仿造之洋烛与志城造胰厂之肥皂；药物类，如东阿阿胶，及各种丸药。第八部：机械及船车。此类以省城工艺传艺所为最多。如抽水机、压水机、榨油机、石印机、救火机等。第九部：采矿冶金、矿物及地质。如沂水之金钻石、文登之蟹石，掖县之竹叶石；煤炭矿业，淄川、坊子、泰安各县之出品；炼炭及制造业，淄川各县之炼焦炭。第十部：水产。有沿海各县之各种鱼虾、各盐场食盐及烟台渔业公司各式渔具和渔竿。另设金石参考馆，会集官方及民间文物收藏精品，最可宝贵者为宋绣观音像一轴、多心经一轴。"

　　先进种植技术和良种的展示，成为一个特别的景观，让我们得以窥见当时农业的创新发展。展览会上展出了本地引进国外先进种植技术以及优良品种的瓜豆蔬菜，据后来山东省长公署公布的《山东物品展览会报告书》中所记载：山东农事试验场选购引种的外国瓜豆蔬菜种类已相当齐全，内有引自日本的铁荚黑豆、砂糖青豌豆、莺豌豆、青豌豆、蔓芜及小绿粒豌豆、琥珀芦粟、白头甘菜、时无萝卜、练马萝卜、赤与白二十日萝卜、札幌胡萝卜、东京大长萝卜、金日胡萝卜、牛角胡萝卜、砂糖南瓜、缩面大南瓜、青长茄、中生山茄、圆苦瓜、长苦瓜；引自法国的长大荚豌豆、白长茄；引自德国的白豌豆、甜菜等，共有数十种。

　　这次博览会还进行了严格细致的产品评选活动，规定对于最优者予以金牌褒奖,优等者银牌褒奖,一等给予铜牌,二等给予证书褒奖,各奖牌均附以评议证状。对于陈列物品中品质精良并宜于海外贸易者,特别选择200余种以备远赴巴拿马国际博览会。为保证评选的公正权威性,特设评议部,各部展品分设评议长、干事、主任、评议员。各参加评议人员皆为行业人士或技术专家,并要求所有出品人必须提交解说书。为维护评选的公正,展览会特别规定:评议员对于自己所出物品及自己培植、采取、产出、加工制作或参与制作之物品均不得自行审查评议。据会后统计,此次博览会共评出金牌120名、银牌295名、铜牌354名、证书褒奖384名。

值得一提的是,6月23日,北京政府农商部总长张謇抵济南专程参加了山东物品展览会,并予以极高评价。当时参观莅会的中外来宾,每天都超过万人。此外,"德国胶澳总督特派民政长葛洛司参观了各部陈列,其对本会物产之丰富,组织之完备,甚为赞扬"。为期一个月的博览会,获得了巨大成功并产生了深远影响。据后来出版的《山东物品展览会报告书》中所记载:"时间虽短,而出品陈列者计达累万。全省物品,征集周全。其规模之宏巨,影响之深广,均可谓前所未有。"

展览会期间,中外媒体纷纷对此做了详细报道,并给予较高评价。如天津英文《京津时报》评论说:"各县呈送物品有数千百种之多,无美不收,可见山东工业暗中之进步。种类繁多,实难细数……俾参观之人,诧为见所未见,可以观中国天产之丰富,手工之精巧,辉煌灿烂,极为美观。"青岛德文《新报》也注意到:"山东之展览会性质不甚与各省相同,缘系注重本省物品之改良。以供本省公众展览观摩……商界之输送物品入会陈列者,极为踊跃。每县各以本地产品送会陈列。计山东全省各种物产,无不具备……欲观山东实业现象者尽往观焉。"对于此次展览会,当地舆论更是给予极大关注,济南的《山东日报》连续刊发博览会报道,并评价说:"有至优之点数则:一、可使一般社会知本省之制造出产,已无不应有尽有,不必仰给于外货,若是人人能知此,能守之不移,则金钱不至于消耗于国外,地方之受福无疆矣。二、设备周到,统计有法,故能以少数之会员,调度极大之会场。极小之处无不井井有条，无叫骂纷杂，张皇失措之态，此虽小结，足见经营此全部分之职员有一种沉毅之精神。"从这些报道中可以看出，山东第一届物品展览会不仅在组织完备、参与之广、规模之大方面均为近代济南乃至山东前所未有的第一次盛会，而且还为济南当地经济的发展带来深远的积极影响。

# 商埠的旅馆

牛国栋

开埠以后，济南旅馆业的中心也从老城内和城关移到商埠，而且无论档次还是经营模式，比起城内旅馆有了质的飞跃。

1936 年，上海的一位名叫倪锡英的旅行家在其撰写的《济南》一书中对济南旅馆业评价较高："当一个外乡的旅客，到济南去住几天，在生活上一定也是很舒服的，济南的旅馆也很发达，全城的旅馆不下一百家，其中以胶济饭店的设备最精美，可与上海的高等旅馆相比。"而且，房价"和上海、南京比起来，的确是价廉物美"。他对这家饭店附设的西餐部也赞美有加。他所说的胶济饭店便是位于原胶济车站东南隅的两栋东西并列带有红瓦大屋顶的德式建筑，曾隶属于胶济铁路公司。1934 年 8 月 12 日，作家郁达夫携妻子王映霞及儿子郁飞，从青岛坐火车到北平时路过济南在此小住。可能是大雨过后的缘故，他说这里的"臭虫蚊子极多"。从 1940 年 6 月开始，胶济饭店东楼一度成为日本济南宪兵分队（也称车站宪兵队）驻地，今属济南铁路分局所属单位办公地。

当时济南旅馆业档次最高的外资业户应属德国人和日本人直营的饭店。位于经一纬二路路口的石泰岩饭店，老板为德国人 Schidain，店号便以其音译命名，在胶济铁路修建过程中即已开业。经营方式为满足德国等欧美侨民的需求，完全西洋化，提供煎牛排、咖喱牛肉、生牛肉末、牛尾汤、铁扒鸡、鸡蓉鲍鱼汤，以及色拉和冰激凌等。还拥有四五十个干净整洁的床位，另外设有洗澡间。当时一般旅馆每天每间租价为 8 角到 1 元，而这里单人房每天 2.5 元，双人房每天高达 4 元。店内规定，这里不准叫妓女陪酒、弹唱，不准猜拳行令，也不许当地军警查夜，因此不仅是外国人的聚会场所和社交中心，也是官府高规格接待的首选，更是有钱人的消费场所。有些贩卖烟土的不法商人也因这里安全而在此居住，丝毫不嫌房价昂贵。

1922 年 7 月 3 日至 9 日，北京大学校长蔡元培及教授胡适等人来济南参加中华教育改进社第一次会议时便住在这里。胡适在此撰写了《再论中国国文的教授》的演讲稿和两篇时评。1934 年春，知名人士柳亚子夫妇陪老母亲来到济南，游览了趵突泉、大明湖和龙洞等名胜，住在石泰岩，对这里的服务很是满意，还赋诗一首："一束棠梨红正酣，紫丁香发趁春暄。明窗几净堪容我，暂解行縢石泰岩。"1949 年初春，柳亚子应毛泽东之邀，从香港启程进入解放区，共商建国大业。3 月 14 日，他们一行抵达济南参观，受到济南党政军各界的隆重欢迎。说来也巧，他这次还是住在已改为市委招待所的石泰岩，柳亚子对 15 年后旧地重游颇为感慨。

经一路有多家日本人开的洋行、客栈及旅馆，多为两层的临街楼房，外置楼梯和室外连廊，风格简约。经一纬二路路口的金水旅馆和经三纬八路的鹤家，以及经二纬三路的营盘旅馆则是高级的日资旅馆。内设汽（马）车部，备有汽车，提供日本料理和西餐，只是房间相对狭小，房价也较为昂贵，中国人很少入住，却是来济南的日本人的必选。那时商埠内其余称之为旅馆的，也都有了较为现代的经营意识，如每天派人到火车站接送，房价稍高者饭食在内，一日两餐，面食与米饭任选，合座则两荤四蔬一汤，单开则一荤一素一汤。若顾客不需餐饮，价格可以优惠，甚至减半。至于名叫客栈的，都是满足木材、煤炭、粮棉油和牛马羊的采购商，多有房无餐，大车栈则只能自带铺盖。

# 老字号：一览济南商埠繁华

孙学敏

咖啡与茶的珠联璧合，电影与京剧的互相应和，国货与洋货的竞争共荣，工厂与作坊的相映成辉……中西合璧的济南商埠区里，这千般变化万种风情，给济南城留下了诸多现代化的因子。中外经济在碰撞中交融，商埠也成为济南时尚潮流的代表和引领者，老百姓的生活多姿多彩，济南城市的格局也悄然改变，商业中心从城里的芙蓉街、院西大街和西关一带逐步西移到了商埠经纬路一带。

20 世纪 20 年代初期，任教齐鲁大学的外籍人士帕克在《Social Glimpse of Tsinan》一书中描绘了开埠以后济南的特点，他说："在这座城市中我们发现了古代、中世纪和现代城市交织的特点。城墙、护城河和狭窄的街道是古代和中世纪城市的特色；集市、行会和家庭作坊是中世纪城市的特色；而铁路、工厂、商埠区内宽阔的街道、学校、电灯和电话线以及没有围墙的商埠区，则是现代城市的特色。"

开埠后，济南民族工商业得以迅速发展。据现存资料证明，从 1905 年到 1909 年短短四五年间，济南新建的现代化工厂就有十余家，如：沈景臣于 1905 年创建的大公石印馆、刘恩驻于 1905 年创建的济南电灯厂、徐镕鸣于 1905 年创建的志诚砖瓦公司、丁道津于 1906 年创建的泺源造纸厂、周清玉于 1907 年创建的济和机器公司、官方于 1908 年创办的济南电话公司、张克亮于 1909 年创建的兴顺福机器榨油厂、官方于 1909 年创办的津浦铁路机车工厂，等等。清末济南新创办的这些工业企业，在当时都是济南的"骨干企业"。比如，坐落在大槐树庄的济南铁路机车工厂，它占地86亩，内有机车、车辆、锅炉、机件加工、锻工、铸工、动力、油化等诸多车间，颇具规模，而且设备还是从德国购买的，比较先进。

瞄准商机，各色商号也纷纷创办，势若雨后春笋一般。据1927年《济南快览》统计，当时仅在商埠区内，各商号涉及洋行、中西药、棉花、绸布、旅馆、餐饮、食品、报业、印刷、南纸、炭业、粮栈、食油、茶叶、照相、钟表、雕刻等数十个门类，各种店铺总数数以千计。

商埠的老字号众多，每一家的故事都可以写一本书。后来在济南工商业中占有重要地位的苗氏集团就是在济南开埠之后迅速崛起的。

苗氏集团是以苗世厚（得卿）、苗世远（杏村）、苗世德（星恒）、苗世循（海南）四堂兄弟为首形成的，他们数十年间先后创办过十几个企业，如恭聚和粮栈、恒聚和粮栈、公聚和粮栈、恒聚成粮栈、同聚长粮栈、成丰面粉厂、成记面粉厂、西安成丰面粉厂、成通纱厂、成大纱厂、文德铁工厂、南京普丰面粉厂等。

苗氏兄弟来济南之前，世居山东桓台县索镇。1894年，苗家与索镇的油店大户荣仲森合伙开了一家恒聚油坊，到1898年即获利3000两白银，两家各分红利1000两白银。这时，索镇流传着"要发大财还得去济南"的说法。苗世厚、苗世远颇为心动，于1899年与郑金声、杨育轩各出银1000两白银，由苗世厚、苗世远到济南泺口开设粮栈。当时，两人还怕来济南"人生地不熟"，立不住脚，遂与荣仲森商议，从恒聚油坊拿出200两白银，托郑金声到山东巡抚衙门走动，"纳票入捐"，苗世厚捐了个例贡生，授六品衔，候补直隶州州同；荣仲森也捐了个例贡生，授六品衔，候补直隶州州判。随后，苗世厚与苗世远到泺口开设了恭聚和粮栈。粮栈经营六年后获利7000两白银。

受第一个粮栈成功的鼓舞，1906年，苗世厚和荣仲森决定以索镇恒聚油坊六年的红利 4000 两白银做底金，在泺口再开一家恒聚和粮栈，由苗世厚任经理，苗世远任副经理。从此，两个粮栈互通信息，相互配合，在竞争中始终处于有利位置，几年间苗家又获利 5000 两白银。1910 年，又以这 5000 两白银做底金，在泺口开设了苗家独资企业公聚和粮栈，由苗世远任经理。这时正值辛亥革命前夕，时局不稳，合资的荣、郑、杨三家怕粮栈遭受损失，要求分伙或退股。经协商，索镇的油坊归荣家经营，济南的粮栈归苗家经营，同时退还郑、杨两家的股金和分红。为了便于经营，苗家撤销了恭聚和与恒聚和粮栈，只保留了泺口的公聚和粮栈，同时于 1911 年在济南火车站附近开设了恒聚成炭栈。

这时，济南的交易中心已经从洛口转向了商埠，苗家抓住这个机会，于 1912 年在经一纬四路建了 30 间营业楼，又将炭栈改为粮栈。由此，苗家的粮栈生意进入了辉煌期。两年后，苗家的粮栈获利近 50 倍！苗氏由此登上了济南粮栈业霸主的地位，并在长达 22 年中独揽广帮生米生意。

据说，苗世远擅长经营，他先遍告业内，到恒聚成存面不仅分文不收还将妥善保管。许多实力弱小、仓库狭窄的粮栈业主听后，十分高兴，便把苗世远这儿当成了自己的仓库。广帮客商到济南，苗世远领着他们到仓库一转，如山的麻袋堆把广商们看得目瞪口呆：济南竟有这么有实力的坐商！买卖一下子做成了。

第一次世界大战后，中国粮食、油料作物出口激增，广东商人以及住广东的外商洋行买办纷纷北上寻求货源，苗世远主动同他们联系，取得了他们的信任。刚合作时，有一年天气异常，花生歉收，生米价格陡然上涨。而此时广东客商已提前预定了期货，若按约定价格供货，苗家损失惨重。但是，苗世远果断做出决定，仍按合同行事，损失由恒聚成全包！这笔生意是赔定了，细算下来苗家等于白干两年。但这样做的结果是，恒聚成在粮油业的口碑一下子就树起来了。此后，广东客商做生意已非苗家不成，生米生意彻底被苗家垄断。苗世远后来还创办了面粉厂、纱厂，其先租后买的鲁丰纱厂改名为成大纱厂，即后来的国棉一厂。

苗世远为人厚道，颇善交游，工作十分勤勉，据说每天天不亮就坐着车到工厂巡视，逼得手下人不敢懈怠。他病逝时，送葬的队伍从纬十二路一直排到纬二路，在桓台老家也是同时出大殡，就连当时的政要汪精卫、陈公博等人都送了花圈。

商埠区经济的繁荣，带动了餐饮、娱乐、物流、百货等各行各业的蓬勃发展。但由于篇幅所限，我们仅对商埠地区老字号做一简要概述。

20世纪末的泰康食物店　牛国栋/摄

据记载，到20世纪30年代，济南开埠30年的时间里，整个商埠地区已是"工厂林立，汽动鸣雷，灯辉不夜，道洒无尘，中外杂处，万货云集"。截止到1930年，济南全市共有工商经营机构和店铺6375家，其中商埠地区就有1629家，占25.6%。

经一路上的义德栈，由于得火车站之地利，从1904年成立，一直从事转运海陆货物、代客买卖进出口货物的业务，口碑极佳。当时，仅经一路、经二路附近，就有从事转运业务的货栈37家。专门经营珠宝钻石、金银首饰的庆云金店开办于1914年，由于其货真价廉、花色品种样式新颖，而声誉远播。专门经营西装、大衣的罗克公司、正泰等17家字号，也集中在经三路一带。专营绸缎布匹的瑞蚨祥鸿记、华泰祥公司、祥云寿、德盛永等，在济南及其周边县市都是赫赫有名的。亨德利东号、大西洋钟表行均跻身于当年的济南五大钟表行之列。宏济堂、九州药房更是当时济南百余家药铺药店中的翘楚。开业于1933年的铭新池，位于济南火车站以南、大观园北侧的繁华商业区。因其建筑独特、设备完善、服务上乘，被誉为"济南第一池"，在当时的浴池业名扬南北。

过去的老字号大多是前店后坊，经营商品十分注重质量，再加上特色鲜明，所以经久不衰；许多老字号还制定有严格的店规，规范店员的行为，如瑞蚨祥就定有27条严格规定，"以图长久"。其中第19条强调："对待顾客必须谦和、忍耐，不得与顾客争吵打架。"这些店规，执行非常严格，如有违反，会"被辞出号"。老字号奉行"童叟无欺，言不二价"的经营理念，以取信于顾客。所以店铺一开就是几十年。

美国零售业沃尔玛的诞生，就是来源于我们的老字号瑞蚨祥。沃尔玛公司创始人山姆·沃尔顿生前曾说："我创立沃尔玛的最初灵感，来自中国的一家古老的商号。它的名字来源于传说中一种可以带来金钱的昆虫。我想，它大约是世界上最早的连锁经营企业。它做得很好，好极了！"沃尔顿所说的"可以带来金钱的昆虫"即中国古书上记载的所谓"青蚨"，传说青蚨是一种形似蝉的昆虫，用母虫和子虫的血分别涂在铜钱上，不管用涂了母血的钱还是涂了子血的钱到集市上去花，钱都会飞回来，这也象征着财源滚滚。《搜神记》中有"青蚨还钱"的典故。在晋干宝《搜神记》卷十三中有记载："南方有虫，名嫩蝎，一名侧蝎，又名青蚨，形似蝉而稍大，味辛美，可食。生子必依草叶，大如蚕子。取其子，母即飞来，不以远近。

虽潜取其子，母必知处。以母血涂钱八十一文，以子血涂钱八十一文，每市物，或先用母钱，或先用子钱，皆复飞归，轮转无已。故《淮南子术》以之还钱，名曰青蚨。"而以青蚨命名的商号就是瑞蚨祥。

而今，随着时代的迅猛发展，商埠地区的老字号虽有不少到现在还闪耀着光彩，但大多数都已不复存在了，不过它们在那段历史中所催生的辉煌，仍然被后人念念不忘。

# 美食飘香经纬间

张继平

  济南商埠自从它诞生之日，骨子里就注定是政治的、经济的、开放的。然而，在老百姓眼中，商埠则是热乎乎的、香喷喷的、甜蜜蜜的、笑眯眯的。民以食为天，老祖宗此言有个漏洞，就好像不是"民"的官员、贵族就不食人间烟火一样。实际上，官也罢，民也罢，土著也罢，洋鬼子也罢，"吃"肯定是"第一要务"。

  于是乎，商埠区内大量中、西酒楼饭庄如雨后春笋般应运而生。1914年出版的《济南指南》一书记载当时在商埠地区的中餐馆有：纬五路的泰丰楼，经二路的同华楼、鸿元楼、新华楼和百花村，纬四路的致美斋和十乐坊等；西餐馆有1904年前后在经一纬二路路口由德国人经营的石泰岩、商埠公园（今中山公园）里的海国春、纬四路的海天春以及十王殿（今馆驿街西口一带）的图连达等。那时，在中餐馆就餐可以点菜，也可包席。海参包席每桌十元左右，鱼翅包席每桌十三四元左右，酒价另加。西餐馆实行的是位餐制，每客价位从一元五角到四元不等。

  到了20世纪20年代中期，商埠地区已是餐馆林立，这些餐馆与济南城里平房餐馆不同，多是"高大洋房，以门市为主，虽定价较昂，然甚清洁"（1927年《济南快览》）。中餐馆除了经营鲁菜之外，各地风味菜也纷纷面市，一大批新兴字号也接踵亮相，如，经营浙江菜的聚丰园，"风味极美"——被誉为"酒席馆后起之秀"的宾宴春，京味儿餐馆大不同，中西餐兼售的三义楼，专营江苏菜的真不同，以及清元楼、中华楼、新丰楼、雅观园、庆余楼、济元楼等。西餐馆也新开了海会楼、式燕、亨利、仁记、美记、第一春、济南番菜馆等。

20世纪30年代中期，商埠地区餐馆饭庄已几不可数。除上述外，天一坊、第一美、文生园、和兴楼、第一村、同凤楼、春和轩、华丰恒、又一新等一批中菜馆相继开业。据记载，当时商埠很多中餐馆实行套餐制，客人可以根据人数多少自己选定，如五角钱可以吃到四菜一汤，一元可以吃到四碟两菜一汤，两元可以吃到四冷荤、两热炒、两大件两饭菜。包席则从七元到十五元不等。零点菜蔬，大致一元就可吃好吃饱。在一些小饭馆里，则每位客人三角五角即可。

便宜坊　牛国栋/摄

1926年，民国文人范烟桥曾来济南工作，并撰写了《历下烟云录》长文，其中点评济南商埠地区中、西餐馆特点，颇有才子味道，读来非常有意思。他评价说："论商埠诸菜馆，济元楼如半老徐娘，犹存风韵，倘为熟客，倍见温存；新丰楼如新女子，活泼泼地，自有天真，间效西风，更新耳目；三义楼如少妇靓妆，顿增光采，已除稚气，颇有慧思；百花村如北地胭脂，未经南化，偶乐尝试，别有风光；宝宴春如新嫁娘，腼腆已减，妩媚独胜，三朝羹汤，小心翼翼。此外，番菜亦有可以比拟者。青年会如东瀛女子，不施脂粉，良妻贤母；仁记如西班牙女子，其媚在眼，其秀在发；式燕如久居中国之侨妇，渐受同化，又如华妇侨外，亦沾夷风。"

商埠较著名的中餐馆中，聚丰德开业最晚，但至今仍在营业。与它几乎同时开业的还有位于经二路纬十二路的泰丰园和经二纬一（后迁至新市场内）的新梅村。聚丰德的原址在经三纬三路路南。1932年天津人在此创办天一坊。不久，改名为惠萝春。1935年前后，由给韩复榘担任私厨的王金生接手，改名为紫阳春。日军侵入济南后，被日本人强占，改为长安饭店。日本投降后，王金生将饭店收回改回紫阳春。后因经营状况不好，由另一王姓接手，改名为同和轩，专门经营清真菜肴。1947年，王兴南与程学祥、程学礼将饭店盘下，分别从聚宾园与泰丰楼中各取一字，又从北京全聚德中取一德字，改名为聚丰德饭店，沿用至今（其中"文革"时期曾改名工农兵饭店）。在烹饪技法上，聚丰德也是独取三家之长，即聚宾园的"爆"、泰丰楼的"烧"和全聚德的"烤"。其招牌是菜蟹黄鱼翅、葱烧海参、油爆双脆、九转大肠、糖醋鲤鱼以及济南烤鸭。1988年10月1日，该店迁至经五路纬二路新址营业至今。

商埠地区西餐馆开业最早，营业时间最长的是石泰岩西餐店。石泰岩开业不久，胶济铁路饭店又宣告开业，它的西餐部以德式大菜为主，可承办大型宴会，光顾者多是德国人和国内军政要人。石泰岩不但经营西餐，而且还兼营宾馆，是吃住一体的综合性饭店，许多来济的文人墨客多选择在此逗留。1934年春天，著名文人柳亚子偕夫人奉老母北游后转道济南，陪老母亲游览了趵突泉、龙洞、大明湖等名胜，下榻的地方就是石泰岩。柳亚子甚至还专门赋诗一首，赞颂石泰岩，诗云："一树棠梨红正酣，紫丁香发趁春暄。明窗净几堪容我，暂解行縢石泰岩。"

　　15 年后的 1949 年初，柳亚子等 27 位民主人士应中共中央邀请北上，共商建国大业。3 月 14 日，柳亚子一行抵达济南，受到济南党政军首长刘顺元、廖荣标、姚仲明、夏征农等，以及中共济南市委机关报《新民主报》（今《济南日报》前身）恽逸群的隆重迎接。巧合的是，柳亚子一行下榻的地方还是石泰岩，此时石泰岩已经改为市委招待所。柳亚子在当晚日记中记道："六时下车，济南市长姚仲明、政委书记刘顺元、教育局长李澄之来迓，旋至石泰岩小憩，十五年旧游地也。"在济期间，柳亚子还意外地遇上了故友朱少屏的女儿朱青，并"同游大明湖、图书馆、博物馆、千佛山、华东大学，返至石泰岩进饭。"由于柳亚子大喜过望，席间竟"进土酒数杯"，欣然为朱青题诗一首，题记说："亡友朱少屏之爱女也。少屏为余四十三年盟社旧侣，抗战时牺牲于马尼拉者。"诗云："故人有女能前进，意外相逢在济南。埋血十年悲宿草，从戎万里胜奇男。"诗的后两句说的是，朱青在得知父亲被难的噩耗后，随即投笔从戎，参加新四军，担任陈毅军长的英文秘书，新中国成立后，她进入外交部，出任我国驻日内瓦总领事，是新中国第一位女总领事。当时，她是新华社华东分社记者，来采访柳亚子一行到济南的新闻。

　　过去，济南商埠地区的西餐店，经营菜品主要有烤牛肉、烤对虾、牛排、羊排、猪排、咖喱鸡、牛奶布丁、牛尾汤、鲍鱼汤等；酒水类主要是啤酒、白兰地、香槟酒、薄荷酒、汽水等。而中餐店大致有广东菜、福建菜、川菜、云南菜等南菜菜品，鲁菜、豫菜、京津菜等北菜菜品，以及天津锅贴、天津包子、京味小吃等。其中，百花村的爆炒腰花颇为有名，装盘后的腰花，形同麦穗，红中透亮，色香味俱佳，望之便令人垂涎。泰丰楼还开了上菜时刻字摆花加以盘饰的先河。位于经二路纬三路路南的聚宾园，还曾在济南首倡"中餐西吃"的分餐制，受到顾客欢迎。

　　济南商埠真是个遍地传奇、遍地美食的地方。如今，带着一种怀旧的心情来尝新，才能领略个中真味。

# 世界红卍字会旧址与济南道院

## 耿　仝

上新街有一处规模宏大的近代建筑群，名为"世界红卍字会旧址"或"济南道院母院旧址"。与商埠众多的洋建筑不同，它是"中国固有形式"的建筑。所谓"中国固有形式"的建筑，是指近代在接受西方现代建筑技术、功能及设计方法基础上，继承中国建筑艺术传统，创作出的具有民族形式的建筑。这组建筑，外观虽然是中国传统形式，但它的栏板、梁柱甚至是斗拱，全部都是用钢筋混凝土制成的。在洋楼林立的商埠附近，为什么会有这么一处刻意复古，却又标新立异的建筑群落呢？这就要从"道院"及"世界红卍字会"谈起了。

"道院"是民国时期的一个准宗教组织，因成立于济南，所以也被称为"济南道院"，世界红卍字会则是它的慈善事业部门。济南道院成立于1921年2月9日，"道者，大道为公之意，非道教之'道'字；院，为研道救世之修府，亦非寺院之'院'字。"道院并无现世教主，崇奉"至圣先天老祖"为主神。它不但不排斥任何宗教，反而能融合各教各派于一炉，儒、佛、道、耶、回的教祖均为崇拜对象，这种观点统称为"合五统六"。世界红卍字会成立于1922年10月28日，它与道院的关系，是一体两面，道院主修道悟道，红卍字会主行慈济世救人，是一个相对独立的慈善组织。院会中人善于社会交际，老于世故，过去的山东省政府主席韩复榘就曾担任过红卍字会名誉会长，伪山东省长唐仰杜曾担任过济南道院的纂掌，国民党山东省主席王耀武也曾做过济南道院的名誉统掌。

济南道院母院大殿刚建成时的样子

　　道院所修的建筑很多，仅在济南一地当时就有房产 1000 余间，占地近百亩。截至 1949 年，国内共设道院 500 多处，济南道院母院是最重要的一处。所谓"母院"，是因为道院的组织系统分为母院、总院、主院、省院、区（特）院、县院、镇院七级，把发源地所在的道院称为"母院"。1933 年，道院创立 12 周年时做出决议，要在济南建母院，以"永固道基"。1934 年，济南道院被奉为"世界母院"，名义上领导国内外一切院务。因为道院与红卍字会合署办公，所以上新街的这组建筑群既可以称为"世界红卍字会旧址"，又能称为"济南道院母院旧址"。

　　济南道院母院建筑群，1934 年动工兴建，1942 年竣工，是济南规模最大的仿古建筑群。整个建筑群落共分 5 期施工，建设了近八年，先后由近代著名建筑师梁思成的学生萧怡九，及朱兆雪、姚立恒、于皋民等建筑师主持设计，郑泰英为特邀建筑顾问，由北京的恒茂兴、广和兴营造厂承建。这组建筑的结构工程设计师为朱兆雪，时任北平大学工学院建筑系主任，新中国成立后曾任北京建筑设计院总工程师、北京工业大学校长。50 年代，朱兆雪曾主持全国政协礼堂、人民大会堂等重大建筑的结构设计。

建筑群采用中国传统的建筑布局，整体南北轴线长 215 米，东西宽 65 米，占地面积 13975 平方米，主要建筑面积 4284 平方米，共计 208 间。前后共有四进院落，沿中轴线依次为照壁、正门、前厅、正殿、辰光阁等主要建筑，两侧配以高起于石砌台基之上的厢房。建筑主体均为钢筋混凝土结构，混合有砖石砌体和木材装修，是一处现代建筑技术与传统的建筑样式统一的仿大木做殿堂式建筑。

建筑群的前院，由琉璃大影壁和东西侧门组成。琉璃影壁横宽 36 米，高 10 米，基厚 2 米。基础为石砌须弥座，壁心嵌浮雕"大吉祥"琉璃盆景，壁顶作琉璃挑檐，这是济南最大、最豪华的影壁墙。

《红卍字会宣言》手册封面

　　二进院是世界红卍字会济南分会的办公场所，由正门、前厅、两厢及天井组成。前厅面阔九间，进深三间，明间辟作通往后院的穿堂，外廊环列32根仿木混凝土圆柱。两侧厢房各七间，厢房两端各有引廊。

　　三进院是建筑群落的中心，由正殿、东西厢房、燎亭组成，道院的大殿就坐落在这里。大殿单檐庑殿，面阔九间、进深四间，施五踩重昂斗拱，顶覆绿琉璃瓦，围以34根外檐圆柱构成回廊。殿前出卷棚敞厦，面阔五间，深三间。大殿的前墙正中做金柱五跨，殿内顶做方格天花，后间内槽平列方柱，透雕龛形花形罩九孔。殿内正位神龛供奉着"青玄宫一玄真宗三元始纪至圣先天老祖"的统治牌位，下座又有五个稍小的铜牌位，镌刻着儒、道、佛三教创始者的名字以及伊斯兰教和基督教符号，为其传道弟子。道院供奉的圣神仙佛均设铜牌位而非神像，以示无相无不相。

红卍字会化育小学师生合影

　　正殿两侧"各工殿座九间"，分设统院、坐院、坛院、经院、慈院、宣院六个神殿。统院殿内，供奉掌籍孚圣（孚佑帝君吕洞宾）、附掌籍昌佐神（诸葛孔明）、莲台圣（观世音菩萨）、关圣（关公）、大成至圣先师（孔子）、慧圣（刘勰）等神佛的铜牌位；坐院殿内，供奉掌籍达摩佛、附掌籍普静菩萨的铜牌位；坛院殿内，供奉掌籍尚真人（尚正和）、附掌籍岳圣（岳飞）、守沙仙吴凤、守坛仙郑成功等神佛的铜牌位；经院殿内，供奉掌籍文殊菩萨、附掌籍普贤菩萨的铜牌位；慈院殿内，供奉掌籍济佛、附掌籍孙真人铜牌位；宣院殿内，供奉着掌籍亚圣（孟子）、附掌籍先知施洗约翰的铜牌位。

除神殿、神坛外，另设有道勋室（也称为"祀灵室"），这是配合院会的奖励记功制度设立的。道勋室正中供有统灵尊者、护灵尊者、渡灵尊者的铜牌位，左右摆设有各同修三代祖先的灵位，以及道院皈道后敕封"真人""真君""真子"等果位者的灵位。正殿的最东头是琳琅柜，里面保存有加寿、记天灵、记天禄、五代先灵提度享祀等奖惩记录。

建筑群的四进院，由阁楼及东西碑亭组成。阁楼原名"辰光阁"，新中国成立后改称"文光阁"，主体面阔、进深各三间。建筑外围环以檐柱，底层设 30 根，上层设 38 根，斗拱为五踩重昂。二层出平座，护栏回廊。辰光阁高九丈九尺，"四周之式宜用十二角，取一日十二时、一年十二月、一运十二万年，无非气六合于一息、妙山不远在兹之旨也。"根据道院内部的坛站制度规定，宗坛、母院、总院、主院、省院均需设高亭以承"道枢"，如滨县宗坛、北京总院、伪满总院等道院中，后部建筑均有高亭之设。唯独济南母院改亭为楼，为一特例，可见济南母院在道院中的地位之重要。碑亭为琉璃顶八角亭，分别立于阁前东西两侧，亭内置记述道院筹建始末的汉白玉石碑一方。

世界红卍字会旧址的室内装饰也独具特点。主要厅堂建筑内虽保持了传统藻井装饰，但在木雕、天花、顶棚线脚、灯具等建筑细部，则采用欧式风格。主要建筑檐下是传统的沥粉大点金彩画，廊庑、穿廊等次要建筑饰苏式彩画。建筑的钢筋混凝土结构，完全服从于中国宫殿式建筑的木结构形式，屋顶构架、柱式、斗拱、歇山、卷棚等清式大木做，大部分系钢筋混凝土浇灌而成，这是该建筑群最为显著的特点。

济南母院建筑资金由各地道院募捐而来，1933 年至 1943 年十年间，建筑捐款总收入达 224 万元（济南地区通用洋），主要建筑支出总计 218 万元，其中购房基和地基用去大约 10 万元、大殿建筑费 12 万元、偏殿建筑费 64 万元、辰兴阁建筑费 24 万元、广和兴工程款支 65 万元，其他支出 40 余万元。

红卍字会救援队

新建成的宏伟建筑，迎来的却是道院及红卍字会的衰退。随着新文化、新道德的传播，旧文化、旧道德日渐萎缩，加之全面抗战的爆发，民众的关注点转移，使道院的经营举步维艰。待全面抗战以后，各地道院及红卍会出现了各自为政的局面，有的院会在战争中一如既往地践行慈善，有的院会人员涣散、难以为继，甚至有的院会为了自身的发展而沦为汉奸组织。1937 年济南沦陷后，济南道院与历城道院的头目何仲起、张星五、王露洪等人，联合济南商界绅商郊迎日寇入城。济南道院中的不少重要人物都出任了伪职，像唐仰杜做了伪山东省长、张星五做了伪民政厅长、成逸安做了伪道尹。抗战胜利后，有些道院已基本终止活动，还有的则被国民党当局视为汉奸组织予以查封，道院及红卍字会逐渐退出了历史舞台。

1949年6月山东省政府公布"会道门"非法后，济南母院随即声明停办，但该院人员实际到1951年以后才彻底停止活动，世界红卍字会的活动则一直持续到1953年。1953年2月，世界红卍字会中华总会在《人民日报》上刊登声明："本会因不合社会需要，业经呈请中央人民政府内务部批准，自即日结束，将所有财产捐献中国人民救济总会……特此登报声明。"道院及红卍字会中止活动后，该建筑群由山东省古代文物管理委员会接管。1956年，改作山东省博物馆文物陈列室。

2006年，世界红卍字会旧址被评为第六批全国重点文物保护单位。

# 卍字会济南道院

牛国栋

上新街南半段路西，是一个占了大半条街的仿古建筑群，因曾是省博物馆的历史陈列室，我小时候是经常去的。

那时听父亲说这里曾是卍字会，也不知这么大的院子究竟做何用场，只觉得像座大庙，但又比一般的庙宇气派。白天到此让我很是惬意，一层层的院子，一道道的长廊，楼阁更是高耸，孩子们自然跑得开，玩得爽。院子里姹紫嫣红，凌霄探出墙头，文光阁前的海棠花开时，如霞似火，引来野蜂飞舞。大殿前的四棵大大的白皮松，结下的一串串松子像一个个小宝塔。可一到月黑风高之时，这深宅大院一片漆黑，大殿四角檐下的风铃不时叮当作响。透过玻璃窗，作为展室的黑漆漆的殿堂和厢房里，挂着的那些造型奇特的古代服饰，更使我浮想联翩，欲看不能，欲罢不忍，汗毛也顿时竖了起来。

这里被称为"世界红卍字会济南道院"。"卍"系佛教标志，象征吉祥福瑞，据传武则天钦定读作"万"。这个说起来有些复杂的机构其创始人之一为杜秉寅，他在清光绪年间曾任邹县、高唐州、临清直隶州等知县或知州。1917 年被刘绍基拉入会道门"济坛"，并成为其最年长的道首。1921年 3 月，杜秉寅、刘绍基等人在上新街创办济南道院，崇奉"至圣先天老祖"（太乙真人），以及儒、释、道、基督和伊斯兰五大教主，提出"五教合一""万教归一"或"万教同源"，主张"天地同根，万物一体"。道院编

264

印的《太乙北极真经》，并获北洋政府内务部批准出版。道院最高组织是"统院"，最高职务为统院掌方（简称统掌），下设坐院、坛院、经院、慈院和宣院等五院。杜秉寅为首任统掌。1922年10月，道院在济南成立"世界红卍字会"，作为道院的"善行"的对外机构。这一组织创立十年间，便发展至包括台湾在内的我国20个省市及日本、新加坡等国。济南被尊为母院，也称本院。

卍字会济南道院的最高建筑文光阁　牛国栋/摄

后来的一位统掌何澍，道号素璞，曾是北洋政府的官吏。他借住的五间房子就在前面提到的颐园对面。每当他乘自己的绿色小汽车进出时，常常引得街上的孩子们围观。40 年代他去世后，郑婴芝、辛铸九分别担任正、副统掌。这一组织，提倡以"道经为体，慈善为用"，做些"收养孤残，施医放粮"的慈善活动。1928 年，在魏家庄民康里 4 号设山东省红卍字会施诊所，1942 年改为红卍字会附设医院，分中、西医两部。"五三惨案"及济南战役时，这个组织曾组织过战地救护和掩埋处理尸体等事宜。1940 年还在道院西北角开办了化育小学，在千佛山下开办了残废院。我家 20 世纪 70 年代末迁入上新街 49 号居住的这所院子，便是化育小学旧址，至今还保留着当年的高台大门。1934 年至 1942 年的 8 年间，道院利用各地信徒的捐款建造了这组占地 1.4 万平方米的仿北京王府的宫殿式建筑群。

这组建筑由著名建筑学家梁思成的得意门生萧怡九及朱兆雪、于皋民等人设计，北京古建商号恒茂兴、广和兴营造厂承建。院落四进，坐北朝南，均衡对称，由低到高，层层推进，气势恢宏，构成富有节奏及韵律的组群序列。进得门来，南为影壁，上有高浮雕琉璃花卉盆景，盆体刻有篆书"大吉祥"字样，顶为绿琉璃瓦挑檐，饰以吻兽，影壁长 36 米，通高 10 米，基座厚达 2 米，体量堪称济南之最。向北跨过三间山门，二进院子上房是卷棚式前厅，与东西两厢回廊相连，颇有王府之气。三进院子的正殿单檐庑殿顶，因在此供奉五教之主及作法事，故殿前有巨型月台，其上由卷棚抱厦笼罩。最后一进院的主要建筑文光阁（原名晨光阁），系全院制高点，三檐三层，也是当时城关以内的最高建筑。登阁凭栏，可南眺千佛山秀色，北览趵突泉、万竹园胜景。

道院堪称民族建筑风格与近现代工艺高度结合的典范。伴随 19 世纪后期钢铁、混凝土、玻璃以及各种新型材料的运用，道院也突破了传统建筑依赖的砖木石结构模式。表面看去，屋顶构架、柱式、斗拱、歇山、卷棚等均为清式大木做法，但实为钢筋混凝土支撑。墙体仍采用水磨青砖对缝，嵌缝工整。檐下彩绘采用沥粉大点金，绘画题材及格调颇有苏州园林之风。厅堂内的木雕隔扇、灯具、门窗及配饰则采用欧美现代式样和工艺。建筑之间，太湖石点缀，奇花异木，庄严典雅之余，增添了些许鲜活感。其中三进院子中的四棵白皮松枝干挺拔，皮色乳白，树冠硕大，为市内他处罕见。据说这是当年实业家苗海南从青岛移来的幼苗。道院始建时南受圩子墙的限制，北有徐家花园、景园等大户人家的阻挡，最后一进院即文光阁前略显局促。总体而论，它那特有的绿色大屋顶在城关一派灰暗的基调中很是抢眼，也与东邻的广智院，南邻的齐鲁大学形成鼎足之势的建筑群落。

　　新中国成立后，济南道院先是由济南市民政局接管，后成为省博物馆的历史文物陈列室。因在广智院以西，馆内人士称其为西院，而广智院自然就成了东院。听父亲说，在当时全国各地文博事业"一穷二白"的情况下，山东省博物馆竟拥有两处现成的颇具规模和档次的馆舍，令其他省市的同行们羡慕不已。2006年，世界红卍字会济南道院旧址被列为第六批全国重点文物保护单位。

# 饮虎池中饮过虎吗

黄鸿河

饮虎池里真饮过虎吗？回答当然是肯定的，不然怎么叫饮虎池呢？

饮虎池本属济南老七十二名泉，遗址在饮虎池街南头，上新街北头，泺源大街路口中间，泉池约 2.5 米见方，一米来高，青石砌成，石板早已磨得锃明瓦亮。从杆石桥往东，趵突泉南门往西这段泺源大街，是原百年老街西青龙的遗址，1993 年修建泺源大街时，西青龙街连同饮虎池一起被埋在了泺源大街路基下。现在想来，如果当初饮虎池不埋，留在原地就好了，泉水旺季或许还能涌出泉水来。

不知是因为饮虎池名气太大，百姓呼声太高，还是为了保护泉名的需要，1999 年前后趵突泉公园扩建，饮虎池本属趵突泉泉脉，因此在趵突泉公园外西南角一处非常不显眼的地方，重建了一座引入自来水的假饮虎池，石砌的水池中雕饰了三只下山虎，现在已经很少有人问津，年轻人更是不明白饮虎池是"何许人也"了。

因"饮虎"而得名的饮虎池街，200 年前就已经形成了街巷，当时因街巷北接城顶土街，南靠西青龙，方向正南正北，艳阳高照洒满整条街道，最早取名朝阳街，后因同筐市街北边的朝阳街重名，遂借用街西北口大庙罗公祠更名为大庙街。罗公名罗文瑜，清康熙四年（1665）济南知府。街南头有一处清泉，南面深山中的猛"虎"曾经常在此饮水，乃取名饮虎池，后因饮虎池声名远扬，20 世纪 30 年代初大庙街干脆改名饮虎池街，只是此猛虎非东北深山老林中的斑斓猛虎，而是此间山林中的"马虎"，学名狼也。

想当初，西青龙街、永长街、饮虎池街的居民多是从青海、宁夏等地过来的移民，穆斯林们"烹羊宰牛且为乐"，羊肉的膻气，牛肉的芳香，便把山中的"马虎"吸引了过来，老济南管狼不叫狼，叫马虎。有人或许疑问，狼真能来这里饮水吗？现在当然不能，城市大了，人口多了，环境差了，南山里藏不住狼了，但过去人少城小，狼有足够的空间栖息，有时来城边打个"尖"，半夜里来，黎明前走，也是常有的事。我老姑家住旧新街，距饮虎池一箭之遥，姑夫大清早出门就多次碰到过马虎，那时候赶早之人多带根棍子防身。那时候母亲们吓唬淘气的孩子就会说，"再哭，再哭，小心马虎听见把你叼了去"，于是孩子便立马止住了哭声。

我小时候家住英雄山脚下，当时还有狼的痕迹，大人们按祖传的办法在大街小巷的墙上画上醒目的白圈，以防野狼出没。民间传说"猫怕皮子（野狸）鸡怕仙（黄鼬），野狗怕火马虎怕圈"。传说狼最怕人用白灰画的圈，怕钻进去出不来，其实这是人们的一厢情愿罢了。我小时候有一同学姓陈，家是信义庄英雄山农业社的，他父母在六里山地里干活时看到一只小灰"狗"胖乎乎的很可爱，便逮住抱回家来养了一周，发现这"狗"经常冲鸡龇牙咧嘴，野性十足，经明白人一看才知道抱回的是只小马虎，吓得赶紧又抱回六里山野坡里扔掉了。

现在想来，前辈给泉水起名饮虎池也真是动了脑筋，若起名"饮马虎池"不仅显得土，而且很拗口；若叫"饮狼池"就更麻烦，不仅不中听，而且有"引狼入室"的嫌疑，况且"狼"心狗肺在人们心目中也不是啥好东西，取名"饮虎池"就大不一样了，名字不仅朗朗上口，而且虎乃兽中之王，取一"虎"字更显得威风八面，声名远扬，还同黑虎泉结成了"姊妹花"。

前几天饮虎池烧烤一条街取缔，路两边栽满了花草树木，街道也干净了很多，从拓宽了的饮虎池街走到饮虎池遗址，就现在的眼光看，当时修建泺源大街时保留饮虎池是完全可能的，无非是在原来 2.5 米见方的泉池四周设上护栏，来往车辆稍微注意一把方向即可。即便是现在饮虎池遗址上，经七路中间也留有"安全岛"，宽度近 2 米，长度达 18 米，因此把饮虎池原址恢复完全可能。试想，如果在川流不息的泺源大街中间有一汪清泉汩汩涌出，这是一件多么令外地朋友羡慕嫉妒的事呀！

# 难忘纬二路那一树梧桐花开

李和平

20世纪六七十年代间，济南纬二路人行道上长满了浓密茂盛的梧桐树，可谓时下济南历史风貌的壮秀景色之一。当年，从济南"八一礼堂"沿纬二路北走至"济南火车站"，马路两旁高大粗壮的梧桐树葳蕤蓊郁，为济南洒下了一片绿荫，也给老济南的历史留下了不可磨灭的印记。

早春时节，沉睡一冬的梧桐树开始复苏；先是甜丝丝的紫色梧桐花儿开放，然后，枝杈树干上便有青翠的苞芽儿蓬勃而出。不多时，绿叶儿便迅速地成长起来了。暖暖的阳光下，和煦的微风中，人们从梧桐树下走过，吸吮着新鲜的空气，尽情享受着大自然的滋润，精气神儿格外的愉悦和舒爽，便有一种欣赏一幅画，吟唱一首歌一般的情感在心中涌动。盛夏到来的时候，纬二路上的梧桐树绿意葱茏，亭亭如盖，树阴蔽天，惬意无比。居住在这里的人们，坐在小杌扎上，手摇蒲扇，悠然自得地在浓荫下乘凉；有老年人聚集在树下聊天，尽享天伦之乐；有年轻人在树下打扑克或下象棋，凸显朝气蓬勃；也有调皮的孩子们围绕在梧桐树下嬉戏玩耍，童心璀璨仿佛走进了格林王国……夜幕降临，月光皎洁，树影斑斑，碎银细洒，梦幻般的景象令人酩酊心醉。当夜深人稀之后，纬二路上更是一片静谧与安详，温情脉脉的梧桐树和着护城河边刮来的爽风婆娑私语，低吟浅唱……

深秋时刻，纬二路上的梧桐树遒劲沧桑，一种冷冷清清、秋风萧瑟的凝重氛围掩映其中。古人诗云："梧桐树，三更雨，不道离情正苦。"李清照的"梧桐更兼细雨，到黄昏，点点滴滴……"更是将梧桐树与人文情怀巧妙地融合在一起，描绘出一种诗的哀婉与凄美的意境。冬日来临，风寒料峭，霜雨萧萧，坚韧的梧桐树迎风傲雪，张扬着济南这座城市坚强不屈的独特性格，折射出时代多变的色彩和大地风云的历史印记。

当年纬二路算得上济南的一条林荫大道样板路，也是一条见证济南悠久历史的文化大道。过去，济南每每有重要的文化活动和外事活动，纬二路就像一部厚重的记事簿，写满了承载历史的书页。20世纪70年代初期，柬埔寨西哈努克亲王来济观访，行程路线就是这条林荫覆盖的美丽路道。那天，我作为迎宾团体操表演队的一员，在原"八一礼堂"北侧枝繁叶茂的梧桐树下欢快起舞"煤矿工人进行曲"，曲调是毛主席语录歌《现在世界上究竟谁怕谁》："东风吹，战鼓擂，现在世界上究竟谁怕谁，不是人民怕美帝，而是美帝怕人民……"当礼宾车到达时刻，梧桐树下变成了一片欢乐的海洋……呵，生机勃勃、洋洋洒洒的梧桐树是承载我时代记忆的人生旧影。

如今，多少年过去了，当年狭窄拥挤的纬二路早已变成了一条宽阔平整、贯穿城市南北的通衢大道——这是一条经济建设飞速发展的阳光大道。现在的纬二路被称作"大纬二路"（曾区别于"小纬二路"），可谓当之无愧，更是前所未有的巨变事实！巍巍历史变迁中，纬二路上的梧桐树是老济南永远挥之不去的美丽风景。

# 神圣最是英雄山

孙学敏

黄叶林间如赤霞，神圣最是英雄山。其实，英雄山也是济南商埠和城市变迁的见证者，只是这份见证多了些悲壮。

现在的英雄山，是由马鞍山、四里山几个山岭构成的。马鞍山，过去也叫会仙山。明清时期，山上建有一座王母庙，每年的三月三都要在这里举行盛大的蟠桃会，济南城里的老老少少都赶来逛会，并借机踏青，与"神仙"相会，故名"会仙山"。又因其山形，颇似马鞍，所以市民又称"马鞍山"。马鞍山西邻的山岭，距济南老城有四里地，济南市民便称其为"四里山"。古时四里山上曾建有玉皇庙，与马鞍山上的王母庙呼应相对。那时，四里山上生长着许多黄栌树，一到中秋，漫山的黄栌树叶慢慢变黄、变红，在夕阳的映照下，整座山宛如一片红彤彤的云霞。所以，明清时，这里又叫"赤霞山"。

不知何时，没有了红叶，却多了悲壮的"血色"记忆，长存在济南人民的心中。

据济南烈士陵园的《园志》记载，日伪时期，居留济南的日本民团组织为修建神社而强占民地。1939 年 12 月，由侵华日军陆军济南联络部、济南日本帝国总领事馆与济南市公署交涉，征占了四里山以南、马鞍山以西约 5.3 公顷土地，并在那里成立济南神社御造营委员会。日本人建神社，意在供奉包括台儿庄大战中死去的日本军人及日侨的灵位和骨灰。日本人死后一向火葬，堤口路胜利庄西北原有日本人专用火葬场，后来他们在六里山东、马鞍山南设立了军人专用火葬场。为扩展神社外苑，他们又扩大征用了这一带 66 户农民的土地。1944 年，神社粗具规模。神社的木构房屋，是典型的日本大和风格建筑，正门入口处的"鸟居"（即牌坊）是用巨大的圆柱形石料建造的，巨石来自日照县的石臼所，工力耗费之巨大可想而知。

神社的缘起，在日本人看中了南部优美的环境。济南沦陷后，日伪当局为推行殖民化统治，意欲建设南郊新市区，与北商埠相对应。根据济南市规划局所编的《济南市规划志资料选编（建国前部分）》，日本侵略者于 1939 年将经七路以南，四里山以北，齐鲁大学（今山东大学趵突泉校区）以西，岔路街以东的地段划为南郊新市区。日本侵略者为了推行其侵华的殖民政策，早已蓄谋将此地建设成为日本人的聚居区，幻想着长期统治济南。1940 年南郊新市区土地放租以后，绝大部分位置适中、使用方便的优良地段皆为日人所占据。

南郊新市区的出现，一方面是日本侵略者的狼子野心，另一方面也体现出济南商埠区的扩张。随着商埠区的飞速发展，经济辐射能力增强，开始逐渐打破原来的规划区域。普利街、馆驿街、经一路这些连接新旧城区的地方，其街道两侧逐渐形成商业区，使旧城区与商埠区连成一片。济南市政厅先后于 1918 年、1927 年两次呈请拓展商埠区，使商埠区面积拓展到 3700 余亩。1925 年还有在旧商埠区至洛口码头之间开辟"北商埠"的设想，但是没有实施。1937 年日军占领济南后，北商埠地区逐渐发展成为工业区。南郊新市区更是浸润着日本人的欲望，不过随着时局的发展，特别是抗战后期日本在华北战场的接连失利，南郊新市区建设最终也没有按照日伪当局的设想来实现。从建筑质量和规模来看，南郊新市区也无法与老商埠相提并论。

济南解放后，人民政府在四里山上修建了革命烈士陵园，从此，这里就成了广大人民无限敬仰之地。山顶部修建了高达 34 米的革命烈士纪念塔，碑塔以白色花岗岩砌成，塔顶嵌有红色花岗岩雕刻的五角星，塔身南北两面镌刻毛泽东题"革命烈士纪念塔"七个鎏金大字。远远望去，令人肃然起敬。

英雄山　牛国栋/摄

　　陵园中部建有革命烈士骨灰堂和事迹陈列室，南部是烈士墓地，1502名革命烈士静静地安睡在这苍松翠柏之中，这里有中国共产党山东早期负责人王尽美、鲁伯峻（山东党组织早期组织者和领导者之一）等人，还有在济南战役中英勇牺牲的有名烈士 786 人、无名烈士 716 人。山腰上建有英雄亭，这座英雄亭是为了纪念毛主席 1952 年来济南革命烈士陵园悼念烈士而建的。

1952 年 10 月 26 日至 29 日，毛泽东主席在新中国成立后第一次视察山东。毛主席听完山东分局的日程安排后，询问黄祖炎同志的墓地所在。黄祖炎生前任山东军区政治部副主任，牺牲后安葬在四里山烈士墓地。黄祖炎任过毛主席的秘书，在最艰难的岁月里和毛主席朝夕相处近两年。10 月 27 日，毛泽东在山东军区司令员许世友陪同下，来到四里山向黄祖炎烈士致哀，悼念为中国革命英勇献身的革命烈士，看到众多革命烈士安葬于此，他感慨地说："好啊，真是青山处处埋忠骨，有这么多的英烈长眠在这里，四里山就成英雄山了。"从那以后，四里山就更名为英雄山。这在《毛泽东与山东》《山东省历史文化遗址调查与保护研究报告》等书中都有记载。不过关于四里山的改名，还有另一种说法。一说 1966 年，四里山被改称"英雄山"，并沿用至今。当然，这些都已不再重要，重要的是英雄山之于我们的意义。

时间流逝，英雄山也在慢慢改变。这里成了人们登高健身之地，喊山晨练者颇多；更是济南人的休闲娱乐好去处，花鸟鱼虫、旧书古玩、笔墨纸砚等各种商品琳琅满目、应有尽有。来英雄山淘宝，对很多人来说，有着难以拒绝的兴奋。只是，无论英雄山怎么变，抛去热闹和嘈杂，它在济南人的心目中，始终带着神圣的气质。

# 附录 1：

# 济南自开商埠纪略

### 1875 年（光绪元年）

山东巡抚丁宝桢在济南创办山东机器局，这是山东近代官办工业之始，揭开了山东地区近代化的序幕。

### 1897 年（光绪二十三年）

德国借口两名传教士在山东巨野被杀，出兵强占胶州湾。

### 1898 年（光绪二十四年）

2 月 12 日，山东巡抚张汝梅奏请在济南设立洋务局，专办洋务。

3 月 6 日，中德《胶澳租借条约》签订，德国攫取了修筑胶济铁路，开采铁路沿线矿产，优先承办山东各项事业的特权，将山东划为自己的势力范围。

4 月 18 日，中英德三国签订《津镇铁路草合同》，议定修筑天津至镇江（后改浦口）铁路，以山东峄县韩庄为界，分别由英国、德国出借钱款建造。

百日维新期间（6 月 11 日到 9 月 21 日），光绪皇帝发布上谕，认为"欧洲通例，凡通商口岸，各国均不得侵占，现当海禁洞开，强邻环伺，隐杜觊觎，惟有广开口岸之一法"。由此，清廷决定择"形势扼要，商贾辐辏"之地"推广口岸，展拓商埠"。同时，要求各省自开口岸"不准划作租界，以均利益而保事权"。

### 1899 年（光绪二十五年）

12 月 6 日，袁世凯出任署理山东巡抚。25 日，袁率其新建陆军到达济南。袁世凯主张以"商战"的方式理性排外，为此，他在 27 日发布《查禁义和拳匪告示》，对义和团进行镇压。

### 1901 年（光绪二十七年）

3 月，袁世凯正式担任山东巡抚。

9 月，袁世凯奏请在济南设立山东大学堂。11 月，山东大学堂在省城泺源书院开学。这是山东官办"新教育"之始，也是全国兴办的最早的省立大学堂。

1901 年 10 月，山东巡抚袁世凯奏请在省城设立商务总局，分立商会，以鼓励山东商务的发展，与外商竞争。

### 1902 年（光绪二十八年）

6 月，周馥担任山东巡抚。抚鲁期间，周馥主张以理性的方式排外，努力推动中德之间的正常往来。

### 1903 年（光绪二十九年）

3 月，商约大臣吕海寰条奏外务部，要求"广辟商埠"。清廷指示"应由各省督抚详细查勘，如有形势扼要、商贾荟萃，可以自开口岸之处，随时奏明办理"。至此，自辟商埠之议最终获得清朝中央政策的支持。

### 1904 年（光绪三十年）

5 月 1 日，北洋大臣兼直隶总督袁世凯、山东巡抚周馥，以济南城外为胶济、津镇两铁路交界之处，地势扼要，商货转运便利，会同奏请"在济南城外自开口岸，以期中外咸受利益"，同时，将胶济铁路沿线的潍县、周村一并开作商埠，作为济南分关，统归济南商埠案内办理。

5 月 19 日，清廷批准了袁世凯、周馥的奏请。当时勘定的商埠界址为："济南西关外胶济铁路迤南，东起十王店，西至北大槐树村，南沿长清大道，北以铁路为限，计东西不足五里，南北约可二里，共地四千余亩。"

7月，胶济铁路周村至济南段修筑完竣，青岛至济南全线通车。

8月，济南商埠总局设立，负责管理济南商埠界址内工程建筑、房地产、工商行政、税务等事务。同时在潍县、周村设立分局，兼理两地商埠事务。

## 1905 年（光绪三十一年）

5月28日，直隶总督兼北洋大臣袁世凯、山东巡抚胡廷干，会同将《济南商埠开办章程》奏报清廷。不同于约开口岸内中国主权尽失的状况，章程规定，商埠内的工商管理、行政、通讯等主权皆由中国政府掌握。同时他们奏请将胶关海关每年所征洋税提拨五成，转解山东洋务、商埠总局，以作为办理洋务及开办商埠的经费。

10月23日，《东方杂志》载，济南开办商埠，设局勘界，均将就绪，近闻商贾铺户陆续注册者已多至千余家。

本年，为适应济南地区近代工商业发展的需要，根据清政府于1904年1月颁布的《商会法》，济南地区成立山东济南商务总会。

## 1906 年（光绪三十二年）

1月10日，济南、周村、潍县三地同时举行开埠典礼，正式开放为"华洋公共通商之埠"。济南的开埠典礼，由周馥的后任者杨士骧主持，有200名客人受邀出席，其中包括70名外国人。杨士骧在讲话中称，济南等地自主开埠，"是向着正确方向迈出的一步"，并"为其他内陆城市提供了样板"。

济南开埠的实现，加快了该地区近代化的进程，使其成为华北主要的商贸中心之一。

1912年10月12日，孙中山在考察济南之后，在上海报界公会发表演讲，高度评价济南自开商埠的举措，称："前清以闭关为事。而上海租界与青岛，我无主权，是皆外人强我开放，故有此结果。若济南商埠，由我自行开放，即有完全主权，此亦自行开放门户无损主权之一证。"

（张继平　整理）

附录 2：

# 市中区消失的街道

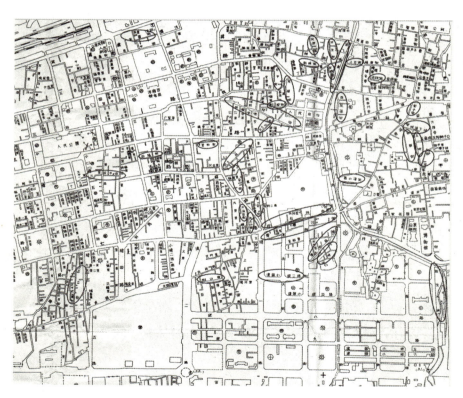

1959 年市中区地图上消失的老街

受所处地理位置影响，今市中区范围内的老街巷，小部分形成于明清，大部分形成于民国时期。限于篇幅，本文只记述已消失的街、路，对于已消失的里、巷、胡同，略去不提。

**永贤街** 原位于今大观园街道北部，东起纬二路，南止升平街，北通经一路。最晚在 20 世纪 20 年代后期已出现街名。因此处于清末开有咏贤茶园，又名咏仙里。历史上，永贤街又称咏贤街，咏仙里曾称永贤里，上述曾经并存或混用。"文革"期间还曾改名向阳里。1980 年咏贤街改称咏仙里。

**晋和街** 原位于今大观园街道东南部，东起纬一路，西止纬二路，北邻经四路，南靠经五路。1930 年陆续迁入居民，形成街巷，俗称小经四路。1938 年山西人贾估斋在此购地建宅，因该街多系山西人，彼此和睦相处，故名晋和街。

**麟祥街** 原位于今魏家庄街道中部，西北—东南方向，自经三路纬一路交界口，斜向东南，止于经四路与林祥南街交界口。清末形成，当时住户稀少，因位于魏家庄南侧，曾称南魏家庄。光绪己丑年（1889）地图上已标注有麟祥街。民国五年（1916），济南圩子墙上新开辟的麟祥门（大致位于今共青团路与顺河街交界口），麟祥门之名，当源自麟祥街。2009 年在魏家庄片区改造中消失，2010 年《济南市地名图集》已不见标注。

**凤麟街** 原位于今魏家庄街道，西起纬一路，东止永庆街（凤麟南街），北邻经四路，南靠升平街。1928 年《济南五三惨案详细图》上始见标注此街。后称凤林街。1982 年《山东省济南市地名志》中有"凤林街"词条，1991 年《山东省济南市市中区地名志》不见记载，盖消失于 20 世纪 80 年代。

**凤祥街** 原位于今魏家庄街道，是一条南北向短街，北起凤麟街，南止升平街。西邻纬一路，东邻永庆街（凤麟南街）。1928 年《济南五三惨案详细图》上始见标注此街，1959 年市中区地图上已不见标注。

**升平街** 原位于今魏家庄街道，是一条东西短街。西为增祥里，东为林祥南街，南为平安街，北通凤麟街、凤祥街。1928 年《济南五三惨案详细图》上始见标注此街，1959 年市中区地图上已不见标注，盖并入永庆街。

**平安街**　原位于今魏家庄街道，是民国初期形成的一条不规则街巷。1928 年《济南五三惨案详细图》上始见标注此街，北起升平街，蜿蜒向西南与纬一路相接。1982 年《山东省济南市地名志》中有"风林街"词条，1991 年《山东省济南市市中区地名志》不见记载，盖消失于 1982—1991 年之间。

**文化街**　原位于今魏家庄街道，约在 1925 年形成，因济南市立第一小学设在此街北口，故名"文化里"，1928 年《济南五三惨案详细图》上始见标注，后称"文化街"。2009 年在魏家庄片区改造中消失，2010 年《济南市地名图集》已不见标注。

**长盛街**　原位于今魏家庄街道，北起魏家庄，南止是胡同。东邻永盛街，西靠树德里。清末，长清县曹德志在此建房居住，形成街巷。因曹家首建宅，其三子名"三盛"，故取名"长盛街"。1928 年《济南五三惨案详细图》上始见标注。后因区别于东关长盛街，改称"西长盛街"。新中国成立后，称"西长盛里"。2009 年在魏家庄片区改造中消失，2010 年《济南市地名图集》已不见标注。

**永盛街**　原位于今魏家庄街道，北起魏家庄，南止奎盛街（最初是南至麟祥街）。民国初期，商人李景成在此建宅，居民渴望永远繁荣昌盛，故名。1928 年《济南五三惨案详细图》上始见标注。2009 年在魏家庄片区改造中消失，2010 年《济南市地名图集》已不见标注。

**奎盛街**　原位于今魏家庄街道，东起人民商场，西止麟祥街。民国初，赵连奎（三番子头目）在此建房形成街巷，故名"奎盛街"。1933 年地图上始见标注。2009 年在魏家庄片区改造中消失，2010 年《济南市地名图集》已不见标注。

**安平街**　原位于今魏家庄街道，北起经二路，南止魏家庄。东邻魏家庄东端北口，西靠普安里。民国初年，张培荣（兖州镇守使）在此建宅后形成街巷，初名安平里。1928 年《济南五三惨案详细图》上始见标注。后改称"安平街"。2009 年在魏家庄片区改造中消失，2010 年《济南市地名图集》已不见标注。

**同心街** 原位于今魏家庄街道，北起魏家庄，南止麟祥街，东邻魏家胡同，是一条短巷，很早即消失。1928年《济南五三惨案详细图》上始见标注，1933年济南地图上不见标注。

**凤馆街** 原位于今魏家庄街道东北部，北起馆驿街，南止凤翔街。此处原是杨姓坟地，民国十五年（1926）形成街巷，因位于馆驿街和凤翔街之间，取名凤馆街。1928年《济南五三惨案详细图》上始见标注（误标为凤铭街）。2009年在馆驿街片区改造中消失，2010年《济南市地名图集》已不见标注。

**对关街** 原位于今魏家庄街道东北部，北起馆驿街，南止凤翔街，西邻凤馆街，东为清泉街（发祥街）。

**乾成街** 原位于今魏家庄街道东北部，不规则街道，东南起丁家崖，西南止丁家崖。形成于民国初期，1924年地图上已经有标注。1959年地图上曾名"乾盛街"。2000年左右消失。

**发祥街** 原位于今魏家庄街道东北部，北起丁家崖，东止清泉街（顺河街）。清代形成街巷，据传因该街庙宇内和尚法号"法祥"，初名法祥街，后改称发祥街。1924年地图上标注有"发祥街"。

**清泉街** 原位于西圩子墙西侧，北为馆驿街，南止普利门外大街东口。民国十五年（1926），济南市政厅第二次呈请展宽商埠时，清泉街以西，馆驿街以南、魏家庄以北区域划入商埠。1959年市中区地图上尚有清泉街标注，后清泉街并入顺河街。

**东安街** 原位于今杆石桥街道辖区北部，北起林祥南街，南止经七路，东邻向阳里，西靠纬一路。民国初，山东省督军张怀芝在此购地建房，形成街巷后，取名为"东安巷"，街名源自张怀芝故乡为东阿县。在纬一路以西，20世纪20年代，曾有东安里和东安市场。1982年《山东省济南市地名志》中有"东安街"词条，1991年《山东省济南市市中区地名志》不见记载，盖消失于1982—1991年之间。

清繁街　原位于今大观园街道，北起经五路，南至经六路，东邻纬一路后街（今存），西邻纬二路。此街消失较早，1982 年《山东省济南市地名志》中已没有记载。

同福街　原位于大观园街道，东起小纬二路，西止经三路，北邻经四路，南靠经五路。此处原是山东省商业银行总经理张志衡的一块地，1930年，张志元、王柱东、仇志钧购买此地建宅后形成街巷。1933 年济南地图上始见街名标注。2006 年《济南市地名录》中尚存记载，2010 年《济南市地名图集》中未见标注。盖为近年来，原址今有同福街小区。

公立街　原位于今杆石桥街道辖区，北起经七路，南止岔路街，东邻纬五路，西靠小纬六路。1929 年迁入居民，形成街巷。因该街是贫苦群众自筹资金整修的街道，故取名为公立街。1932 年济南市时区图中标注有"公立街"。1991 年《山东省济南市市中区地名志》中尚存记载，2010 年《济南市地名图集》中未见标注。

公祥街　原位于今杆石桥街道，北起经六路，南为实胡同。西邻纬二路，东邻公和街（今天尚存）。1928 年《济南五三惨案详细图》上有标注（该图还标有一处公祥街，在中山公园北，今尚存）。

中正街　原位于今大观园街道，北接三里庄中街，南止经六路，东邻三里庄东街，西邻三里庄西街。1933 年《济南市区图》上始有标注。此街在新中国成立后并入三里庄中街。

三里庄中街　原位于今大观园街道，不规则走向，东起三里庄东街，南止中正街，西邻三里庄西街。1933 年《济南市区图》上始有标注。此街在新中国成立后将南面的中正街并入，此后，南接经六路。1991 年《山东省济南市市中区地名志》中尚存记载，2010 年《济南市地名图集》中未见标注。

北上山街　原位于杆石桥街道中北部，北起纬一路，南止经七路，东邻东安里，西邻北海后街和东安市场。该街原是一片荒地。1924 年，贫苦群众在此建房后形成街巷。因与南上山街北口相对，故取名"北上山街"。

**北海后街** 原位于杆石桥街道中北部，北起纬二路，南为实胡同。1918年德国留学生王注东（潍坊人）在此购地开设北海医院，宅邸亦称"北海别墅"。1932年《济南市市区图》中标注有"北海后街"。1982年《山东省济南市地名志》中有"北海后街"词条，1991年《山东省济南市市中区地名志》不见记载，盖消失于1982—1991年之间。

**乐山街** 原位于今杆石桥街道乐山小区一带，位于南上山街西侧，最初是南北走向，因遥对南山，习称对山街。1928年济南五三惨案详细图上始见标注"对山街（乐山街）"。1980年整顿换制街门牌时，乐山街及周边街巷曾按方位分为"北乐山街""东乐山街""中乐山街""西乐山街"。1982年《山东省济南市地名志》中有上述4街词条，1991年《山东省济南市市中区地名志》不见记载，盖消失于1982—1991年之间。

**下坡街** 原位于今杆石桥街道东南，德胜南街（今德胜南街、北街一带有德胜大街）南侧，为不规则街巷。1959年《济南地图》上有标注，1980年前已消失。

**新生大街** 原位于今泺源大街西南，青年西路东侧，南北走向，原名"二里坝子"，日伪时期规划南郊新市区时，将其命名为"新民东七路"。抗战胜利后，改称新生大街。1980年地名普查时，因此街旧址建起居民楼，故将此街并入青年西路。

**杆石桥街** 杆石桥明代时名"旱石桥"，为济南城西锦缠沟上的石桥。清咸丰年间，在济南府城外修筑圩子墙后，在西南方设永绥门，门外即"杆石桥"。杆石桥西接长清古道，是当年济南西去的主要干道。1904年济南开埠时，赴长清大道为其南界。民国时期，商埠区的经七路即与长清大道重合。经七路纬一路路口至杆石桥称杆石桥街。1965年并入经七路。

**得胜南街、北街** 原位于今杆石桥街道东部，得胜南街东北起民生大街，西南至胜利大街；得胜北街为东西走向，位于杆石桥街南侧，大致与之平行。民国初期，卖土工人李德盛建宅于此，而取名德盛街，后谐音"德成街""得胜街"。随着街巷扩张，得胜街又变为得胜南街和得胜北街。

1928 年《济南五三惨案详细图》上始见标注"德成街"和"德成南街"。1933 年《济南地图》上，标注为"得胜南街"和"得胜北街"。今原地尚有得胜大街之街名，位置大致相当于原来的得胜南街和得胜北街中间。

**建国小经二路**　原位于今杆石桥街道，西起纬一路，东至胜利大街。1959 年《市中区地图》上有标注。1982 年《山东省济南市地名志》中已没有记载。盖于 20 世纪六七十年代消失。

**建国小经四路**　原位于今杆石桥街道，1947 年《济南市街道详图》中标有一段：西起纬四路，东至纬三路，北邻建国小经三路。1959 年市中区地图上亦标注有一段：西起复兴大街，东至民生大街。1982 年《山东省济南市地名志》中已没有记载。盖于 20 世纪六七十年代消失。

**建国小经七路**　原位于今杆石桥街道，1947 年《济南市街道详图》中有标注，西起岔路街，东至无名巷。北邻建国小经六路，南邻建国小经八路。新中国成立后消失。

**建国小经八路**　原位于今杆石桥街道，1947 年《济南市街道详图》中有标注，西起岔路街，东至纬二路。北邻建国小经七路，南邻建国小经九路。新中国成立后消失。

**建国小经九路**　原位于今杆石桥街道，1947 年济南市街道详图中有标注，西起岔路街，东至上山街。新中国成立后消失。

**迎祥街**　原位于今泺源街道北部，东起福祥街，西止穆家楼。民国初年形成。1991 年《山东省济南市市中区地名志》尚有记载，2006 年《济南市地名录》已无记载。盖消失于 20 世纪 90 年代。

**上元街**　原位于今泺源街道北部，东起福康街，西止西圩子墙。约于民国初年形成。1928 年《济南五三惨案详细图》上始见标注。1980 年前消失。

**大板桥街**　原址位于今趵突泉景区，东起曹家巷，西止剪子巷，北邻小板桥街。原称广会桥街，明代就已经形成。1999 年趵突泉公园扩建时，原街道消失。

**小板桥街**　原址位于今趵突泉景区，东起至德院街，西止剪子巷，南邻小板桥街。清中叶形成街巷。1999年趵突泉公园扩建时，原街道消失。

**至德院街**　原址位于今趵突泉景区，东起护城河，西止小板桥，南通曹家巷，因该街内有一庙宇（属吕祖庙）门上横匾上刻有"至德院"而得名。清光绪年间形成街巷。1999年趵突泉公园扩建时，原街道消失。

**西凤凰街**　原位于今泺源街道，北起普利街，南止共青团路，东邻西券门巷，西靠西圩墙。清代乾隆年间称凤凰街，后因区别于南关凤凰街而改称"西凤凰街"。2009年在普利街片区改造时消失。

**西小仓街**　原位于今泺源街道，东起永长街，西止西圩子墙。因古代此处建有粮仓而得名。清乾隆年间称小仓街。民国初年，为区别于东关小仓街，改称"西小仓街"。20世纪90年代初，街名消失。

**城顶下埃街**　原位于今回民小区，东起实胡同，西止城顶街。南通旧新街，北邻盛唐巷。该街原名"新街口"，因位于新街北口而得名。新街改名"旧新街"后，新街口更名为"城顶下埃街"，因从城顶街往此街走，一路下坡，故名。20世纪90年代回民小区建成后，街名消失。

**丁字街**　今城顶街北段，即盛唐巷西口至估衣市街西口一段。此街在明末已有。清末，山西人开设文和铁店，因经营钉子闻名，街名谐音为"丁子街"。1980年前，丁字街并入城顶街。

**西青龙街**　原位于今泺源大街西段，东起花墙子街南口，西止杆石桥。明末属趵突泉大街西段。清代称"青龙街"。民国初年，为区别于东关青龙街而改称"西青龙街"。1992年泺源大街建成后，西青龙街消失。

**旧新街**　原位于今回民小区，北起城顶下埃街，南止饮虎池街，东邻土街，西为永长街。清末民初，自北向南，逐渐形成这一新街巷，取名新街。1924年《续修历城县志》载为"新街"，后因别于上新街，易名为"旧新街"。1933年济南地图上标为"旧新街"。20世纪90年代回民小区建成后，街名消失。

**土街**　原位于今回民小区，北起城顶下埃街，南止饮虎池街，东通长春观街，西邻旧新街。因形成街巷后为土路面，得名"土街"。据地方志记载，明末已出现街名。20世纪90年代回民小区建成后，街名消失。

斜街　原位于今回民小区，东起五路狮子口，南止饮虎池街北口。因该街走向呈东北—西南走向，故名"斜街"。据地方志记载，明末已出现街名。20世纪90年代回民小区建成后，街名消失。

花墙子街　原位于今趵突泉景区内。北起剪子巷南口，南止西青龙街东口。因街东趵突泉有砖砌的十字花墙，故名。该街原名会广街，清末改称花墙子街。20世纪90年代并入趵突泉公园。

（雍坚　整理）

# 后　记

文以载史，史以文传。市中区政协精心编纂的《印象商埠》系列丛书之《经天纬地》付梓，诚为市中区建设成就的传史留世又添一笔亮色。

说起商埠，市中区老商埠当为济南商埠发源核心区。据史载：开埠之初，济南商埠的界址划定为：东起十王殿（今馆驿街西首），西至北大槐树村，南沿赴长清大道（今经七路），北以胶济铁路为限。由此可见，济南商埠大部分位于市中。有诗云："向阳花木易为春"，得天独厚的地理位置，有力推进了当时市中的建设和繁荣，带动了济南经济腾飞。荏苒时光已过百年，老商埠如今已成了济南城最有韵味的"文化符号"，待人寻踪、耐人寻味。

"鉴于往事，有资于治道。"区政协自2017年3月换届以来，按照区委、区政府确定的打造"品质之区"的目标，积极发挥文史资料"存史、资政、团结、育人"的作用，组织专家学者深入发掘、研究和整理商埠历史文化，着力展现市中深厚底蕴，为培育新的经济增长点，促进区域经济和社会全面发展，提供助推力。新编纂的这套《印象商埠》系列丛书共分五部，自2017年起每年出版一部，皆围绕老商埠选取不同侧面阐释市中区的历史文化内涵和现实意义，以对济南商埠的人文研究来宣传、介绍市中，让更多人更充分地了解和热爱市中，从而为市中区乃至济南的未来发展做出有力贡献。本书是以商埠纵（历史文化）横（区域文化）轴为经纬，以商埠区内街巷、地名为切入点，通过梳理、讲述和分析相关商埠历史文化，展示全区城市建设发展的成果，进而提升居民文化自豪感，推进"品质市中"建设。

九届区政协领导高度重视此次编纂工作，专门成立《印象商埠》系列丛书编委会，区政协主席王其广同志亲自挂帅，定期调度编纂情况；区政协副主席孙振华同志主持全过程，多方请教专家，纳贤言、集良策，担纲总设计；以文史学者张继平先生为代表的各位专家严谨周详地承担起相应策划、撰写及校审任务，耿仝、雍坚、牛国栋先生为本书提供了历史照片，付出了辛勤劳动，给予了大力支持和帮助。在此一并致谢！

虽竭诚尽智，但因资料有限，书中难免有错漏之处，敬请读者方家不吝教正。

编　者

2017 年 12 月